Les Éditions du Boréal
4447, rue Saint-Denis
Montréal (Québec) H2J 2L2
www.editionsboreal.qc.ca

DANIEL PINARD

Encore des Pinardises

Recettes et propos culinaires

Illustrations de Pierre Pratt

Préface de Marie-Jeanne Préfontaine

BORÉAL

Les Éditions du Boréal remercient le Conseil des Arts du Canada ainsi que le ministère du Patrimoine canadien et la SODEC pour leur soutien financier.

Les Éditions du Boréal bénéficient également du Programme de crédit d'impôt pour l'édition de livres du gouvernement du Québec.

Photo de la couverture : Suzanne Langevin.
Illustrations : Pierre Pratt.

Dépôt légal : 4e trimestre 2000
Bibliothèque nationale du Québec

Diffusion au Canada : Dimedia
Distribution et diffusion en Europe : Les Éditions du Seuil

Données de catalogage avant publication (Canada)
Pinard, Daniel, 1942-
Encore des pinardises : recettes et propos culinaires
Comprend un index.
ISBN 2-7646-0070-4
1. Cuisine. I. Titre.

TX714.P55 2000 641.5 C00-941539-4

Pour Marie-Jeanne et ses filles,
Catherine, Marianne et Solange

Choisir, la belle affaire !

Choisir entre tous les gens qui m'entourent
Comment faire une telle preuve d'amour
JEAN LELOUP

Certains jouent de la guitare, d'autres brassent la sauce. On ne choisit pas son point de départ, comment savoir si on est arrivé à bon port ? Au hasard des multiples métiers qu'a embrassés Daniel Pinard, il fut un jour chargé de cours au département des communications de l'UQÀM. J'y étais aussi, comme étudiante. Vingt ans plus tard, il réussit toujours à m'arracher des torrents de rires et des sourires pleins de larmes. À peine s'est-il calmé. L'hyperbole fait partie de son mode de vie, vous le savez, vous qui le regardez à la télé : exquis, divin, sublime. Pourtant, l'ordinaire, l'expéditif, le facile à faire sont des vertus qu'il ne dédaigne pas, vous vous en êtes rendu compte en cuisinant selon ses conseils.

C'est là que réside son art : passer du sublime des grandes occasions au souper vite fait du jeudi soir en un clin d'œil. C'est à notre portée, il ne cesse de nous le répéter. Et se creuse les méninges pour nous faciliter la vie. Pendant toute une saison de télé, je répondais avec lui aux questions des internautes. Arrivée tôt dans sa cuisine, je le surprenais souvent à tester deux ou trois variations de recettes : jusqu'où peut-on simplifier la chose sans que ce soit moins bon ?… un perpétuel work in progress.

Les chroniques du Devoir *ont témoigné de cette évolution. Mais écrire « son papier » a toujours été pour Daniel une corvée. Arrêter la réflexion. Ne plus pouvoir tout effacer et recommencer. Choisir. Je l'ai entendu mille fois critiquer son premier* Pinardises *: « Je ne fais plus ça, les techniques évoluent, la bouffe elle-même change. Dans le prochain livre, il faudra que je l'explique. » Ce prochain livre, toujours remis à plus tard, allait contenir la somme de ses connaissances, des explications raffinées pour pallier le manque de temps ou d'espace que les médias lui imposent.*

Il n'en est rien. À son grand désespoir, il n'a pas encore trouvé le temps de pondre sa bible. Il a quand même accepté de publier aujourd'hui Encore des pinardises, *florilège de textes et de recettes parues depuis 1994. Choisir, la belle affaire ! Il n'y arrivait pas et m'a appelée à la rescousse.* Yes boss ! *Comment résister à Daniel Pinard ? Surtout qu'un livre, c'est quand même beaucoup plus pratique pour cuisiner qu'une pile de coupures de journaux. Et puis les dessins de Pierre Pratt sont sublimes. Merci, lecteurs, d'exister !*

Marie-Jeanne Préfontaine
www.danielpinard.com

Na Zdorovie !

À Colette et Horace Arcand qui ont eu la très bonne idée de faire des enfants.

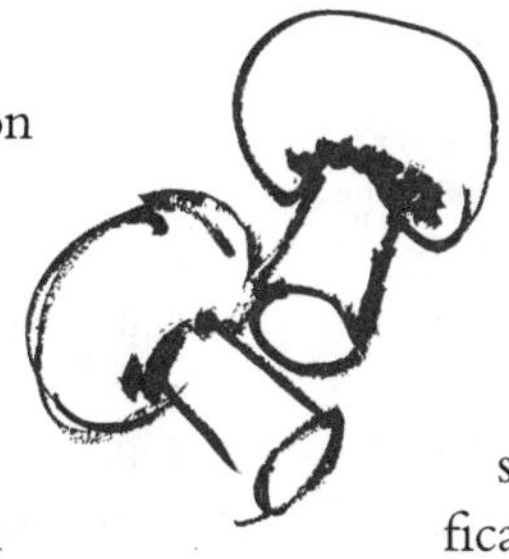

« Un coulibiac pour le réveillon de Noël ? Pas question, me dites-vous, péremptoire, de me compliquer la vie à ce point. » Pour preuve, vous me rappelez la recette du *Déclin*. « Cinq ou six hommes passent tout un après-midi à s'esquinter dans la cuisine. On fait de la pâte à brioche, on prépare des crêpes fines. On fait bouillir le riz et dorer la kacha. On dépiaute l'esturgeon, on fait pocher le saumon. On saute les foies de turbot, on fait gonfler la vésiga. N'en jetez plus, la cour est pleine. À l'impossible nul n'est tenu ! Je laisse à d'autres le cinéma. Vive la dinde aux atocas ! »

Pas question de vous proposer un remake d'Arcand. Le kulebiaka de Baidakov dont il s'est inspiré est un plat d'une invraisemblable complexité presque impossible à reproduire ici. Par contre, le kulebiaka russe dont je m'inspire est si facile d'exécution que vous n'hésiterez pas, j'espère, à me suivre. Je n'y apporte qu'une modification d'importance en remplaçant la pâte à brioche classique par cette pâte feuilletée qu'on trouve déjà prête au supermarché. Oublions la moelle séchée d'esturgeon et les foies de turbot. De toute façon, le coulibiac classique n'en comporte pas. Pour ce qui est du reste des éléments qui composent la recette, ils sont à la portée du moindre marmiton : des œufs durs hachés, une duxelle de champignons, du riz au beurre et un filet de saumon poché. On prépare tout d'avance. On réserve au frigo.

Coulibiac à la russe

3 t. de riz blanc
1/4 de livre de beurre doux

10 œufs durs
500 g de petits champignons de Paris bien frais
1 ou 2 échalotes grises finement hachées
jus de citron

800 g de saumon frais de l'Atlantique
en peau, sans arêtes
1 ou 2 verres de vin blanc sec
laurier, grains de poivre, thym, persil plat
1/2 t. de persil plat finement haché

2 boîtes de pâte feuilletée (800 g) décongelée
au frigo (10 heures)
1 œuf battu

Pour 10 à 12 convives, faites d'abord bouillir à grande eau salée 3 t. de riz blanc. Le riz de l'Oncle Ben convient parfaitement. Mieux encore, l'arborio italien. Amenez à ébullition au moins 6 l d'eau froide. Sitôt que l'eau bout, ajoutez du gros sel. Versez le riz dedans et laissez mijoter à découvert tout juste le temps qu'il faut pour que le riz soit tendre à la dent mais encore ferme à cœur. Une quinzaine de minutes suffisent amplement. Égouttez aussitôt. Dans un grand bol, versez le riz bien fumant. Ajoutez le beurre doux. Pour assurer une répartition uniforme du beurre, mélangez à la fourchette, en prenant soin de ne pas abîmer le riz. Laissez refroidir sans couvrir : il est bon que la vapeur s'échappe.

Pendant que le riz refroidit, préparez une dizaine d'œufs durs. Pour les œufs extra-gros, 15 minutes d'ébullition suffisent. Sitôt que les œufs sont cuits, rincez-les à l'eau froide du robinet. Voilà qui empêchera les jaunes de noircir en surface. Profitez-en pour écaler les œufs sous l'eau. C'est plus facile quand ils sont encore tièdes. Hachez ensuite finement les œufs au couteau sur la planche ou plus facilement en pulsant au robot. Dans un bol recouvert d'une pellicule plastique, réservez les œufs au frigo.

Rincez les champignons prestement à l'eau du robinet et essuyez-les. Au poêlon, à chaleur moyenne, faites mousser une noix de beurre doux dans 1 c. à soupe d'huile d'olive. Ajoutez les échalotes grises, puis les champignons entiers. Arrosez de quelques gouttes de jus de citron. Brassez bien à la spatule pour assurer une répartition uniforme de la chaleur. Salez et poivrez au goût. En 10 ou

15 minutes, les champignons sont prêts. Égouttez et hachez assez grossièrement sur la planche ou en pulsant quelques secondes au robot. Dans un linge ou au tamis, pressez les champignons hachés pour éliminer l'excès d'eau. Recouvrez d'une pellicule plastique et réservez dans un bol au frigo.

Dans une casserole ou dans un poêlon à haut rebord, déposez le filet de saumon, la peau contre le fond. Recouvrez d'eau froide. Ajoutez le vin, le laurier, les grains de poivre, le thym et 3 ou 4 branches de persil plat. Salez au goût. À feu moyen, amenez à ébullition. Pendant que le court-bouillon se réchauffe, on s'assure à la louche d'une répartition uniforme de la chaleur en arrosant la chair du saumon. Sitôt que l'eau arrive à ébullition, réduisez la chaleur pour laisser à peine frémir pendant 3 ou 4 minutes. Rappelez-vous que le poisson est cuit sitôt que la chaleur l'a traversé ! Retirez le poêlon du feu et laissez le poisson tiédir dans son bouillon pendant une vingtaine de minutes. Retirez ensuite le saumon du poêlon. Retournez-le, enlevez la peau et égouttez-le bien.

Montez ensuite le coulibiac dans un moule à charnière de 9 po de diamètre et 3 po de hauteur. Recouvrez d'abord le fond du moule de la moitié du riz. Pressez de la main pour éliminer les trous d'air et pour vous assurer que la préparation tienne bien au démoulage. Ajoutez par-dessus les œufs hachés. Pressez encore de la main. Sur les œufs, déposez le saumon. Ajoutez les champignons. Garnissez de persil. Pressez encore bien de la main. Ajoutez le reste du riz. Le moule est plein jusqu'au bord. Encore une fois, pressez de la main. Réservez au frigo pendant 3 heures au moins. Bien froide, la garniture se tiendra bien au démoulage.

Il ne reste plus qu'à abaisser la pâte feuilletée. Pour un coulibiac de pareille dimension, il faut à peu près 800 g de pâte. Deux boîtes, donc, de pâte feuilletée congelée qu'on trouve au supermarché. La pâte sera meilleure si on la décongèle au frigo pendant une dizaine d'heures plutôt qu'en 2 heures au comptoir. L'essentiel, c'est qu'elle soit bien froide le temps venu de la rouler. Abaissez d'abord 1/2 boîte. Farinez le plan de travail et préparez une abaisse ronde de 11 po de diamètre. Recouvrez le dessus du moule en posant la pâte sur le riz. Sur la pâte déposez, à l'envers, la plaque de cuisson. En la retenant bien contre la pâte, renversez le moule. Déclenchez la charnière, enlevez l'anneau et, tout doucement, détachez le fond.

Réservez au frigo pendant que vous roulez l'autre abaisse. Il faut alors une boîte complète de pâte. Deux morceaux donc qu'on appuie côte à côte et qu'on roule ensemble pour ne former qu'une abaisse de 17 po de diamètre. Au pinceau, mouillez ensuite le rebord de la pâte de base. Déposez la grande abaisse sur le riz du dessus, refermez la pâte sur les côtés et appuyez bien à la base pour sceller. Éliminez le surplus de pâte à l'aide d'une roulette dentelée.

Abaissez l'autre demi-boîte de pâte pour décorer. À l'aide de la roulette dentelée, préparez des rubans de pâte de 1,5 cm de largeur. Mouillez-les au pinceau et déposez-les sur le coulibiac en quadrillé. Badigeonnez ensuite le coulibiac d'œuf en omelette pour une croûte bien dorée. De la pointe d'un petit couteau, percez la pâte à 3 ou 4 endroits pour permettre à la vapeur de s'échapper. Recouvrez de pellicule plastique et réservez au frigo jusqu'au moment de mettre à cuire. Enfournez alors 50 minutes ou 1 heure à 400 °F, c'est tout le temps qu'il faut !

Pour dessert, je vous propose l'île flottante et sa crème anglaise au café, pour sa légèreté et parce qu'on peut la préparer d'avance.

ÎLE FLOTTANTE AUX AMANDES ET SA CRÈME ANGLAISE AU CAFÉ

Des blancs d'œufs qu'on monte en neige forment des pics lustrés. On sucre, on fouette quelques secondes encore et la meringue est prête. À l'aide de deux cuillers, on en fait des « œufs », qu'on poche à l'eau chaude. Sur une crème anglaise vanillée, on les sert garnis de fils de caramel : ce sont les œufs à la neige qui ont ravi votre enfance. Un dessert exquis que vous feriez volontiers, mais c'est, dites-vous, plus facile à dire qu'à faire. Si l'eau de pochage est trop chaude, une peau gommeuse se forme à la surface des œufs, qui restent crus à cœur. Si, par contre, l'eau est trop froide, la meringue fond et les œufs disparaissent. « Une aria », comme vous dites, faisant l'accord : allusion savante aux pompes de l'opéra. Pour tout dire, vous ne cédez aux charmes des œufs à la neige qu'à la condition qu'on vous en offre. Et encore faut-il que les œufs soient parfaits : légers comme duvet. Au restaurant L'Express, *on ne poche pas la meringue en œufs, on vous la propose en île : admirable demi-sphère flottant sur crème anglaise garnie de caramel croquant. « Sublime », me dites-vous, pesant pour une fois vos mots pour ajouter : « Pareille perfection n'est accessible qu'aux maîtres queux. Je n'en suis pas ! » Trêve d'humilité, foi de Claire Bouchard ! Malgré les apparences, il est beaucoup plus facile de cuire la meringue en île au bain-marie dans un moule au four que de la pocher en œufs dans l'eau chaude. Dans les deux cas, la meringue est la même.*

D'abord, parlons du moule. Pour une île classique, le moule à charlotte est de rigueur : un moule en forme de cône tronqué qui rappelle le fez marocain. Vous n'avez pas de moule à charlotte ? Un moule à soufflé convient tout aussi bien ! Sinon un simple cul-de-poule en acier inoxydable fera tout aussi bien l'affaire. Une île en demi-sphère, c'est tout à fait charmant ! Ce qui importe, c'est de bien mesurer la capacité du moule. C'est essentiel : il devra être plein à ras bord. Voilà qui permettra à l'île de se tenir bien droite au démoulage. Pour protéger la meringue d'une chaleur directe qui la ferait dorer, on la recouvrira d'un papier antiadhésif beurré. Préparons donc d'abord le papier qu'on pose à plat sur le comptoir. On dépose par-dessus le moule à l'envers. On trace au crayon un cercle à sa mesure. On n'a plus qu'à découper aux ciseaux. On beurre ensuite le papier, que l'on réserve au comptoir. À défaut de papier antiadhésif, on se contentera de papier ciré beurré.

2 c. à soupe de sucre
7 blancs d'œufs extra-gros
à la température ambiante
1 pincée de sel ou de crème de tartre
ou quelques gouttes de jus de citron frais
3/4 t. de sucre
1/2 c. à thé d'essence de vanille ou d'amande
crème anglaise au café
tranches d'amandes grillées

Beurrez le moule et versez-y le sucre. Secouez le moule pour vous assurer que toutes les parois sont recouvertes de sucre. Renversez-le et tapotez-le pour éliminer le surplus. Réservez au comptoir. Allumez tout de suite le four à 350 °F. La grille est bien en place à mi-hauteur ? Fort bien !

Pour un moule de 6 t. (1,5 l), il faut 7 blancs d'œufs extra-gros. Tant mieux si vous avez pris le soin de réserver les œufs pendant 1/2 heure au comptoir. Les blancs froids ont plus de peine à monter. Les blancs monteront mieux dans un bol en inox. À la rigueur, on se contentera d'un bol en matière plastique, à condition qu'il soit bien propre, exempt de toute trace de matière grasse. À tout prix, évitez le pyrex : les blancs y glissent sans pouvoir s'agripper. Pour que les blancs montent plus facilement, ajoutez une pincée de sel ou

bien une pincée de crème de tartre ou encore quelques gouttes de jus de citron frais.

À la mixette ou bien au malaxeur, fouettez les blancs à basse vitesse pendant 1 ou 2 minutes. De grosses bulles se forment ? Passez à vitesse moyenne et fouettez allégrement jusqu'à obtention d'une neige ferme qui tient en pics encore lustrés. (Trop battus, les blancs perdent leur lustre : la mousse tombe en granules.) Ajoutez 3/4 t. de sucre. Procédez en deux temps : d'abord la moitié, fouettez 10 secondes, ajoutez le reste, fouettez 10 secondes encore, pas plus. Pour parfumer la meringue, on peut ajouter en même temps que le sucre 1/2 c. à thé d'essence de vanille ou d'amande.

Dans le moule beurré et sucré, versez la meringue. Prenez soin d'éviter les poches d'air en tapotant le moule sur le comptoir. À l'aide d'un couteau droit ou d'une longue spatule, égalisez bien la surface. Essuyez bien la paroi extérieure du moule. Recouvrez la meringue du papier beurré, le côté gras sur la meringue. Pour faire un bain-marie, placez le moule dans une casserole ou dans un bol en pyrex, versez de l'eau chaude dans le bol ou la casserole jusqu'aux trois quarts de la hauteur du moule. N'allez pas verser de l'eau bouillante ! L'eau chaude du robinet convient parfaitement. Mettez ensuite à cuire au four pendant 25 minutes.

Ça y est ! Vous êtes ravi : l'île est parfaite ! Laissez refroidir tout doucement au comptoir avant de démouler. En refroidissant, la meringue s'affaisse un peu. Pas de panique, c'est ce qu'il faut. En démoulant, vous verrez sans doute des coulées de sirop suinter dans l'assiette. Pas de panique encore ! C'est tout à fait normal. À l'aide d'un papier absorbant, enlevez le sirop, tout simplement ! Sur l'île et tout autour dans l'assiette, versez votre crème anglaise au café et garnissez de tranches d'amandes grillées !

CRÈME ANGLAISE AU CAFÉ

6 ou 7 jaunes d'œufs
1/2 t. de sucre
1 1/2 t. de lait
1 t. de crème à 35 %
2 c. à soupe d'un bon café soluble (instantané)

Dans un grand bol, les jaunes d'œufs. Ajoutez le sucre. À vitesse moyenne, fouettez sans attendre, sans quoi les jaunes coaguleraient au contact du sucre. Fouettez patiemment pendant une dizaine de minutes. Les jaunes pâlissent de plaisir. Le sucre fond. Le résultat :

une crème onctueuse et légère qui, comme on dit en cuisine, forme ruban. Réservez au comptoir.

Amenez ensuite à ébullition le lait et la crème. Au premier frémissement, ajoutez le café. Retirez du feu. Brassez bien pour dissoudre la poudre de café. Pendant que vous fouettez à nouveau les jaunes montés en crème, versez tout doucement le café au lait bien bouillant. Dans une casserole à fond épais ou, mieux encore, au bain-marie, réchauffez le mélange à feu doux jusqu'à ce que la crème nappe, comme on dit, la cuiller (170 °F au thermomètre). Évitez l'ébullition, qui fait grainer les jaunes. Si, par malheur, la chose se produit, rien n'est perdu. Passez alors tout simplement la crème au robot.

Laissez refroidir la crème au comptoir. Gardez-la ensuite au frigo. Pour éviter qu'une peau ne se forme en surface, recouvrez le bol d'une pellicule plastique.

Crème anglaise à la vanille ou au chocolat, ou moka

Pour une crème anglaise à la vanille, on omet bien sûr le café soluble. On ajoute la vanille (1 c. à thé) en fin de parcours, au moment de mettre la crème à refroidir.

Pour une crème anglaise au chocolat, on remplace le café soluble par 3 ou 4 c. à soupe de cacao.

Pour une crème anglaise moka, on parfume de 2 c. à soupe de cacao et 2 c. à soupe de café soluble.

Plaisirs citronnés

Vous êtes amateur de vodka et vous adorez le citron ? N'hésitez pas, combinez les deux et laissez-vous tenter par le limoncello. Et si l'idée vous venait d'ajouter aux zestes de citron des zestes d'orange ou bien de pamplemousse, je vous en prie, allez !

Limoncello

Commençons d'abord par parfumer notre vodka. Il vous en faudra 2 t. (500 ml). Pour ma part, je préfère la Finlandia pour son arôme subtilement boisé. Il faut quelques citrons, de préférence non traités (des citrons bio, vous l'avez deviné).

« Quelques citrons ? » me demandez-vous, avide comme toujours de précision. Il en faut « comme vous voulez » : 2, 3, 4, 5 ou 6 pour un limoncello plus ou moins parfumé. Brossez les fruits sous l'eau tiède du robinet avant d'en prélever les zestes à l'économe. Donnez-vous ensuite la peine d'éliminer au couteau toute trace de membrane blanche à l'endos de la pelure. La membrane est source d'amertume.

Dans un bocal hermétiquement scellé, faites ensuite macérer les tranches de zeste dans la vodka pendant le temps qu'il faut pour que l'alcool s'imprègne des huiles essentielles.

Dans les livres, on insiste : il faut attendre patiemment plusieurs semaines, voire plus d'un mois alors qu'en réalité, croyez-moi, 24 ou 48 heures suffisent amplement. Essayez, vous verrez. En une journée à peine, voilà votre vodka toute dorée fleurant bon le citron.

Le zeste ayant fait son travail, on l'élimine à la passoire. Oubliez le papier-filtre à café habituellement recommandé « parce qu'il absorbe l'huile », c'est une autre précaution inutile.

Ainsi parfumée au zeste de citron, la vodka est un véritable délice quand on la sert bien frappée. Aussi pourriez-vous vous contenter de remettre en bouteille le précieux liquide et de le conserver au congélateur en attente du jour où vous servirez enfin vos blinis au caviar et vos oladis crème sure et saumon fumé.

Mais pour faire de cette vodka parfumée un limoncello, vous lui ajouterez du sirop plus ou moins sucré. Pour ma part, je préfère un limoncello légèrement sucré. Pour 2 t. de vodka parfumée, je fais fondre 1/2 t. de sucre dans 1 1/2 t. d'eau. J'ajoute à la vodka et le tour est joué. C'est prêt à boire. Santé !

LEMON CURD

Un préféré de Michel « vélo » Labrecque, avec qui j'ai travaillé à Consommaction. *« Une recette de* lemon curd *! » s'exclama-t-il, ne se tenant plus de joie. À l'occasion de ses périples en Albion, l'ami Michel avait eu le plaisir de goûter à cette étrange préparation qu'on lui offrit pour tartiner ses* crumpets. *Voilà qui l'enchanta. L'onctuosité de la préparation, sa douceur surette vinrent à bout de toutes ses réticences. Pour peu, il allait chanter les mérites gastronomiques des Grands-Bretons. Fin gourmet et cuisinier plus souvent qu'à son tour, Michel mérite bien que je lui dédie cette recette que j'ai concoctée après maints efforts et qui permet de réussir la chose à tout coup sans problème !*

1 t. de sucre
beurre doux et mou
4 gros œufs
le zeste et le jus de 2 citrons
et de 1 orange

Dans le bac de ton robot, mon cher Michel, tu mélangeras d'abord le sucre et du beurre doux. Combien de beurre ? C'est à ton goût. Au moins 6 c. à soupe. Deux fois plus, si tu veux, mais que le beurre doux soit mou. Il ne s'agit pas de « crémer » le beurre et le sucre, mais tout simplement de les mélanger pendant quelques secondes. Le sucre reste granuleux, mais ça importe peu. Pendant que le moteur tourne, ajoute un à un, les œufs, puis le zeste et le jus. Le résultat ? Un mélange peu ragoûtant qui ne te dira rien qui vaille !

Mais n'hésite pas. Tu n'as plus qu'à réchauffer au bain-marie en brassant bien à la spatule. Tu prendras soin, bien sûr, comme toujours quand on procède au bain-marie, d'éviter que l'eau bouillante à la base n'entre en contact direct avec la base du contenant supérieur. Tu laisseras tout doucement l'eau à peine mijoter et tu brasseras allégrement à la spatule pour constater bientôt que le beurre fond, que le sucre fond ensuite et enfin que le mélange épaissit : les jaunes épaississent la sauce sans « grainer » à cause du jus de citron.

Eh bien voilà, c'est prêt. Le lemon curd se conserve au frigo. Pour tes crumpets demain matin ?

Variation

Pour un dessert somptueux, fouetter 1 t. de crème. À la spatule, incorporer 1 t. de lemon curd. Servir en coupe avec des petits fruits. Arroser peut-être de quelques gouttes de limoncello. À moins qu'on préfère garnir de chocolat râpé. En somme, faites comme vous voulez !

PUDDING SOUFFLÉ AU CITRON

Ce dessert vous ravira par sa facilité d'exécution. S'agit-il d'un pudding ou d'un soufflé ? On ne sait trop, mais que c'est bon !

Allumons tout de suite le four à 350 °F. Profitons-en pour nous assurer que la grille est bien en place à mi-hauteur : voilà qui assurera une cuisson uniforme.

le zeste et le jus de 1 gros citron
3 œufs extra-gros
1/2 t. de sucre
1 c. à soupe de beurre doux
1/4 t. de farine
1 t. de lait

Prélevez le zeste de 1 gros citron. Pressez-le et réservez le jus. Séparez ensuite les 3 œufs. Dans un cul-de-poule de grandeur moyenne, réservez les blancs que vous allez bientôt monter en neige. Vous avez pris soin, bien entendu, de vous assurer que le bol est bien propre et exempt de toute matière grasse, sans quoi les blancs auront peine à monter.

Dans un autre bol, les jaunes d'œufs. Ajoutez la 1/2 t. de sucre et empressez-vous de battre à la mixette : si on attend trop, le sucre fait coaguler les jaunes. En 2 ou 3 minutes, les jaunes ont pâli et le sucre a commencé à fondre. Ajoutez le zeste et le jus de citron. Ajoutez ensuite 1 c. à soupe de beurre doux que vous aurez d'abord fait fondre à feu très doux. Tout en battant à la mixette, ajoutez ensuite, en saupoudrant, 1/4 t. de farine. Prenez bien soin d'éliminer les grumeaux. Ajoutez ensuite le lait. Réservez l'appareil (autrement dit le mélange) au comptoir pendant que vous montez les blancs en neige.

Rincez d'abord, bien sûr avec grand soin, les fouets. Essuyez-les. À basse vitesse, fouettez un peu les blancs qui forment d'abord de grosses bulles. Pour faciliter la formation de la neige, on peut ajouter une pincée de sel, quelques gouttes de jus de citron ou bien une pincée de crème de tartre. Battez ensuite à grande vitesse jusqu'à ce que la neige se tienne bien en pics encore lustrés. Surtout, ne battez pas trop : des blancs trop battus forment une neige sèche et mate qui « graine ». On n'a plus qu'à incorporer les blancs en neige à l'appareil tantôt réservé. Attention, ne les incorporez pas à la mixette : voilà qui ferait tomber les blancs. Incorporez-les plutôt à la spatule ou au fouet par mouvements circulaires de haut en bas.

Versez ensuite la préparation dans un moule à gâteau ou mieux encore dans un moule à soufflé en porcelaine. Quelle que soit la forme du moule, assurez-vous d'abord de sa capacité. Un moule qui contient 2 l, c'est l'idéal. On ne beurre pas le moule. Placez-le dans une lèchefrite plus grande pour faire un bain-marie. Versez dans la lèchefrite de l'eau bouillante à mi-hauteur du moule. Enfournez aussitôt. Dans 45 minutes, ce sera prêt. On peut servir chaud, tiède ou même froid : le soufflé ne tombera pas !

Variations

Ce pudding se prête à d'infinies variations, je vous en livre quelques-unes, la façon de procéder reste la même, il s'agit de remplacer quelques ingrédients.

PUDDING SOUFFLÉ À L'ORANGE

3 œufs extra-gros
1/2 t. de sucre
le zeste de 1 grosse orange
le jus de 1 gros citron
1/3 t. de jus d'orange concentré
1 c. à soupe de beurre doux
1/4 t. de farine
2/3 t. de lait

PUDDING SOUFFLÉ AU PAMPLEMOUSSE

3 œufs extra-gros
1/2 t. de sucre
2 c. à soupe de zeste de pamplemousse
le jus de 1 gros citron
1/3 t. de jus de pamplemousse concentré
1 c. à soupe de beurre doux
1/4 t. de farine
2/3 t. de lait

PUDDING SOUFFLÉ AU CAFÉ

3 œufs extra-gros
1/2 t. de sucre
1/4 t. de café très corsé
1 c. à soupe de beurre doux
1/4 t. de farine
1 t. de lait

Pour le café très corsé, on dissout 1 c. à soupe comble de café soluble dans 1/4 t. d'eau bouillante. On laisse refroidir avant de procéder.

Pudding soufflé au chocolat (ou moka)

3 œufs extra-gros
1/2 t. de sucre
1/4 t. de lait parfumé au chocolat
1 c. à soupe de beurre doux
1/4 t. de farine
1 t. de lait

Pour le lait au chocolat, on ajoute 1 c. à soupe comble de cacao à 1/4 t. de lait bien chaud. On mélange bien et on laisse bien sûr refroidir avant de procéder. Pour un pudding moka, on ajoute 1 c. à thé comble de café soluble.

Pudding soufflé à la vanille (ou aux amandes)

3 œufs extra-gros
1/2 t. de sucre
1/4 t. de lait parfumé de 1 c. à thé d'extrait de vanille
1 c. à soupe de beurre doux
1/4 t. de farine
1 t. de lait

On peut aussi faire un pudding aux amandes en remplaçant l'extrait de vanille par 1 c. à thé d'extrait d'amandes. On garnit d'amandes grillées.

Crêpes soufflées au citron

Les crêpes soufflées au citron font un dessert spectaculaire, pourtant des plus faciles à réussir. Un jeu d'enfant, vous verrez !

1 t. de lait
le zeste de 1 orange ou de 1 citron
6 c. à soupe de sucre
1/4 t. de fécule de maïs diluée dans 1/3 t. d'eau ou de lait
6 c. à soupe de beurre doux
3 œufs, séparés
6 à 8 crêpes moyennes
1/2 t. de rhum
4 c. à soupe de sucre

Dans une casserole à fond épais, versez le lait. Ajoutez le zeste et le sucre. Amenez à ébullition. Diminuez la flamme pour laisser frémir à peine. Ajoutez aussitôt, en brassant bien, la fécule diluée dans 1/3 t. d'eau ou de lait. En quelques secondes à peine, on obtient une crème onctueuse. Laissez frémir 1 minute de plus. Hors flamme, ajoutez le beurre doux. Mélangez bien à la spatule pour le faire fondre. Ajoutez ensuite les jaunes d'œufs. Brassez bien pour vous assurer d'un mélange homogène. Réservez au comptoir pendant que vous montez les blancs d'œufs en neige.

On prend soin bien sûr de s'assurer que les blancs ne contiennent aucune trace de jaune. On s'assure tout autant que le bol et les fouets de la mixette soient exempts de toute trace de matière grasse. On choisit de préférence pour monter ses blancs un bol de métal : en cuivre ou en acier inoxydable : les bols de matière plastique absorbent les corps gras et les blancs ont peine à monter dans un bol de verre. Enfin, les blancs frais sortis du frigo monteront moins que ceux qu'on a laissés 1 heure se réchauffer au comptoir.

Pour favoriser la montée des blancs, ajoutez une pincée de sel ou de crème de tartre. Voilà. Vous n'avez plus qu'à fouetter. D'abord à basse vitesse, puis à vitesse moyenne. Les blancs sont prêts lorsque la neige forme des pics lustrés. Les blancs qu'on fouette trop perdent leur lustre. À la cuisson, ils « grainent ».

Vous n'avez plus maintenant qu'à incorporer la crème aux blancs en neige. Procédez tout doucement à la spatule d'un mouvement circulaire de haut en bas en prenant soin d'intégrer le plus possible d'air au mélange. Ça y est ?

Reste alors à garnir les crêpes. On en garnit la moitié en demi-lune et on replie sans rouler pour permettre au soufflé de monter. Enfournez à 425 °F pendant 5 minutes à peine. À table, arrosez de sirop de rhum : 1/2 t. de rhum et 4 c. à soupe de sucre qu'on a réchauffées dans une petite casserole. Sitôt que des petites bulles se forment aux parois, versez sur les crêpes et flambez.

Variation

On peut servir ces crêpes somptueuses sur des coulis divers, les saupoudrer de cacao, incorporer à la garniture des petits dés de fruits confits, que sais-je encore. Savantes concoctions. Si vous saviez comme je m'ennuie des crêpes toutes simples que me faisait mon père en vacances à Cape Cod.

Vacances à Cape Cod

Tous les matins, dès l'aurore, Judge ouvrait la porte de ma chambre en la poussant du museau. Sitôt entré, il secouait mes draps de tout son corps. Puis il sautait sur le lit et me léchait le visage en grognant d'impatience. Si je feignais encore de dormir, il me serrait l'avant-bras dans sa gueule pour me brasser avec autorité. Puis, de guerre lasse, il se lovait tout contre moi et me poussait doucement au bas du lit. En riant de plaisir, je n'avais plus qu'à revêtir en vitesse mon maillot pour amener le chien à la pêche tout près, sur la jetée. « Avoir un chien qui s'appelle Judge, tu vois la chance que tu as ? disait mon père. Avoir un père avocat, c'est pas si mal, mais avoir un chien juge, c'est encore mieux ! » Judge, c'était le chien de la propriétaire du chalet où nous passions l'été. Ou plutôt : l'hiver, c'était son chien. L'été, c'était le mien.

En guise d'appâts, mon père gardait pour moi au frigo des vers de mer, sortes de centipèdes rouges et bleus, grouillants dans le varech. Et, si les vers venaient à manquer, il y avait aussi, toujours au frigo, des *squids,* étranges petites bêtes mauves à tentacules qui me rappelaient le poulpe de *Vingt mille lieues sous les mers.* C'étaient bien sûr des calmars. Mais à l'époque, il ne serait venu à l'idée de personne d'en manger.

Sur la jetée, le plus souvent, rien ne mordait, sinon parfois un crabe, furieux qu'on le sorte de l'eau et qui refusait avec acharnement d'abandonner sa proie. Plus rarement encore, un poisson volant se laissait prendre à l'hameçon, une bête rebutante aux allures de rascasse qui se gonflait d'air sitôt sortie de l'eau. Je retirais alors aussitôt l'hameçon pour relancer prestement le poisson à la mer. Le malheureux flottait au gré des vagues comme un ballon perdu. Parfois, j'attrapais un tout petit requin des sables. Impossible alors de retirer l'hameçon. Vorace, le squale avait toujours tout avalé. Mes mains se déchiraient au cuir de la bête, pareil au papier d'émeri. Hors de lui, Judge cherchait à mordre le poisson, qui, furieusement, se débattait. Il me fallait alors couper le fil et je rentrais à la maison avec le requin tressautant dans mon seau. Mon père nous accueillait en héros. « Viens, nous allons faire des crêpes d'habitant. »

Je m'en souviens comme si c'était hier. Un délice avec du sirop d'érable, mais nous devions nous contenter de sirop Log Cabin. Du sirop de poteau, disait mon père, dépité. Impossible à l'époque de trouver du vrai sirop d'érable à Cape Cod. « L'an prochain, disait-il, il ne faut pas oublier d'en apporter. » Ce qui me ravissait plus que tout, c'était d'entendre ensuite à table mon père raconter ses étés d'enfant à Nicolet. « Ton grand-père m'avait prêté à son frère pour aider au magasin général. C'est là que j'ai appris à faire des crêpes d'habitant. Ma tante en faisait le dimanche pour Pierre-Paul. »

Je ne me lassais pas de l'entendre évoquer ses vacances d'enfer. Des matins à trimer dur au magasin général pour préparer les commandes des clients. Et des après-midi à turbiner la crème glacée, seul dans la cave. « Ma tante descendait avec sa crème dans une baratte qu'elle déposait dans un seau de bois plein de glace et de gros sel. Moi, je devais tourner la manivelle jusqu'à ce que la glace prenne. Quand je m'arrêtais pour respirer un peu, ma tante hurlait du haut de l'escalier : "Roch, mon p'tit vlimeux, tu vas gâter la liche-crème !" »

Quand la glace était prise, mon père montait au magasin avec la baratte. Pendant que sa tante vidait la baratte pour mettre la crème glacée dans la glacière, mon père redescendait chercher le seau qu'il remplissait à nouveau de glace et de gros sel. Il remontait aussitôt chercher la baratte pleine de crème à turbiner. « Dans la cuisine, le cousin Pierre-Paul s'empiffrait de liche-crème, alors qu'il n'avait pas travaillé une seule minute au magasin de son père. Moi, j'avais même pas le droit de lécher la cuiller ! Maudit Pierre-Paul ! » Et mon père souriait de m'entendre rire, de me savoir aimé, incrédule et inquiet de le voir devant moi comme un enfant blessé.

CRÊPES DE MON PÈRE

1 t. de farine
1 pincée de sel
2 c. à thé de poudre à pâte
3 œufs
1 t. de lait
huile

Dans un grand bol, la farine, le sel et la poudre à pâte. Ajoutez les œufs. Brassez bien à la fourchette pour écraser les grumeaux. Ajoutez ensuite le lait et brassez encore au fouet. La pâte est prête. Dans 1 cm au moins d'huile bien chaude (mon père prenait du Crisco !), versez la pâte à la louche en petites quantités : disons 1/2 t. de pâte pour chaque crêpe. Au contact de l'huile chaude, la levure chimique fait son travail : la pâte se gonfle en beignet, éclate aux pourtours pour former une dentelle croustillante et dorée.

La question du calmar

Pour vous chanter les charmes hélas méconnus chez nous du calmar, je m'enflamme et vous restez de glace. Vous d'habitude si volubile faites la carpe. Au frémissement de votre lèvre, je crois même deviner le dégoût. Pardonnez-moi si je m'étonne. J'ai peine à croire que le corps phallique du céphalopode et son allure de Gorgone ont pu avoir raison de votre omnivoracité. Saint-Ex, l'aviateur songé, affirma un jour : « Rien de ce qui est humain ne m'est étranger. » Vous êtes plus œcuménique encore qui citez volontiers l'adage chinois qui veut que tout de ce qui rampe, marche, court, nage ou vole trouve sa destinée dans notre bol ou notre assiette.

J'ai souvenir de votre ravissement alors que, de retour d'Écosse, vous me décriviez voluptueusement les délices de la panse de mouton farcie. Les alvéoles gélatineuses de la tripe à la mode de Caen vous ravissent. Les effluves intestinaux de l'andouille normande vous transportent. Pour les animelles de Daniel Vézina, aperçues à *Olives et Papayes,* vous feriez un malheur. « Ce sont gonades ravissantes serties sur un écrin d'endives. » Le foie cru de l'oie servi en sashimi à la façon de Patrice Dard ne vous rebute en rien. Pour un nid d'hirondelle, vous êtes prêt à tout : la salive gluante de l'oiseau vous met en appétit. Qu'on mange du chien rôti en Corée vous incite au voyage. Ainsi, dites-moi donc enfin d'où vous vient ce dégoût du calmar ? « J'en ai mangé une fois rue Duluth dans une brochetterie : du caoutchouc dans la graisse rance, pneus recyclés de Saint-Amable ! »

Devant pareil aveu, la semonce s'impose. Pour manger des calmars dignes de l'Olympe, n'apportez plus votre vin. Comme le dit si bien Josée Blanchette, « un plaisir n'arrive jamais seul ». À la *Psarotaverna du Symposium,* chez *Hermès, Milos* ou bien à l'*Ouzeri,* on vous convertira aux joies tendres du céphalopode frit, en salade ou farci. Ce sont là délices faciles à faire à la maison. Vous en doutez ? Je vous invite.

Passons d'abord chez le poissonnier acheter des calmars — s'ils sont frais, tant mieux, mais les calmars congelés font tout aussi bien l'affaire. Comme d'habitude, ils sont déjà presque parés. On les a vidés de leurs œufs. On a prélevé la vessie d'encre. On les a dépouillés. À la maison, nous n'aurons plus qu'à terminer l'ouvrage. Séparons d'abord la tête et ses dix tentacules du corps fuselé. On n'a pour ce faire qu'à tenir le corps d'une main et la tête de l'autre. On tire tout simplement : ça se détache facilement. À l'intérieur du corps reste habituellement une fine membrane transparente comme du mica. On tire dessus et on la jette.

On prélève ensuite le « bec », un anneau de cartilage situé entre les yeux et les dix tentacules. On procède tout simplement du bout des doigts, ou bien on s'arme d'un couteau d'office. Au couteau sur la planche, on tranche ensuite en rondelles de 1 cm le corps fuselé des bestioles. On rince ensuite à l'eau froide tentacules et anneaux. Dans un bol, on recouvre d'eau froide. On ajoute le jus de 1/2 citron et on laisse au frigo dégorger pendant 1 heure au moins. Voilà, vous le savez, qui attendrit les chairs. Pour finir ce travail d'attendrissement, deux approches complémentaires et contradictoires s'imposent.

Suivant l'approche rapide, on se contente de surprendre pendant quelques secondes à peine le calmar à la caresse bienveillante de l'huile bien chaude ou de l'eau bouillante. Il faut agir prestement, sans quoi la surprise perd tout son effet. Quelques secondes de trop et la chair se cabre. La chair caoutchouteuse se vulcanise, résiste à l'assimilation.

On sait par contre que le calmar longuement mijoté s'attendrit tôt ou tard. On le farcit, on le saute au poêlon. La chair se cabre. On mouille pour laisser tout doucement frémir en sauce, le temps qu'il faut, pour venir à bout de toute résistance. Du mollusque attendri, on ne fait plus qu'une bouchée.

Pour le calmar frit ou servi en salade, c'est l'approche rapide qui s'impose.

Calmars frits

500 g de calmars par convive (repas principal) ou 250 g (entrée)
huile végétale
citron

Pour le calmar frit, rien de plus simple. Dans le poêlon, 2 cm d'huile végétale. Égouttez bien les tentacules et les anneaux et asséchez-les bien à la serviette. Farinez et plongez-les aussitôt dans l'huile bien chaude (360 °F). Ne faites frire que quelques morceaux à la fois pour ne pas abaisser la température de l'huile. Rapidement dorés dans l'huile, vos calmars ne boiront aucun gras. Surtout, évitez de trop frire. En quelques secondes, moins d'une minute, les calmars sont prêts. Salez aussitôt et réservez à mesure à four chaud dans une assiette garnie de papier absorbant. Servez avec des quartiers de citron.

Salade de calmars à la grecque

1 kg de calmars pour 4 personnes (repas principal)
1 oignon moyen, rouge, blanc ou jaune
3 ou 4 branches de cœur de céleri en petits dés
2 ou 3 poivrons rôtis en lanières (facultatif)
olives
2 ou 3 gousses d'ail pelées, dégermées et pressées
harissa, sambal olek ou Tabasco
1/2 t. d'huile d'olive bien parfumée
le jus de 1 ou 2 citrons jaunes ou verts

Mettez les calmars à dégorger tout doucement. Pendant ce temps, préparez les légumes et la vinaigrette. D'abord, pelez l'oignon et tranchez-le au couteau ou à la mandoline en rondelles finissimes. Passez-le sous l'eau froide du robinet. L'oignon ainsi rafraîchi en devient plus digeste et reste plus croquant. Égouttez bien.

Dans un grand bol, ajoutez ensuite le céleri, peut-être les poivrons et des olives en belle quantité : grecques, françaises ou marocaines, vertes ou noires ou bien farcies. C'est au goût. Ajoutez ensuite l'ail. Pour le piquant, un peu de harissa, de sambal olek ou quelques gouttes de Tabasco. Ajoutez l'huile et le jus de citron. Mélangez bien.

Ne reste plus qu'à ébouillanter rapidement les morceaux de calmar. Dans une casserole, de l'eau bouillante salée. Plongez-y les morceaux de calmar. En 30 secondes à peine, la chaleur les a traversés. Égouttez-les sans les refroidir à l'eau froide. Ajoutez-les encore chauds aux légumes en vinaigrette. Mélangez bien. Salez, poivrez et laissez macérer 1 heure au frigo avant de servir.

FETA GRILLÉ AUX NOIX DE GRENOBLE ET SES FIGUES CHAUDES AU MIEL DE ROMARIN

Vous aimez bien le feta grec, ce fromage paysan salé et granuleux que vous servez habituellement en entrée avec des olives noires ? Moi aussi. Vous serez peut-être étonné d'apprendre qu'on peut aussi servir le feta chaud. Comme le chèvre, auquel il s'apparente, il décuple alors son parfum et perd en même temps de sa rusticité. Les Grecs, qui

connaissent bien les vertus du feta, le réchauffent au poêlon. On en fait des tranches de 1 cm d'épaisseur. On les farine légèrement. On les fait dorer en surface au poêlon à chaleur moyenne dans un peu d'huile d'olive. Chaud à cœur, le fromage s'apprête à fondre. Une rasade de retsina : on invoque Socrate. Le nom de ce plat simplissime : saganaki. En grec, ça veut dire « petit poêlon ». Inspiré du saganaki, je vous propose ce plat sublime.

fromage feta
noix de Grenoble
figues fraîches
miel
1 branche de romarin

Tranchez du fromage feta en portions de 1 cm d'épaisseur. Sur chaque tranche, déposez quelques noix de Grenoble grossièrement hachées. Réchauffez à four chaud (350 °F) pendant une dizaine de minutes ou faites dorer, immédiatement sous le gril, 2 ou 3 minutes, à haute surveillance.

Tranchez des figues en deux sur le long sans les peler et réchauffez-les à feu doux au poêlon dans un peu de miel parfumé au romarin. Pour cela, amenez le miel à douce ébullition et ajoutez le romarin en début de parcours. Déposez les figues tranchées dedans, du côté de la tranche. C'est prêt quand c'est à peine chaud. Servez avec les tranches de feta bien chaud dorées en surface. Un dessert d'une très grande simplicité : dans votre assiette, tout le soleil de la Méditerranée.

SOUPE DE CALMARS AU VIN ROUGE

1 kg de calmars
5 ou 6 c. à soupe d'huile d'olive extra-vierge
1 bouteille de vin rouge bien corsé
1/2 ou 1 boîte de tomates italiennes
environ 20 gousses d'ail entières, épluchées
1 pincée de thym ou d'herbes de Provence
champignons de Paris tranchés en lamelles fines
persil plat haché

Pour une soupe-repas qui comblera d'aise 5 ou 6 gourmands, il faut à peu près 1 kg de calmars. Vous les avez sans doute trouvés déjà nettoyés chez le poissonnier. Peut-être a-t-on laissé le cartilage dans chaque fuseau. Si oui, tirez dessus pour l'enlever. Tranchez ensuite chaque fuseau en rondelles d'à peu près 1 cm. Prenez ensuite le soin d'éliminer le « bec », qu'on trouve au-dessus de l'anneau qui retient les tentacules de ces appétissants céphalopodes. Un petit couteau d'office bien tranchant fera fort bien l'affaire. Rincez tentacules et anneaux à l'eau bien froide du robinet. Égouttez puis épongez avec soin. Farinez ensuite et secouez dans une passoire ou un tamis pour éliminer l'excès de farine.

À feu moyen, dans une casserole en inox ou dans une cocotte de fonte émaillée, faites chauffer l'huile d'olive. Quand elle est bien chaude mais avant qu'elle fume, ajoutez les calmars pour les faire dorer. À la spatule ou à la cuiller de bois, brassez régulièrement, histoire de laisser la vapeur s'échapper. En 2 ou 3 minutes, c'est prêt : les calmars ont blondi en surface. Sans plus attendre, ajoutez une bouteille de vin rouge bien corsé. « Une bouteille ? » me demandez-vous, incrédule. Eh oui, c'est ce qu'il faut. « C'est trop ! » insistez-vous. À votre guise. Contentez-vous alors de 1 1/2 t. de vin rouge, mais ajoutez alors 1 1/2 t. de bouillon. Ajoutez ensuite une demi-boîte de tomates italiennes. La boîte entière si le cœur vous en dit. Pour parfumer, une vingtaine de gousses d'ail entières épluchées, une pincée de thym ou d'herbes de Provence. Salez tout de suite au goût pour ne poivrer qu'en fin de parcours. En mijotant, le poivre moulu exhale l'amertume. Amenez à ébullition pour laisser ensuite frémir à couvert le temps qu'il faut pour attendrir les calmars : une trentaine de minutes suffisent la plupart du temps. Sinon, quelques minutes de plus.

Voici venu le temps d'ajouter des légumes. Des champignons, par exemple, ajouteraient aux parfums maritimes une note terrienne. Dans la soupe frémissante, on ajoute des champignons de Paris tranchés en lamelles fines et on laisse mijoter 2 ou 3 minutes de plus. « Combien de champignons ? » Autant qu'il vous en dit. Au moment de servir, poivrez généreusement et garnissez allégrement de persil plat haché.

En guise d'accompagnement, de belles tranches de pain grillées et, pourquoi pas, de l'aïoli. Pour faire l'aïoli, ajoutez tout simplement 3 ou 4 gousses d'ail pelées, dégermées et pressées à 1 t. de mayonnaise maison.

Variations

Cette soupe de base se prête à d'infinies variations. Vous pourriez par exemple en retirer les calmars pour les servir tièdes ou froids en salade. Un vrai délice sur mesclun. À moins que vous ne préfériez en faire un risotto.

SOUPE DE FRUITS DE MER (OU DE POISSON) AU VIN ROUGE

Dans le bouillon, vous pourriez en lieu et place des calmars faire pocher des fruits de mer ou du poisson. De la morue en filets, par exemple, ou de la lotte en médaillons, ou bien des pétoncles et des crevettes, voire du homard pour les grandes occasions. Surtout, évitez de trop cuire le poisson : rappelez-vous que le poisson est prêt sitôt que la chaleur l'a traversé. Pour une touche portugaise, dans le bouillon, faites pocher la morue séchée que vous aurez pris bien soin de dessaler pendant au moins 24 heures dans de l'eau froide. On prend alors bien sûr le soin de changer l'eau 3 ou 4 fois.

On peut tout aussi bien remplacer les champignons par d'autres légumes au choix : du chou-fleur bouilli ou cuit à la vapeur, par exemple. Ou bien des courgettes en bâtonnets rapidement sautés à la poêle dans un peu d'huile d'olive.

Calmars grillés de Manuel Martins

En guise de conclusion, laissez-moi vous proposer la meilleure façon d'apprêter les calmars que je connaisse. C'est si simple en fait qu'on ne peut même pas dire qu'il s'agit d'une recette.

Comme Manuel Martins du restaurant *Vintage,* rue Saint-Denis, à Montréal, vous avez trouvé des calmars si frais qu'ils fleurent bon encore l'iode et le varech. Vous les videz avec soin. Vous enlevez la plume de cartilage. Vous rincez à l'eau froide du robinet et vous retournez comme un gant chaque pauvre bête. Vous asséchez au linge ou bien à l'essuie-tout. Vous badigeonnez d'huile d'olive et vous faites griller sur le BBQ. La chaleur est si haute qu'en surface, la chair caramélise. Quelques secondes à peine ont passé, vous les retournez. Et voilà ! Avec des quartiers de citron vert, c'est un délice assuré.

Parlant des calmars de Manuel Martins, avez-vous goûté à son leitao assado ? Son petit cochon de lait rôti qu'il sert, je crois, tous les jeudis est d'une telle cochonceté justement qu'on en a presque les larmes aux yeux. Imaginez le torrent si Manuel vous chantait le fado !

Suggestions cochonnes

Au menu du *Vintage,* rue Saint-Denis à Montréal, le cochon de lait de Manuel Martins attire une clientèle fidèle. Manuel a bien voulu partager son secret. Ça y est, je vous entends protester une fois de plus. « Il est fou, ce Pinard, marmonnez-vous. Croit-il qu'on puisse trouver un cochon de lait à n'importe quel moment de l'année ? Voilà un plaisir réservé aux seuls restaurateurs. » Eh bien, non, rassurez-vous. Votre boucher se fera un plaisir de vous en commander un. Il suffit de l'avertir une ou deux semaines à l'avance. Chez *Bélanger,* au marché Atwater, vous devrez débourser 100 $ pour un cochon de lait pesant de 15 à 25 lb. Plus le cochon est petit, plus il est tendre. Un cochon de 15 lb suffira pour une quinzaine de gourmands. Un cochon de 25 lb pourra bien nourrir une bonne trentaine de convives.

PETIT COCHON DE LAIT À LA FAÇON DE MANUEL MARTINS

un cochon de lait de 5 à 6,5 kg

saumure : *eau salée, 5 ou 6 oranges*

marinade : *2 ou 3 têtes d'ail, laurier, sel, poivre, saindoux, huile d'olive, persil, 1/2 t. de vin blanc sec.*

Il faut un cochon de lait de 5 à 6,5 kg qu'on fait tremper pendant 24 heures dans une saumure parfumée à l'orange. Dans l'eau salée, 5 ou 6 oranges tranchées en écorce. On essuie bien le cochon qu'on badigeonne ensuite généreusement, côté peau et dans la cavité, d'une marinade bien aillée. Pour faire la marinade, rien ne vaut le robot. Dans le bac, les gousses pelées de 2 ou 3 têtes d'ail bien frais. On ajoute une feuille de laurier écrasée, 3 c. à soupe de gros sel, 1 c. à soupe de poivre et 3 c. à soupe de saindoux. On mixe bien. Dans la purée, on ajoute ensuite 1 c. à soupe d'huile d'olive extra-vierge, 2 c. à soupe de persil plat haché et 1/2 t. de vin blanc sec.

On met à rôtir le cochon de lait à four bien chaud (500 °F) pendant 2 1/2 heures. On prend soin, avant de l'enfourner, de recouvrir les oreilles de papier alu, sans quoi elles risquent fort de carboniser. Pour assurer une peau bien croustillante et une chair qui fond, Manuel recommande d'arroser le cochon de vin blanc toutes les 45 minutes. On laissera reposer le cochon rôti au comptoir une quinzaine de minutes avant de servir. On sert le cochon sur un lit de cresson. Dans les oreilles, du persil ; dans la gueule, conformément à la tradition, une pomme.

COCHON DE LAIT RÔTI AU VIN BLANC

un cochon de lait de 5 à 6,5 kg
huile d'olive, beurre fondu, jus de citron
1/2 t. vin blanc sec

On peut aussi faire rôtir le cochon de lait sans le tremper d'abord dans la saumure. On se contente de bien le badigeonner d'huile d'olive aussi bien sur toute la surface de la peau que dans la cavité. On sale, on poivre généreusement et on enfourne à 475 °F. On prend soin, pendant la cuisson, d'arroser le cochon toutes les demi-heures d'un mélange à parts égales d'huile d'olive, de beurre fondu et de jus de citron. Pendant que le cochon rôti repose au comptoir, on dégraisse la lèchefrite pour déglacer ensuite au vin blanc. Rien de plus simple. Sur le feu moyen de la cuisinière, la lèchefrite. On verse dedans disons 1/2 t. de vin blanc : on racle bien le fond à la spatule ou à la cuiller de bois pour dissoudre les sucs. Et voilà.

Variations

On peut aussi servir le cochon de lait avec une sauce béarnaise, comme le propose Robert Carrier. Pour sa part, Barbara Kafka propose, dans Roasting, A Simple Art *(William Morrow, New York, 1995), de garnir la cavité de la tête de gousses d'ail avant de mettre à rôtir. Il faut une dizaine de têtes d'ail. On sépare les gousses sans les peler. À table, les convives ravis pourront écraser les gousses du plat de la fourchette pour obtenir une crème d'ail toute douce et toute parfumée. Elle propose de servir le cochon de lait rôti à la chinoise. Dans une assiette au centre de la table, des crêpes chinoises ou de grandes feuilles de laitue iceberg. On garnit les crêpes ou les feuilles de laitue de porc effiloché. On ajoute peut-être un peu de sauce aux huîtres. On accompagne de sauce aux prunes.*

Je sais fort bien que rares sont ceux qui voudront s'adonner aux plaisirs du cochon de lait maison.

Mais c'est un bon prétexte, justement, pour vous parler saumure. Si le cochon de lait de Manuel est si tendre et juteux, c'est qu'il le fait tremper dans l'eau salée avant de le faire rôtir. Voilà une façon de faire qui convient tout aussi bien au rôti ou aux côtelettes de porc ou de veau. Mieux encore, un poulet ou une dinde pareillement traités s'en trouvent à ce point améliorés qu'on jurerait poulet de Bresse ou dinde sauvage.

CARRÉ DE PORC MARINÉ

Tenez, voici une recette de carré de porc mariné qui saura vous ravir. J'en ai trouvé l'idée dans Chez Panisse Café Cookbook *d'Alice Waters (Harper Collins, 1999). Voici donc mon interprétation du célèbre* brine cured pork *d'Alice Waters.*

Tandis que Mme Waters propose de faire mariner un rôti de longe ou d'épaule désossé, je préfère d'emblée le rôti de longe en carré. Un carré, vous le savez, c'est une longe qu'on se garde bien de désosser. La présence des os assure une cuisson uniforme, une chair plus juteuse.

longe de porc de 7 ou 8 côtelettes (pour 5 ou 6 personnes)
moutarde de Dijon, thym ou romarin

marinade :

8 l d'eau
1 t. de gros sel
1 t. de sucre
clous de girofle, poivre noir, baies de poivre de la Jamaïque, baies de genièvre, herbes de Provence (facultatif), piments secs
5 ou 6 gousses d'ail

Vous ferez mariner votre carré au frigo pendant 3, 4 ou 5 jours. Assurez-vous que la longe est recouverte de saumure ou plutôt, à proprement parler, de marinade. Pour bien recouvrir le carré, il faudra à peu près 8 l d'eau. Ajoutez le gros sel et le sucre. Pour parfumer, quelques épices grossièrement broyées : 1 ou 2 clous de girofle, une vingtaine de grains de poivre noir, une dizaine de baies de poivre de la Jamaïque (qu'on appelle aussi tout-épices ou quatre-épices). Des baies de genièvre, si vous en trouvez, feraient merveille là-dedans. Ajoutez ensuite une bonne cuiller à soupe de thym ou d'herbes de Provence, une pincée de piments secs et l'ail.

Quand vient le temps, essuyez le carré avant de le mettre au four à rôtir. J'aime bien pour ma part le piquer d'ail et le recouvrir d'une couche mince de moutarde de Dijon. Pardessus, je saupoudre une ou deux pincées de thym ou de romarin.

Je vous rappelle que le porc d'aujourd'hui est bien maigre. Aussi, il faut à tout prix éviter de le soumettre à grande chaleur. Voilà qui le dessécherait. Aussi, je vous propose de le faire rôtir à 275 ou 300 °F. Le porc est à son meilleur encore rose à cœur. Plutôt que de mesurer le temps de cuisson, il vaut mille fois mieux se fier au thermomètre : 150 °F et votre porc est prêt. Rappelez-vous qu'il continue de cuire au comptoir.

POULET OU DINDE MARINÉS

Pour préparer un poulet de pareille manière, on se contentera de le faire mariner 24 heures. Pour une dinde, il faut 2 ou 3 jours.

CÔTELETTES DE PORC À L'ORANGE

Depuis une quinzaine d'années, le porc québécois a perdu pas moins de 50 % de ses gras, comme on dit chez Weight Watchers. Tout ça sans une seule Nutribar : faut le faire ! Que le porc soit moins gras devrait rassurer les cholestérophobes mais inquiéter les gourmets. Car il est évident qu'une viande pareillement amaigrie exige en cuisine qu'on l'apprête autrement. Ainsi le porc québécois d'aujourd'hui ne supporte-t-il plus d'être soumis au four à chaleur ardente, car il se dessèche aussitôt. Mieux vaut le cuire à basse température : 250 °F pendant toute la durée de la cuisson. Pour être à son meilleur, le porc d'aujourd'hui doit rester rose à cœur : 150 °F au thermomètre, pas plus. « Et la trichine, y pensez-vous ? » me dites-vous, outré de mon insouciance. Eh bien, justement, rassurez-vous : on n'a rencontré aucun cas de trichine dans le porc québécois depuis plus de 10 ans. De toute façon, la trichine passe de vie à trépas à 140 °F.

Au poêlon, la façon de faire elle aussi a changé. Plus question de saisir les côtelettes en poêlon extra-chaud, voilà qui les racornirait tout de go. Mieux vaut les mettre à cuire à chaleur moyenne, quitte à prendre un peu plus de temps de cuisson. La chair étant fort maigre, mieux vaut aussi choisir des côtelettes de fort bonne épaisseur : elles resteront moelleuses à la cuisson, malgré le manque de gras. Pour chaque convive, on choisira donc non pas deux côtelettes minces mais une seule, bien épaisse : 2 cm, 1 po d'épaisseur au moins.

une côtelette bien épaisse par convive
1 c. à soupe de sucre
1 c. à soupe de vinaigre fin
1 t. de jus d'orange
1 orange pelée à vif

Faites dorer les côtelettes au poêlon anti-adhésif, à chaleur moyenne, sans addition de corps gras. Quatre ou 5 minutes par côté suffiront. Réservez. On ajoute au poêlon le sucre et le vinaigre : du balsamique, c'est parfait, du vinaigre maison de petits fruits, c'est encore mieux. Laissez fondre le sucre sans brasser. Laissez-le caraméliser jusqu'à couleur ambre. Ajoutez le jus d'orange et brassez à la cuiller de bois pendant que vous faites réduire la sauce de moitié. Servez la sauce sur les côtelettes, accompagnées de tranches d'orange pelée à vif.

Pour faire beaucoup mieux, on montera d'abord la sauce au beurre, c'est-à-dire qu'on fera une fine émulsion en ajoutant hors flamme à la sauce réduite au poêlon une belle noix de beurre doux bien froid. On brasse à la fourchette ou au fouet pour intégrer le beurre à la réduction. Ça y est, l'émulsion se fait, la sauce « monte au beurre ».

Filet de porc aux amandes et sa sauce dijonnaise à la crème

1 filet de porc (600 ou 700 g)
huile d'olive
1 t. d'amandes mondées grossièrement broyées
sauce :
1 t. de crème
1 ou 2 c. à soupe de moutarde de Dijon ou de Meaux ou les deux
1/2 verre de vin blanc sec

Faites caraméliser le filet en surface au poêlon avant de l'enfourner, histoire encore d'en décupler la sapidité. Badigeonnez-le d'abord au pinceau d'huile d'olive (un excellent véhicule de chaleur) et faites-le rapidement sauter de tous bords et de tous côtés dans un poêlon antiadhésif très chaud. Deux ou 3 minutes suffiront pour ce faire. Sitôt doré en surface, déposez le filet sur une plaque et enrobez-le bien d'amandes mondées grossièrement broyées. Enfournez à 375 °F pendant une vingtaine de minutes, le temps qu'il faut pour que le filet soit rose à cœur : 155 à 160 °F au thermomètre. Salez au goût et poivrez généreusement à la sortie du four.

J'aime bien napper ce savoureux filet d'une sauce on ne peut plus « cochonne » : de la crème réduite parfumée à la moutarde de Dijon et de Meaux.

Dans une casserole à fond épais, on amène à ébullition à feu moyen 1 t. de crème. On réduit la flamme et on laisse tout doucement frémir pendant une quinzaine de minutes, le temps qu'il faut pour que la crème soit réduite du tiers. On ajoute au fouet 1 ou 2 c. à soupe de moutarde de Dijon ou de Meaux ou les deux. On laisse frémir 1 ou 2 minutes pour que la moutarde perde sa véhémence. On fouette un peu ; la sauce est on ne peut plus onctueuse. On peut la servir comme ça sans chichi sur le filet de porc en tranches. Mieux encore, on déglacera la plaque de cuisson de 1/2 verre de vin blanc sec. On ajoutera la sauce crème. On mélangera bien au fouet avec *maestria.*

Avec ça, des légumes verts tendres et croquants : haricots ou pois mange-tout, qu'on garnit d'amandes tranchées dorées au four ou au poêlon.

Terrine de campagne

Cette terrine vous ravira, j'en suis certain, par sa texture fine et ses parfums sauvages. Elle est tout simplement faite de porc, de veau et de foies de poulet, et pourtant, elle a bon goût de venaison. Et si facile à faire ! Si vous avez une terrine de 1,5 l (6 t.), tant mieux. Sinon, pas de problème : un simple plat rectangulaire en pyrex ou même un moule à pain feront tout aussi bien l'affaire.

250 g de bacon en tranches ou de barde mince
1 oignon moyen
500 g de porc maigre haché
250 g de veau haché
250 g de foies de poulet
2 ou 3 gousses d'ail pelées, dégermées et pressées
fines herbes, poivre, sel de mer, tout-épices, clous de girofle, muscade

Pour chemiser la terrine, il faut à peu près 250 g de barde mince ou de bacon en tranches. Pour ma part, je préfère le bacon, fumé ou non. Ce bacon sera bien meilleur si vous vous donnez d'abord la peine de le blanchir. Pour ce faire, recouvrez-le d'eau froide dans une casserole. Amenez à ébullition et laissez à peine frémir 1 ou 2 minutes. Égouttez, rincez à l'eau froide puis asséchez sur un linge. L'opération a pour but d'éliminer une bonne partie du sel et des agents de conservation. Chemisez donc votre terrine et réservez au comptoir.

Hachez un oignon moyen et faites-le tomber à la poêle à feu moyen pendant quelques minutes dans une belle noix de beurre doux. Sitôt que l'oignon est tendre et translucide, c'est prêt. Mieux vaut ne pas le laisser colorer.

Dans un saladier, ajoutez à l'oignon le porc, le veau et les foies de poulet que vous aurez mixés en purée au robot.

Quelques explications s'imposent ici. Je vous recommande de faire votre terrine avec du porc maigre alors que je sais fort bien que, sans gras de porc, votre terrine serait granuleuse, sèche et sans aucun intérêt. C'est que je sais aussi que le porc maigre qu'on trouve au supermarché ou même chez nos bons bouchers n'a de maigreur qu'imaginaire. Voyez ce blanc qui le parsème. C'est du gras. En fait, votre porc maigre est mi-gras. Pour ce qui est du veau haché, vous pourriez le remplacer par du porc, mais ce serait moins bon. La chair de veau, plus riche en gélatine que la chair de porc, ajoutera à la texture de votre terrine. Pour ce qui est des foies de poulet en purée, ils jouent dans cette terrine un rôle essentiel. Ce petit goût sauvage dont je vous parlais tantôt vient d'eux.

Dans le saladier, ajoutez l'ail et des fines herbes : du thym tout simplement ou, mieux encore, un mélange d'herbes de Provence. Poivrez généreusement. Salez aussi généreusement, de préférence au sel de mer. Peut-être voudrez-vous ajouter des pincées de tout-épices, de clou et de muscade. C'est au goût.

Vous n'avez plus maintenant qu'à bien mélanger le tout, de préférence à la main. Vous n'avez plus qu'à remplir du mélange votre terrine chemisée en tassant bien à mesure pour éviter les bulles d'air. Sur le dessus, quelques tranches de bacon feraient bien l'affaire.

Faites cuire cette terrine au four sans couvercle, au bain-marie. Vous déposez la terrine dans une lèchefrite. Vous ajoutez de l'eau froide jusqu'à mi-hauteur de la terrine. Sur la cuisinière, vous amenez l'eau à ébullition. Sitôt que l'eau bout, vous enfournez à mi-hauteur du four chaud (350 °F). La terrine sera prête dans un peu plus de 1 heure, disons 1 1/4 heure. Si vous avez un thermomètre à lecture immédiate, tant mieux : la terrine est prête quand la température à cœur est de 160 °F.

Laissez reposer la terrine au comptoir. Quand elle est tiède, recouvrez-la d'une pellicule plastique ou de papier alu. Réservez ensuite au frigo. Attendez au moins 24 heures avant de servir. Deux ou 3 jours, c'est mieux. Pour démouler facilement, plongez la terrine dans l'eau chaude pendant 1 minute ou 2.

BOUDIN AUX POMMES

boudin
1 ou 2 pommes Cortland coupées en dés
cari

Pour faire griller votre boudin sans risquer qu'il n'éclate, faites-le dorer en surface à la poêle à feu moyen, presque doux, dans un soupçon de beurre et d'huile d'olive. Rappelez-vous que le boudin est déjà cuit : ce qu'il faut, c'est tout simplement qu'il soit chaud à cœur.

Ce boudin, vous pourriez le servir avec une purée de pommes de terre aromatisée de moutarde de Dijon ou d'un peu de raifort. Vous pourriez aussi le servir avec des pommes en petits cubes. C'est si facile et c'est si bon.

Pour chaque convive, 1 ou 2 pommes en petits dés (inutile de peler) que vous faites rapidement sauter à la poêle dans un peu d'huile d'olive à feu moyen. Vous salez, vous poivrez, et le tour est joué. Ces petits dés de pommes, vous pourriez les parfumer, comme j'aime le faire, de 1 ou 2 pincées de cari : c'est exquis !

SAUCISSES MAISON, SANS COIFFE NI BOYAUX

Ce qui importe dans la saucisse, c'est la chair, ce n'est pas le boyau ou la crépine qui lui sert d'enveloppe et lui donne sa forme. À l'origine, le boyau aidait à la conservation. On salait généreusement la chair hachée, on y ajoutait quelques gouttes de vin et on la mettait à l'abri de l'air et de l'oxydation. Le boyau servait aussi à suspendre la chair, qu'on pouvait ainsi faire sécher au frais, qu'on pouvait fumer, etc. En fait, le boyau n'est essentiel que si on a l'intention de faire sécher pour faire du saucisson.

Ainsi peut-on faire de la saucisse sans coiffe ni boyau. On en fera des palets, qu'on fera tout simplement dorer en poêle.

1 kg de chair de porc maigre hachée
2 1/2 c. à thé de sel de mer
1 c. à soupe de piment sec
1 c. à soupe thym séché

Votre saucisse maison sans crépine ou boyau sera meilleure si vous la préparez quelques heures à l'avance. Au frigo, le sel resserrera les protéines ; le vin, les épices et les fines herbes auront le temps qu'il faut pour parfumer la chair. Pour la saucisse, il faut 1 kg de chair de porc maigre hachée. On sale généreusement : 2 1/2 c. à thé de sel de mer. On ajoute 1 c. à soupe de piment sec et autant de thym séché. À la main, on mélange bien pendant 1 ou 2 minutes. On réserve au frigo au moins 1 heure ou 2. On façonne en palets qu'on fait dorer à feu moyen en poêle antiadhésive, sans addition de corps gras.

L'HUÎTRE-SAUCISSE BORDELAISE

4 douzaines d'huîtres
1 ou 2 bouteilles de vin blanc
1 douzaine de saucisses en palets

Gober une huître crue, boire son eau saline. Déguster ensuite une bouchée de saucisse bien chaude. Faire suivre d'une bouchée de pain beurré. Conclure d'une gorgée de vin blanc : graves de préférence, sinon muscadet, chablis ou bien sancerre. Recommencer 12 fois. Savoir ce que c'est qu'être heureux.

Pour 4 convives, il faut 4 douzaines d'huîtres, du pain beurré, 1 ou 2 bouteilles de vin blanc, une douzaine de saucisses maison.

SALSICCIA ALLA SICILIANA

Mêmes proportions de porc haché et de sel : 1 kg de chair de porc maigre hachée et 2 1/2 c. à thé de sel de mer. On ajoute 2 ou 3 c. à soupe de graines de fenouil, 1/2 t. de persil plat haché, 1 c. à thé de poivre frais moulu et 1/2 t. de vin blanc sec (ou d'eau froide). On peut ajouter 1 c. à soupe de piments secs ou de sambal olek et 1/2 t. de cacciocavallo ou de pecorino râpé.

On peut cuire en palets et servir comme de la saucisse. On peut aussi en farcir poulets ou cailles. On peut aussi faire frire à la poêle et ajouter à la sauce tomate. On fait cuire en poêle antiadhésive, à feu moyen, sans addition de corps gras.

Chorizo

Mêmes proportions encore de porc et de sel : 1 kg de porc maigre haché, 2 1/2 c. à thé de sel de mer. On ajoute 4 ou 5 gousses d'ail pelées, dégermées et pressées, 1/2 t. de vin rouge, 3 c. à soupe de paprika hongrois, 2 ou 3 c. à thé de piments secs broyés ou de sambal olek, une généreuse pincée de cumin, une autre de coriandre. Olé ! Faites dorer en poêle antiadhésive à feu moyen, sans addition de corps gras.

Merguez à ma manière

1 kg d'agneau haché
2 1/2 c. à thé de sel
3 ou 4 gousses d'ail
paprika hongrois, cannelle, cumin, clous de girofle

Mêmes proportions ici encore de viande et de sel : 1 kg de viande et 2 1/2 c. à thé de sel. On remplace, bien sûr, le porc par de l'agneau haché (du bœuf à la rigueur). Demandez à votre boucher des cubes provenant de l'épaule, habituellement destinés aux ragoûts, tajines et navarins. Que le boucher hache l'agneau assez finement. S'il refuse (le vlimeux !), hachez-le vous-même au robot. Les merguez traditionnelles sont faites de chair hachée si finement au mortier qu'on dirait une purée. Pour ma part, je vous suggère plutôt de hacher la chair assez grossièrement. Ajoutez ensuite 3 ou 4 gousses d'ail pelées, dégermées et pressées, 1 c. à soupe de paprika hongrois, une généreuse pincée de cannelle, une autre de cumin, une autre de clous de girofle pulvérisés. Encore ici, faites dorer en palets à chaleur moyenne, en poêle antiadhésive.

Saucisses aux raisins rouges

Faites griller vos saucisses à la poêle dans un soupçon de beurre et d'huile d'olive. Quand elles sont bien dorées, ajoutez des raisins rouges ou verts. Disons une bonne douzaine par convive. Brassez bien pour enrober les raisins des sucs de cuisson, recouvrez et laissez cuire 2 ou 3 minutes, tout juste le temps qu'il faut pour que les raisins rendent un peu de jus mais restent croquants. On sert sur une salade fine ou un mesclun. On se réjouit !

7
HOJE
LEITÃO
À

« O Portugal do meu coração »

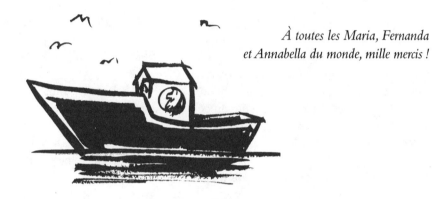

À toutes les Maria, Fernanda et Annabella du monde, mille mercis !

S'il vous est arrivé, ne serait-ce qu'une fois, d'assister aux fêtes que donnent les Portugais de Montréal pour honorer le saint de leur village, vous aurez goûté aux spécialités régionales qu'on cuisine dans les salles paroissiales pour l'occasion. Le poisson est à l'honneur. Un des chefs du restaurant *Le Paris*, Fernando Cordeiro, y officie d'ailleurs certains dimanches matin avec un franc succès : le sous-sol de l'église est plein ! De toutes les façons d'apprêter la morue, la portugaise est celle que je préfère. Essayez-moi ce gratin dauphinois dans lequel on fait pocher la morue en filets, exquis !

FILET DE MORUE À LA PORTUGAISE

1 kg de filets de morue
5 ou 6 grosses pommes de terre
un peu de lait
1 ou 2 gousses d'ail pelées, dégermées et pressées
1 feuille de laurier
1 t. de crème à 35 %

Pour 4 gourmands, il faut 1 kg de morue et 5 ou 6 grosses pommes de terre riches en fécule. La Russett, dite aussi Idaho, est celle qui convient le mieux. À défaut, la Yukon Gold ou la Supérieure feront aussi fort bien l'affaire.

Pelez les pommes de terre. À la mandoline ou tout simplement au couteau, faites-en des tranches fines. Gardez-vous bien de les rincer, sans quoi elles perdraient une grande partie de leur fécule. Dans une casserole à fond épais, recouvrez-les à peine de lait. Ajoutez l'ail. Salez, poivrez au goût. Ajoutez le laurier. À feu moyen, amenez à ébullition, puis laissez doucement mijoter à découvert jusqu'à ce que les pommes de terre soient tendres à la fourchette ou à la pointe du couteau. Évitez de trop cuire les pommes de terre, sans quoi elles fondraient en purée.

Hors flamme, ajoutez la crème. Dans un plat à gratiner, déposez vos filets de morue. Recouvrez-les des pommes de terre. À four bien chaud (450 °F), faites gratiner une quinzaine de minutes. Pour obtenir une croûte bien dorée, quelques minutes sous le gril seront peut-être nécessaires. En sourdine, on entend le fado.

FILET DE PORC À LA MODE DE L'ALENTEJO

On trouve, à la poissonnerie Tataris, *des palourdes si fraîches qu'elles fleurent bon l'iode et le varech. Comment y résister ? Pour chaque convive, il faut une douzaine de petites palourdes ou six grosses. Pour chaque convive, un demi-chorizo et 150 g de filet de porc.*

12 petites palourdes ou 6 grosses (par convive)
chorizos (1/2 par convive), coupés en rondelles
filet de porc (150 g par convive)
1 gros oignon ou 3 échalotes grises finement hachés
1 pincée d'herbes de Provence
1 t. de vin blanc sec
1 botte de persil plat haché

Dans une poêle antiadhésive, sans addition de corps gras, faites dorer vos chorizos en rondelles. Réservez. Dans la casserole, ajoutez l'oignon ou les échalotes, les herbes de Provence, le vin, le persil et vos rondelles de chorizo. Ajoutez les palourdes, recouvrez et amenez à ébullition. Quatre ou 5 minutes suffiront. Les mollusques sont prêts sitôt que s'ouvrent les coquilles. Hors flamme, réservez à couvert.

À feu moyen, à la poêle antiadhésive, faites ensuite sauter le filet de porc. Retournez-le pour qu'il soit bien doré sur toutes ses surfaces. Surtout, n'allez pas trop le cuire. Le porc est à son mieux servi rose à cœur. Détaillez le porc en tranches fines. Ajoutez aux mollusques. Mélangez bien pour marier les saveurs et servez illico dans des assiettes creuses avec des pommes de terre bouillies. Vous verrez, c'est exquis.

Variations

J'aime bien servir ces palourdes parfumées au vin blanc et aromatisées aux chorizos sur des spaghettis al dente. *Il s'agit alors d'une interprétation portugaise des spaghettis* alle vongole *si chers aux Italiens. J'omets alors bien sûr le filet de porc.*

SPAGHETTIS AUX PALOURDES À LA PORTUGAISE

2 chorizos
2 boîtes de palourdes et leur jus
1 t. de vin blanc sec
1/2 botte de persil plat haché
2 ou 3 gousses d'ail pressées
1 petit oignon ou 2 échalotes grises finement hachés

À défaut de palourdes fraîches, des palourdes en conserve permettent de faire contre mauvaise fortune bon cœur. Pour 4 personnes, 2 chorizos, qu'on fait dorer en rondelles à la poêle, et 2 boîtes de palourdes, qu'on égoutte. Dans la casserole, le jus des palourdes, le vin blanc sec, le persil, l'ail, l'oignon ou les échalotes et les chorizos poêlés. On amène à ébullition et on laisse réduire de moitié à découvert. On ajoute les palourdes pour les réchauffer. On sert sur des pâtes.

DATTES FARCIES AU STILTON

Les dattes farcies de Manuel Martins sont à se jeter par terre. Contentons-nous de les manger. On a trouvé des dattes bien dodues, vous savez, celles qui fondent en bouche. On les tranche d'un côté, sur le long, pour enlever le noyau. On farcit de stilton et on met à cuire à four bien chaud (400 °F) pendant 1 ou 2 minutes. À déguster avec un verre de porto, l'idéal, nous dit M. Martins : un tawny de 10 ans.

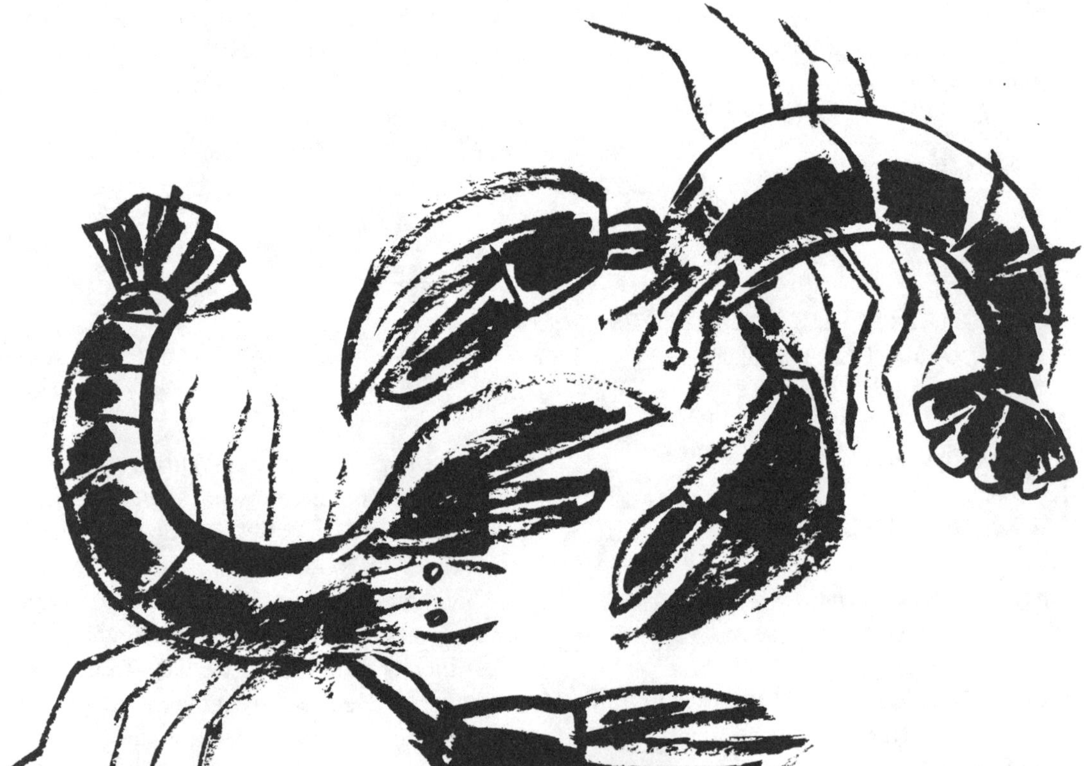

Homard, où est ta victoire ?

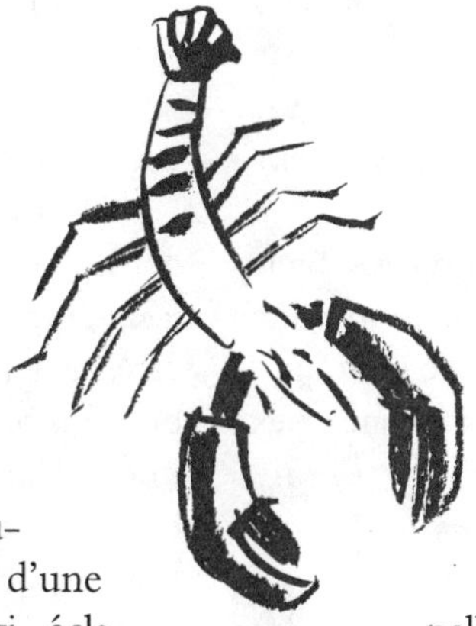

Mon poissonnier du marché Atwater me chante toujours les mérites du homard de Terre-Neuve… Une chair tendre à souhait qui fond en bouche. Il suffit d'une seule bouchée et vous voilà ravi, éclaboussé d'iode et de varech en pleine mer, chavirant aux embruns.

Pour tout dire, le homard des Maritimes est pure merveille. Et pourtant, au grand dam de Médé, nombreux sont les amateurs qui préfèrent attendre deux ou trois semaines après l'arrivée du homard de Terre-Neuve pour celle du homard des Îles. « Le meilleur, et de loin », vous assurent les madelinophiles. Qui a raison ? À vous de trancher. Goûtez aux deux et vous pourrez constater que le homard des Îles se distingue de celui des Maritimes ou de la côte américaine par sa chair beaucoup plus ferme à la dent et par ses parfums cristallins, presque évanescents, qui rappellent l'eau limpide et les bas-fonds pierreux de la mer madeline.

Quel que soit votre choix, assurez-vous que le homard élu résiste énergiquement à votre convoitise. Vous en désignez un du doigt dans le vivier. Le poissonnier l'agrippe par le coffre, le sort de l'eau pour bien vous le montrer, et voilà que le monstre bat frénétiquement de la queue, vous menace même de ses pinces agressives. Prêt au combat, il vous lance de ses yeux myopes un regard assassin. N'hésitez pas : il sera délicieux.

Si par malheur votre poissonnier vous propose un homard vaincu qui n'offre à votre gourmandise que peu de résistance, les pattes inertes, les pinces tombant d'épuisement, refusez de le prendre. Un homard moribond n'a plus que chair flasque abîmée par le stress. En pareil cas, ne plaignez surtout pas le poissonnier. Il n'a sans doute qu'à s'en prendre à lui-même. A-t-on idée d'empiler les homards dans le vivier comme de vulgaires sardines en boîte ? C'est la meilleure façon de les tuer. Pour éviter de perdre leur chemise, de tels commerçants sans scrupules n'hésitent pas à faire pocher des homards à l'agonie ou déjà morts d'épuisement pour vous les proposer déjà cuits. Fort heureusement, ces homards immangeables sont faciles à reconnaître par cette queue flasque qui les trahit, tandis qu'un homard cuit de qualité a la queue fermement recourbée contre le coffre.

Vous avez donc choisi 4 homards bien vigoureux. Vous rentrez vite à la maison pour les mettre au frigo. Dans leur sac de plastique, vos homards pourront patienter quelques heures, voire 1 jour ou 2, mais ce n'est pas une raison de les faire attendre. Plus vite ils cuiront, meilleurs ils seront.

En Amérique du Nord, la plupart des amateurs sérieux vous diront que la meilleure façon d'apprêter le homard est tout simplement de le faire pocher dans l'eau bouillante salée. Ils vous diront avec raison que ces courts-bouillons compliqués chers à nos cousins français ne font que nuire à la vérité du homard.

Tout le monde, m'assurez-vous, sait faire bouillir un homard. « C'est l'enfance de l'art ! » Peut-être, mais laissez-moi quand même rappeler quelques principes de base trop souvent négligés. Amenez à ébullition au moins 4 l d'eau par livre de homard. Voilà qui vous permet de vous assurer que l'eau se remettra à bouillir rapidement après que vous y aurez plongé la pauvre bête. Voilà qui permettra en même temps d'assurer un pochage uniforme. En somme, les règles qui s'appliquent ici sont les mêmes que celles qui président à la cuisson des pâtes.

Surtout, n'oubliez pas de saler généreusement l'eau de pochage. Qu'elle soit en fait aussi salée que l'eau de mer, sans quoi votre homard perdra son sel et ses parfums au profit du bouillon ! Il faudra donc 1 c. à soupe comble de gros sel pour 4 l d'eau. Si vous faites cuire vos homards dans une casserole en acier inoxydable, assurez-vous de n'ajouter le sel qu'après l'ébullition de l'eau, sans quoi vous risquez de « piquer » le métal.

Dernier conseil, mais il est de la plus haute importance : évitez de pocher trop longtemps votre décapode d'élection. Une erreur, hélas, trop souvent commise. Je sais bien qu'on a coutume ici de recommander une cuisson de 12 minutes pour un homard de 500 g et d'au moins 20 minutes pour un homard de 1 kg. C'est trop, beaucoup trop ! Huit minutes suffiront pour un homard de 400 g, 10 minutes pour un homard de 1 kg ! Ce qui importe au plus haut point, c'est de ne commencer le décompte qu'à la reprise de l'ébullition.

Résumons le parcours. Ça y est, l'eau bout. Vous la salez. L'ébullition reprend presque aussitôt de plus belle. Vous tuez le homard d'un seul coup en lui enfonçant la pointe d'un couteau entre les yeux. Vous le plongez dans l'eau bouillante. En 1 minute ou 2, l'ébullition reprend. Vous ajustez la flamme pour que le bouillon mijote doucement. Vous couvrez la casserole et commencez le décompte. Quand le homard est cuit, vous le rincez quelques secondes à l'eau froide du robinet. Voilà qui permet d'arrêter la cuisson et d'éliminer le sel qui, autrement, recouvrirait la carapace d'une fine pellicule de poudre blanche.

HOMARD VAPEUR, À LA FAÇON DES ÎLES

Plutôt que d'attendre une éternité l'ébullition d'une grande casserole pleine d'eau avant d'y plonger vos homards, mieux vaut procéder comme on le fait aux Îles. Dans la grande casserole, à peine 2 cm d'eau que vous amenez à grande ébullition. Vous assommez les homards et les déposez tout simplement dans la casserole que vous recouvrez aussitôt. L'ébullition reprend bien sûr presque aussitôt. Vos homards cuiront à la vapeur produite, sans que vous ayez besoin d'une marguerite !

Vos homards, vous les servez chauds, bien sûr, accompagnés de quartiers de citron. Pour faire trempette, tout simplement du beurre fondu. De grâce, que ce soit du beurre doux ! Ou, mieux encore, du beurre clarifié.

BEURRE FONDU À L'AIL

Certains voudront parfumer à l'ail leur beurre fondu. Comme vous le savez, j'aime bien l'ail, au point d'ailleurs où certains me soupçonnent de souffrir de vampirophobie. Et pourtant je vous surprendrai peut-être en vous disant qu'il me semble qu'il vaudrait mieux, pour une fois, résister aux parfums envoûtants de ces gousses sublimes qui risquent par leur tonitruance d'enterrer le chant subtil du homard. Le homard s'entend mieux s'il chante *a capella*.

Mais, si vous tenez absolument à ajouter de l'ail à votre beurre, je ne vous en tiendrai pas trop rigueur, à condition cependant que vous jetiez aux ordures cet ail en poudre qui trop souvent vous sert d'alibi. L'ail en poudre est à l'ail ce que le Big Mac est au filet mignon sauce grand veneur. Aussi, faites-moi au moins le plaisir de parfumer votre beurre fondu d'une gousse d'ail frais que vous écraserez doucement de la paume sans la peler et que vous déposerez au fond du caquelon. Par sa présence en sourdine l'ail ajoutera peut-être une note agréable au concert…

Beurre fondu aux fines herbes

On pourrait rehausser le beurre fondu en le parfumant aux fines herbes. Quelques feuilles d'estragon frais conviendraient tout à fait. De la même manière, une branche de thym ou de romarin. Pourquoi pas ?

Homard aromatisé à l'huile d'olive

Si je n'ai aucune peine à reconnaître que le homard et le beurre fondu forment un mariage heureux, j'ai toutes les peines du monde à me retenir de vous conseiller tout de go de faire fi de la tradition nord-américaine pour aller faire un petit tour une fois de plus du côté de la Méditerranée. Voilà qui vous permettra de constater que le mariage du homard et de l'huile d'olive tient du miracle. Une huile légèrement âcre, de celles qui vous piquent un peu en fond de gorge, je pense par exemple à ces huiles qui nous viennent de la Toscane et qu'on trouve sans trop de problèmes ici.

Je pense aussi à ces huiles fruitées éclatantes de soleil dans un petit bol, avec le jus de 1 ou de 2 citrons jaunes ou verts. Vous ajoutez trois fois plus d'huile d'olive extra-vierge. À la fourchette, vous faites l'émulsion. Les convives trempent leur homard dedans. En guise d'accompagnement un bon pain si possible. Le pain aux olives de *Première Moisson* par exemple : un véritable enchantement. À table un petit rosé charmant. Une petite salade... qui dit mieux ?

Homard à la gremolata

Dans les *Pinardises,* je vous proposais un homard à la gremolata. Quelle bonne idée j'ai eue, au point où je n'hésite pas à vous le proposer ici en me contentant d'ajouter un seul élément à un festin de pareille nature : dans l'assiette une couronne de tranches d'oranges pelées à vif. Au centre le homard : par-dessus sa gremolata. Sublime.

Clarifier son beurre : quelques explications

Nombreux sont les gourmets qui préfèrent servir leur homard bouilli avec du beurre clarifié. On me dira peut-être qu'il s'agit là de caprices de petites natures et que les solides du lait qui flottent à la surface du beurre fondu n'ont rien de rebutant... On ajoutera même qu'au contraire ces débris laiteux ajoutent à la cochonceté de la chose. « Petites natures, mon œil », de rétorquer les gourmets ! On devrait bien savoir que le beurre clarifié n'a pas pour seul atout sa limpidité. On clarifie le beurre pour lui donner un fin parfum de noisette et d'amande grillées. Mais encore faut-il qu'on sache comment procéder. Vous le verrez, c'est fort simple. Il faudra cependant faire preuve de prévoyance et clarifier son beurre la veille du festin.

Pour clarifier le beurre, on conseille habituellement de le faire fondre en casserole à feu doux. Une fois le beurre fondu, les « solides du lait » montent à la surface. Pour les éliminer, on vous assure que vous n'avez plus qu'à vous servir de l'écumoire, à moins que vous ne préfériez filtrer le beurre fondu au tamis fin ou à travers une passoire chemisée de 2 ou 3 couches de mousseline ou de « coton fromage ». Le hic, c'est que ces savants conseils ne serviront qu'à vous faire fondre de rage si d'aventure vous y prêtez foi. Essayez, vous pourrez constater par vous-même. Les « solides » passent à travers l'écumoire, déjouent le petit tamis, se moquent de votre coton fromage ou de votre mousseline. Pire encore, l'eau qui se sépare du beurre fondu ajoute à votre désarroi. Rien ne sert en pareil cas de faire étal de force et de rage, je vous en prie, écoutez-moi.

Je vous propose en toute humilité une façon de clarifier le beurre qui vous ravira par sa simplicité. Vous obtiendrez sans peine un beurre d'une parfaite limpidité au fin parfum de noisette caramélisée.

Un beurre qui non seulement accompagne admirablement le homard mais qui permet par exemple de réussir des crêpes parfaites. Le beurre clarifié ne brûle qu'à très haute flamme, on peut par conséquent faire dorer ses crêpes à feu moyen sans crainte de les voir flotter de désespoir dans le beurre noir. Un beurre qui fera de votre poulet au beurre à l'indienne un véritable triomphe. Un beurre aussi qui va bien sûr à merveille à la pâte filo.

Pour préparer une tasse de beurre clarifié, il faut 1/2 lb de beurre doux. Pourquoi encore ici du beurre doux ? Pour son goût plus fin bien sûr, mais aussi parce qu'il contient moins d'eau. Que le beurre soit sans sel est bien sûr un avantage de plus. Au cuisinier ou aux convives de saler au goût.

Beurre clarifié

Une demi-livre donc de beurre doux que vous ferez fondre au four dans une tasse en pyrex. Une tasse à mesurer de 2 t. ou 500 ml convient parfaitement. Au four, à 200 ou 250 °F le beurre fondra assez rapidement. Les « solides du lait » viendront ensuite se déposer tout doucement en surface. Surtout soyez patient ! N'allez pas y toucher. Laissez à la chaleur du four le temps de faire son travail. En surface, les « solides » ne tarderont pas à passer de la blancheur du lait à la blondeur du caramel. Les « solides » ainsi caramélisés parfument le beurre. Mieux encore, les voilà qui s'agglutinent pour former une couche solide en surface.

Voici venu le temps de retirer le beurre du four et de prélever la nappe de solides du lait caramélisés à l'aide d'une cuiller trouée, d'une écumoire, ou tout simplement en passant le tout au tamis. Laissez-le refroidir. Rien de plus facile que de prélever, à l'aide d'un petit tamis ou bien d'une écumoire, la croûte de surface. Au fond de la tasse, l'eau qui s'est séparée du beurre fondu. Pour l'enlever, rien de plus simple. Il suffit de mettre le beurre au frigo et d'attendre que le froid fasse à son tour son travail ! Le beurre fondu formera bien sûr au frigo une masse solide. Il suffira alors de retirer la masse de beurre solide de la tasse pour éliminer l'eau restée au fond. Vous n'avez plus qu'à éponger la masse de beurre à sa base pour éliminer les quelques gouttes d'eau qui restent.

Le beurre ainsi clarifié peut attendre au frigo sans rancir pendant des semaines et même des mois, voilà pourquoi je vous conseille, si vous en préparez, de clarifier 1 lb de beurre doux à la fois.

HOMARD FROID

Si vous avez choisi plutôt de servir votre homard froid, n'hésitez pas à le refroidir pendant quelques minutes sous l'eau du robinet. Protégée par la carapace, la chair ne risque pas d'être abîmée par un tel traitement de choc. Sitôt que le homard est tiède, hop ! au frigo !

Votre homard cuit pourra se conserver 1 jour ou 2 au frigo.

Si vous prévoyez une attente plus longue, il vaudrait mieux congeler la chose. Pour éviter que la chair soit abîmée par le froid, il vaudra mieux décortiquer le homard et l'entreposer dans un sac plastique pour congélation. N'allez surtout pas éliminer le corail : c'est ce qu'il y a de meilleur ! Vous prendrez bien sûr grand soin d'éliminer l'air sans quoi la chair du homard risquerait d'être brûlée par la morsure du froid.

Laissez-moi vous suggérer de ne pas jeter les carapaces. Congelez-les à part pour en faire plus tard une bisque !

BISQUE CLASSIQUE À LA FRANÇAISE

3 carottes
1 oignon moyen
3 ou 4 petits homards
1 verre de cognac
1 t. de vin blanc sec
2 l de fumet de poisson
5 tomates
3 c. à soupe de concentré de tomates
1 bouquet garni
100 g de riz non cuit
1/2 t. de crème
200 g de beurre
poivre de Cayenne

Pour faire une bisque de homard classique à la française comme celle qu'on propose chez *Drouant* à Paris, faites d'abord suer, en casserole, les carottes et l'oignon en petits dés dans 100 g de beurre doux. À cette mirepoix, ajoutez les petits homards vivants mais assommés et dont vous avez séparé le coffre de la queue.

À feu moyen, vous faites rougir les homards.

Vous les mouillez ensuite d'un petit verre de cognac. Vous flambez. Vous ajoutez le vin blanc sec et laissez réduire à découvert 1 ou 2 minutes. Vous ajoutez le fumet de poisson ou de fond blanc, les tomates et le concentré de tomates. Vous ajoutez un bouquet garni et laissez cuire à couvert 20 minutes. Vous retirez le homard, prélevez les chairs que vous réservez avec les parties crémeuses. À la casserole, vous remettez les coffres que vous pilez. Vous ajoutez 100 g de riz cru et laissez mijoter à couvert 1/2 heure. Vous passez le tout à l'étamine ou au torchon. Vous tordez bien pour ne rien perdre du précieux liquide. Vous ajoutez une 1/2 t. de crème, encore 100 g de beurre. Vous salez, poivrez et relevez de poivre de Cayenne. Vous ajoutez les parties crémeuses et la chair des homards en petites bouchées. Vous servez bien chaud, accompagné d'un champagne brut. J'ai trouvé cette recette dans un livre délicieux qu'on ne saurait trop recommander : *Les Recettes secrètes des meilleurs restaurants de France* (Albin Michel, 1972).

Je vous entends déjà protester. « C'est beaucoup trop compliqué ! Et puis, tout ce beurre et cette crème en plus ! Voulez-vous donc une fois de plus ameuter l'establishment des cholestérophobes ? Cherchez-vous en plus à provoquer les adeptes de Montignac qui ne manqueraient pas de souligner que ce riz trop cuit qui sert à épaissir le bouillon risque de provoquer chez vos lecteurs une montée d'insuline ? » Eh bien ! rassurez-vous. Si j'ai cité dans tous ses détails la recette secrète de Drouant, c'est que je m'en suis inspiré pour vous proposer aujourd'hui une bisque santé sans beurre, sans crème et sans riz qui saura vous ravir. Et laissez-moi vous dire en toute modestie qu'en plus, ma bisque est tout aussi savoureuse que celle dont elle s'inspire. Mieux encore, elle est beaucoup plus facile à préparer.

La bisque santé de Daniel

4 homards de 400 ou 500 g
1/2 bouteille de vin blanc sec
1 boîte de tomates italiennes
1 oignon espagnol
5 ou 6 carottes
1 ou 2 bulbes de fenouil ou 3 ou 4 racines de persil
2 ou 3 branches de céleri (facultatif)
zeste de 1 orange ou de 1 citron

Vous ferez d'abord pocher dans l'eau salée quatre homards de 400 ou 500 g. Vous éviterez surtout de les faire trop cuire. De 8 à 10 minutes à pleine ébullition suffiront pour des homards mâles. Pour bien cuire les femelles, il faut compter 2 ou 3 minutes de plus à cause des œufs qui mettent plus de temps à cuire.

Une fois les homards cuits, décortiquez-les avec soin. Réservez au frigo la chair et les parties crémeuses des crustacés. Profitez-en pour éliminer la petite poche de gravier sise dans le coffre, tout près des yeux.

Rincez bien les carcasses à l'eau froide. Égouttez-les avec soin. Dans un grand bol, versez par-dessus 2 ou 3 c. à soupe d'huile d'olive extra-vierge. Mélangez à la main pour bien enrober les carcasses d'une fine pellicule d'huile. Déposez les carcasses sur deux tôles à biscuits recouvertes d'une feuille d'aluminium ou de papier parchemin. Faites ensuite rôtir à four chaud (400 °F) pendant 1/2 heure. Les carcasses passent du rouge vif au vieux rose. Quelques points bruns de caramélisation sont apparus. C'est parfait. La cuisine embaume. Vous n'allez pas, j'espère, vous en plaindre. Dans une grande casserole à fond épais (de grâce, évitez l'aluminium, qui oxyderait), déposez les carcasses. Versez par-dessus le vin blanc. Ajoutez une boîte de tomates italiennes et 3 ou 4 l d'eau. Pas besoin de fumet ! Amenez à ébullition et laissez doucement mijoter à découvert pendant 1/2 heure. Ça y est, le bouillon de homard est prêt. À la passoire, éliminez les carcasses, réservez le bouillon.

À la planche, hachez en petits dés quelques légumes. Disons 1 oignon espagnol ou 2 ou 3 oignons moyens, quelques carottes, au moins 5 ou 6 de grosseur moyenne. J'aime bien ajouter du fenouil ou des racines de persil, peut-être des branches de céleri. Dans la casserole, à feu moyen, faites ensuite suer vos légumes dans 2 ou 3 c. à soupe d'huile d'olive. L'opération a pour but, vous le savez, de développer les parfums. Sitôt que les oignons commencent à se colorer, ajoutez le bouillon de homard et laissez mijoter à couvert pendant 20 minutes. Quand les légumes sont bien tendres, passez le tout au moulin à légumes. À défaut de moulin, le mélangeur-plongeur fait merveille. On peut tout aussi bien passer les légumes au robot. Goûtez, salez, poivrez. Pour parfumer, j'aime bien ajouter le zeste de 1 orange ou celui de 1 citron. Au moment de servir, vous n'avez plus qu'à ajouter la chair des homards détaillée en bouchées et les parties crémeuses des crustacés...

BOUILLON DE HOMARD POUR SOUPE DE POISSON

Si vous avez suivi mes conseils, vous avez mis au congélateur des carcasses de homard. Peut-être vous en êtes-vous servi pour préparer une bisque. Mais peut-être aussi avez-vous mangé tout le homard — auquel cas, sans chair de crustacé, pas de bisque (question de nomenclature).

Faites donc de vos carcasses du bouillon de homard. Remplacez la chair du homard par 500 g de morue fraîche ou d'aiglefin. Il va sans dire que de la lotte ou des pétoncles feraient tout aussi bien l'affaire. Encore ici, évitez de trop cuire le poisson ! Laissez-le reposer hors flamme dans le bouillon bien chaud pendant 3 ou 4 minutes. Voilà, c'est prêt ! Encore meilleur avec de la rouille ou du pesto !

Parfums de thé

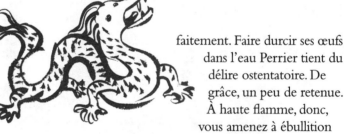

Comme le dit si bien Josée Di Stasio, on est soit « thé », soit « café ». Pour ma part, je suis café. Et vous ?

ŒUFS MARBRÉS AU THÉ

Des œufs marbrés au thé de Chine… intrigant, non ? Avec tout le savoir-faire qui vous caractérise, faites d'abord durcir quelques œufs. Disons une demi-douzaine, que vous déposez avec précaution au fond de la casserole. Sans plus attendre, vous les recouvrez d'eau froide. L'eau du robinet convient parfaitement. Faire durcir ses œufs dans l'eau Perrier tient du délire ostentatoire. De grâce, un peu de retenue. À haute flamme, donc, vous amenez à ébullition les œufs bien immergés. Sitôt que l'eau s'agite, vous réduisez le feu pour laisser tout doucement frémir une dizaine de minutes.

À l'aide d'une cuiller percée, vous retirez les œufs, que vous vous empressez de rafraîchir à l'eau du robinet. Faisant ensuite preuve tout à la fois de délicatesse et de fermeté (rappelez-vous : père manquant, fils manqué !), vous cognez du dos d'une cuiller (à soupe ou à thé !) sur toute la surface de chacun des œufs. Par vos soins attentifs, voilà que les coquilles sont toutes craquelées. D'aise vous soupirez, car vous n'êtes pas sans savoir que ces craquelures serviront tantôt de porte d'entrée au thé parfumé qui viendra mordorer vos œufs durs !

Dans la casserole, vous ajoutez à l'eau de cuisson des œufs 1 c. à soupe de gros sel, 4 c. à soupe de feuilles de thé noir, 4 c. à soupe de sauce soja, 4 clous de girofle et 4 étoiles de badiane, qu'on dit ici anis étoilé. Vous ajoutez les œufs craquelés. Vous amenez à ébullition puis laissez frémir tout doucement à couvert pendant 1 heure à peu près. Vous n'avez plus qu'à écaler les œufs sous l'eau froide du robinet. Que c'est beau, que c'est beau ! Mieux encore, ce n'est pas mauvais du tout !

Variation

Je suppose qu'on pourrait de la même manière colorer ses œufs en les faisant bouillir dans le café bien corsé. Voilà qui, en tout cas, serait faire preuve d'initiative et d'inventivité !

Œufs marbrés multicolores, façon « Batik »

On peut de la même manière marbrer ses œufs en les faisant frémir dans l'eau colorée à la teinture végétale. On peut alors, à la façon du batik, faire des œufs multicolores en les plongeant successivement dans des bains de couleurs différentes. Pour obtenir des œufs du plus bel effet, on prend bien soin de craqueler les coquilles avec retenue avant de plonger les œufs dans le premier bain de teinture. Après 1/2 heure d'ébullition, on rafraîchit les œufs. On les cogne du dos de la cuiller pour ajouter un peu plus de craquelures. On les laisse frémir dans leur deuxième bain. On rafraîchit, on cogne encore, *ad infinitum* ! Il va sans dire que vos œufs seront d'autant plus colorés que vous n'aurez pas lésiné sur la teinture.

Homard poché sur lit de mangue et son émulsion citronnée de thé au gingembre

Avouez que le titre à lui seul suffit pour vous mettre en appétit !

1 homard
1 mangue

1/2 t. de thé bien corsé
le jus et le zeste de 1 citron
1 c. à soupe de gingembre frais haché
2 c. à soupe d'huile de canola
huile de sésame ou huile de noisette
Tabasco ou sambal olek
coriandre fraîche

Faites pocher le homard. Décortiquez et servez chaud ou froid avec des tranches de mangue mûre ou, mieux encore, un peu verte. Pour faire l'émulsion, rien de plus simple. Dans un petit cul-de-poule, le thé, le jus et le zeste de citron. Ajoutez le gingembre, l'huile de canola et peut-être, pour parfumer, quelques gouttes d'huile de sésame ou d'huile de noisette. Certains voudront ajouter quelques gouttes de Tabasco ou 1 c. à thé de sambal olek. Pour garnir, de la coriandre fraîche serait la bienvenue.

On peut bien sûr remplacer le homard par des langoustines, des crevettes, des pétoncles ou de la lotte.

FILET DE SAUMON POCHÉ ET SA CRÈME DE THÉ

400 g de saumon en filet ou en darne
thé vert ou noir
1 t. de crème à 35 %

Pour chaque convive, il faut à peu près 200 g de saumon en filet ou en darne. Dans une casserole à fond épais, recouvrez le saumon généreusement d'eau froide. Amenez à ébullition. Salez au goût. Laissez frémir 1 ou 2 minutes. Retirez du feu et laissez reposer le saumon immergé dans son eau pendant une dizaine de minutes. Le voilà prêt. Égouttez et servez sans plus tarder, arrosé d'une sauce toute simple faite de thé noir ou vert, infusé dans la crème.

Amenez la crème à ébullition. Laissez frémir à découvert pour réduire pendant 2 ou 3 minutes. Si vous parfumez la crème au thé vert japonais (le matcha), ajoutez hors flamme 1 c. à soupe de poudre de thé à la crème et mélangez au fouet. Si vous choisissez plutôt de faire infuser du thé noir, ajoutez hors flamme 1 c. à soupe comble de feuilles de thé noir, laissez infuser 5 minutes puis filtrez au tamis.

Cette sauce est fort agréable avec de la morue ou de l'aiglefin poché.

On peut bien sûr poêler le saumon plutôt que de le pocher. Pour poêler le saumon à l'unilatérale, badigeonnez la peau d'huile d'olive extra-vierge ou d'huile de canola. Faites griller à feu moyen côté peau sans retourner. Le saumon est prêt quand la chaleur l'a traversé. À peine chaud en surface, la peau, dessous, est croustillante et dorée. On peut aussi poêler le filet de saumon sans sa peau. On peut alors le faire dorer des deux côtés dans une poêle antiadhésive sans addition de corps gras.

Filet de porc mariné au thé et sa garniture de pommes sautées

1 rôti de longe de porc désossée de 1,5 kg

marinade :

1 t. de thé bien corsé refroidi
3 ou 4 gousses d'ail pelées, dégermées et pressées
4 ou 5 c. à soupe de sauce soja
1 ou 2 c. à soupe de gingembre haché

garniture :

4 pommes Cortland pelées
1 ou 2 pincées de feuilles de thé noir écrasées

Pour 5 ou 6 convives, faites mariner un rôti de longe de porc désossée de 1,5 kg pendant 3 ou 4 heures au frigo. Pour la marinade, dans un bol, mélangez le thé, l'ail, la sauce soja et le gingembre haché. Pour s'assurer que le rôti marine uniformément, on le dépose dans un sac plastique de type Ziploc, on ajoute la marinade et on élimine l'air avant de refermer.

Trois ou 4 heures plus tard, égouttez bien le rôti et asséchez-le. Badigeonnez-le d'huile d'olive ou de canola et faites-le caraméliser rapidement sur toutes ses surfaces dans une poêle bien chaude.

Déposez-le ensuite sur une lèchefrite et mettez-le à cuire tout doucement au four

à 275 ou 300 °F pendant 1 1/2 heure à peu près, le temps qu'il faut, en tout cas, pour que le thermomètre piqué à cœur indique 145 ou 150 °F. Laissez reposer au comptoir pendant une dizaine de minutes avant de servir avec sa garniture de pommes sautées.

Pour la garniture, quatre pommes Cortland pelées, chacune tranchée en huit quartiers. Saupoudrez de 1 ou 2 pincées de feuilles de thé noir écrasées et faites dorer à feu moyen à la poêle dans 1 c. à soupe de beurre doux et autant d'huile d'olive ou de canola.

FRUITS SECS POCHÉS AU THÉ

pruneaux, abricots, figues, dattes ou raisins secs
zeste de 1 orange
clous de girofle et cannelle en bâton

Dans un saladier, des fruits secs, au goût : pruneaux, abricots, figues, dattes ou raisins. Versez par-dessus autant de thé bouillant bien corsé qu'il en faut pour qu'ils soient bien immergés. Laissez refroidir au comptoir. Égouttez les fruits. Sucrez le thé au goût et amenez à ébullition. Ajoutez les fruits et laissez frémir tout doucement pendant quelques minutes, le temps qu'il faut pour que les fruits fondent sous la dent.

Pour parfumer, j'aime bien ajouter aux fruits secs le zeste de 1 orange prélevé à l'économe en ruban. On peut aussi, bien sûr, aromatiser d'épices en ajoutant au sirop quelques clous de girofle ou un morceau d'écorce de cannelier.

GÉLATINE DE FRUITS AU THÉ

On peut également servir ces fruits pochés en gelée. Pour ce faire, rien de plus simple. Pour gélifier 2 t. de fruits pochés, il faut une enveloppe de gélatine qu'on saupoudre d'abord dans un bol sur 1/2 t. d'eau froide. On laisse gonfler 1 ou 2 minutes avant d'ajouter 1 1/2 t. de sirop bien chaud. On mélange bien pour dissoudre la gélatine. Dans un moule, les fruits égouttés. On verse par-dessus le sirop et sa gélatine.

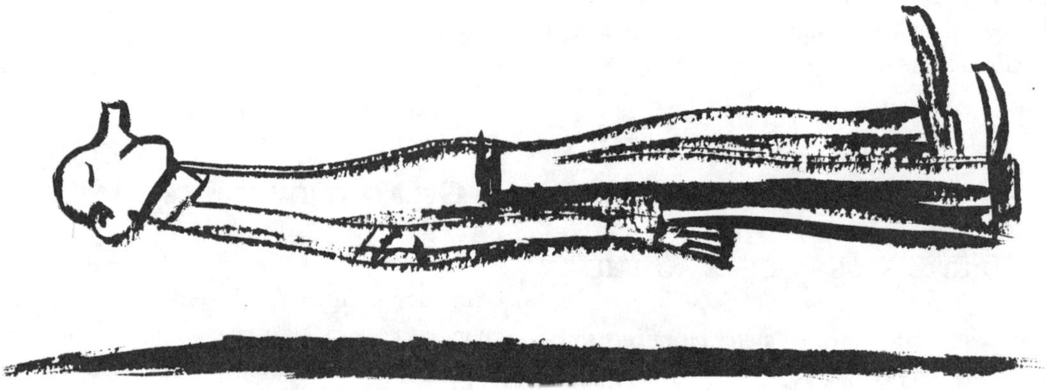

Café corsé

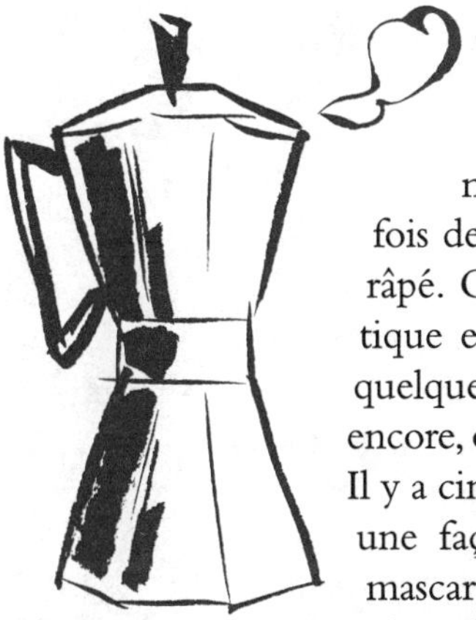

Avez-vous déjà succombé aux charmes discrets du tiramisù ? *Tiramisù,* en italien, ça veut dire : « Soulève-moi. » En effet, y a rien de tel pour remonter le moral ! Il s'agit d'un dessert tout simple qui, je l'avoue, ne paie pas de mine. Mais méfiez-vous de cette fausse humilité. Le tiramisù est pure volupté. Rien de plus facile à faire. On garnit le fond d'un moule à gâteau carré de doigts de dame humectés de café bien corsé. On nappe d'un mélange onctueux de mascarpone et de crème fouettée ou d'une mousse encore plus légère faite de mascarpone et d'œufs montés en neige. On saupoudre de chocolat râpé ou bien de cacao. Comme si ça ne suffisait pas, on ajoute par-dessus un autre étage de doigts de dame imbibés de café. On nappe encore de mousse de mascarpone. On saupoudre une fois de plus de cacao ou de chocolat râpé. On recouvre de pellicule plastique et on réserve au frigo pendant quelques heures au moins. Mieux encore, on attend au lendemain.

Il y a cinq ou six ans, je vous ai proposé une façon toute simple de faire du mascarpone maison. La nouvelle se répandit chez les gourmands comme une traînée de poudre. Pour tout dire, la recette connut un succès fou chez les inconditionnels du tiramisù. C'est qu'à l'époque, le mascarpone était à peu près introuvable ici pour le commun des mortels. Les amateurs de tiramisù se trouvaient par conséquent obligés de satisfaire leur passion coupable dans les restaurants italiens. La solution ? Bien sûr le faire soi-même. Rien de plus simple puisqu'il suffisait à l'époque de suivre les recommandations précises de Giuliano Bugialli dans *Classic Techniques of Italian Cooking* (Simon and Shuster, 1982).

Élusif mascarpone

Pour faire 250 g de mascarpone en un tournemain, il faut 1 l de crème à fouetter et 1/4 c. à thé d'acide tartarique. L'acide tartarique est un produit bien connu des amateurs de vin maison. Il s'agit d'un acide végétal naturel qu'on trouve dans les magasins spécialisés sous forme de cristaux blancs. Ça coûte moins que rien.

Dans un bol en pyrex déposé dans une casserole où frémit un peu d'eau, versez la crème. À la cuiller de bois, brassez tout doucement jusqu'à ce que le thermomètre indique 180 °F. Retirez aussitôt le bain-marie du feu et ajoutez l'acide tartarique. Brassez 30 secondes à la cuiller de bois. Aussitôt, la crème épaissit. Retirez le bol en pyrex de la casserole et brassez encore tout doucement 2 minutes de plus. Versez ensuite la crème épaisse dans une passoire chemisée d'une ou deux couches de mousseline fine et laissez égoutter au frigo pendant une douzaine d'heures et le tour est joué.

Ou plutôt : le tour « était » joué, puisque cette recette de mascarpone maison n'est plus à la portée des citadins. Pour tout dire, on n'a plus en ville la crème qu'on avait. La crème à 35 % qu'on nous propose aujourd'hui, qu'elle soit « à fouetter » ou « à cuire », est désormais « stabilisée » à l'américaine. Gomme de cellulose, gomme de caroube, gomme de guar, carraghénine, mono- et diglycérides, polysorbate 80, la crème d'aujourd'hui est un cocktail chimique à ce point stable qu'aucun ajout d'acide ne parvient à la faire tourner. Impossible donc de faire à la maison son mascarpone à moins d'aller chercher de la « vraie » crème à la campagne.

Crème fraîche maison

2 t. de crème à 35 %
1/2 t. de yogourt, crème sure ou babeurre

Dans les *Pinardises*, je proposais une recette toute simple de crème fraîche maison. On mélange 2 t. de crème à 35 % et 1/2 t. de yogourt, de crème sure ou de babeurre. On laisse reposer au comptoir dans un bocal couvert pendant une douzaine d'heures. On brasse ensuite et on réserve au frigo pendant 24 heures. Le résultat : une crème bien épaisse au goût acidulé qui ressemble à s'y méprendre à la crème française. Ou plutôt, devrais-je dire, qui devrait ressembler, puisque la crème stabilisée n'épaissit plus. Adieu crème fraîche. Pour ne rien vous cacher, j'enrage !

À défaut de mascarpone maison, on trouve maintenant un peu partout du mascarpone importé d'Italie. Entre autres, le mascarpone lombard de la maison Polenghi. N'hésitez pas, il est fort bon. Ce n'est pas donné, c'est vrai, mais pas plus cher que le mascarpone maison. La maison Tre Stelle propose un mascarpone canadien à moitié prix fait d'« ingrédients du lait, d'acide citrique, d'acide sorbique et de carraghénine ». Disons, pour rester poli, que c'est beaucoup moins convaincant. Le mascarpone en question ressemble à s'y méprendre au fromage à la crème de type Philadelphia.

À défaut de mascarpone importé ou fait maison, on peut le remplacer tout simplement par de la ricotta fraîche ou par un mélange de ricotta fraîche à la crème (au robot, on pulse quelques secondes 250 g de ricotta fraîche avec 1 t. de crème à fouetter). Vous verrez, c'est très bon.

TIRAMISÙ

24 doigts de dame
café froid bien corsé
500 g de mascarpone (ou de ricotta)
2 ou 3 c. à soupe de sucre
2 c. à soupe de rhum brun, cognac ou brandy
2 c. à soupe de Cointreau, curaçao, Drambuie, Grand Marnier ou Tia Maria (facultatif)
1/2 zeste d'orange (facultatif)
1 t. de crème à fouetter
4 à 6 c. à soupe de cacao ou 2/3 t. de chocolat râpé

Pour 8 gourmands, il faut 24 doigts de dame. Au pinceau, imbibez-les de café. Réservez. Dans un bol, mélangez bien à la mixette le mascarpone et le sucre auxquels vous ajoutez, au goût, le rhum, le Cointreau, le zeste d'orange et 2 c. à soupe des autres alcools si ça vous chante. À la spatule, intégrez la crème que vous avez préalablement fouettée. *(Si vous désirez un tiramisù plus léger, substituez à la crème fouettée les 4 œufs de la recette de « mascarpone in coppa » qui suit, préparés tel qu'indiqué).*

Disposez ensuite au fond d'un moule à gâteau carré de 7 ou 8 po de côté la moitié des doigts de dame. Nappez de la moitié de la crème de mascarpone. Saupoudrez de 2 ou 3 c. à soupe de cacao ou de 1/3 t. de chocolat râpé. Disposez par-dessus le reste des doigts de dame. Nappez du reste de la crème de mascarpone. Saupoudrez encore de 2 ou 3 c. à soupe de cacao ou de 1/3 t. de chocolat râpé. Recouvrez de pellicule plastique et réservez au frigo pendant quelques heures, au moins.

Crema di mascarpone in coppa

Voici un merveilleux dessert, un classique : la crema di mascarpone in coppa. On le sert bien froid en coupes. On garnit chaque coupe de 2 ou 3 amaretti imbibés de brandy. Les amaretti, on le sait, sont de petits biscuits aux amandes. Tout parfumés, légers comme des meringues.

500 g de mascarpone (ou de ricotta)
2 à 3 c. à soupe de sucre
2 c. à soupe de rhum brun, cognac ou brandy
2 c. à soupe de Cointreau, curaçao, Drambuie, Grand Marnier ou Tia Maria (facultatif)
1/2 zeste d'orange (facultatif)
4 gros œufs
4 c. à soupe de sucre
1 pincée de sel, quelques gouttes de jus de citron ou 1 pincée de crème de tartre

Dans un bol, mélangez bien à la mixette le mascarpone et le sucre auxquels vous ajoutez, au goût, le rhum, le Cointreau, le zeste d'orange et 2 c. à soupe des autres alcools si vous voulez. Réservez la préparation.

Séparez les œufs. Dans un bol de métal bien propre, exempt de toute matière grasse, déposez les blancs. Dans un autre bol, fouettez les jaunes quelques secondes à la mixette. Tout en fouettant, ajoutez le sucre. Fouettez à vitesse moyenne pendant 2 ou 3 minutes. Fouettez ensuite à haute vitesse pendant quelques minutes de plus jusqu'à l'obtention d'une crème onctueuse qui, comme on dit, forme ruban. La crème est toute pâle, d'un beau jaune citron. Tout le sucre a fondu.

Réservez, pour tout de suite monter les blancs en neige. Fouettez d'abord à la mixette à basse vitesse. De grosses bulles se forment. Ajoutez le sel, le jus de citron ou la crème de tartre pour favoriser la bonne tenue des blancs. Fouettez à vitesse moyenne pendant 2 ou 3 minutes de plus. Fouettez ensuite à haute vitesse jusqu'à obtention d'une neige bien ferme. Mais attention de ne pas trop fouetter, sans quoi les blancs tomberont en granules ! Cessez de fouetter sitôt que se forment des pics bien lustrés.

Mélangez ensuite à la spatule les blancs en neige et la crème de jaunes. Procédez par mouvements circulaires de haut en bas pour éviter que la neige ne tombe. *(C'est cette préparation que vous substituez à la crème fouettée pour obtenir un tiramisù plus léger.)* Il ne vous reste qu'à lier la préparation d'œufs à celle du mascarpone et à réfrigérer avant de servir.

Le maïs, cru, bouilli ou grillé

« Ne cherchez pas plus loin, me dit l'homme : y a pas de meilleur blé d'Inde dans tout le marché. Sucré comme c'est pas possible ! Et frais cassé ce matin. Regardez : sous les feuilles, il y a encore des gouttes de rosée. » Pendant qu'il me parle, l'homme s'affaire à arracher les feuilles de ses épis de maïs pour constituer son étalage. Ainsi déshabillés, les maïs sont condamnés à se déshydrater : « Vous avez bien raison, me dit l'homme. Mais vous savez qu'on n'est pas des risqueux. Nous sommes des saint Thomas. On paye pour ce qu'on voit. Si je laissais les feuilles, je ne les vendrais pas. »

J'en choisis deux douzaines en feuilles ! « Vous verrez, me dit l'homme, jamais vous n'avez goûté de maïs pareil. Vous reviendrez demain ! Surtout, ne le faites pas trop cuire : sept ou huit minutes, c'est assez. »

Sept ou huit minutes, c'est beaucoup trop. Les maïs sucrés n'ont pas besoin de cuisson. Crus, ils sont délicieux. Pour le prouver à mon vendeur, je m'empare d'un maïs sur l'étalage. J'y mords à belles dents. Les grains éclatent de lait sucré doux comme l'hydromel. Comme c'est bon ! Ma mine réjouie ne trompe pas. L'homme au maïs hésite à m'imiter. Puis il cède, curieux, et mord à son tour dans le maïs cru. Une révélation ! « Ah ben, dit-il, ça parle au maudit ! C'est comme manger une pomme ! »

Le maïs sucré est fort bon cru, mais il sera

à son meilleur servi chaud avec du beurre doux. On le plonge dans l'eau bouillante, non pas pour le cuire, mais pour le blanchir à peine. On prélève d'abord les feuilles extérieures de l'épi, mais on prend bien soin de laisser les dernières feuilles qui recouvrent les grains. On plonge l'épi vêtu de sa robe des champs dans de l'eau bouillante, tout simplement.

On omet le sel qui durcirait la surface des grains. On ne sucre pas l'eau : le maïs est déjà trop sucré. On n'ajoute pas non plus de lait pour attendrir : le maïs sucré est presque sans fécule.

C'est qu'on n'a vraiment plus le blé d'Inde qu'on avait. On nous disait jadis que le maïs n'était bon qu'à condition de le mettre à bouillir 1 heure au plus après l'avoir cassé. C'est que le maïs d'alors était bien pauvre en sucre et riche en fécule. Pire encore : une enzyme naturelle s'activait sitôt le fruit cueilli et s'affairait à transformer le sucre en farine. Vingt-quatre heures après avoir été cueilli, le maïs n'était plus que fécule. Par sélection génétique, on produit aujourd'hui des maïs dont l'enzyme dévastatrice ne s'active que deux semaines après la cueillette. Voilà pourquoi on trouve au marché pendant l'hiver des maïs frais importés de Floride qui sont encore « mangeables » 10 jours après avoir été cueillis. Déshydratés, c'est vrai, mais encore sucrés.

Le maïs d'aujourd'hui, celui qu'on sert à table, contient six fois plus de sucre que le maïs d'il y a 20 ans ! Voilà qui permet de le faire dorer sur le gril sans problème. On enlève les feuilles. On badigeonne d'huile et on met à griller à haute flamme. En 4 ou 5 minutes, le sucre caramélise en surface. Les grains couleur d'ambre résistent un peu trop à la dent. Mais quel parfum !

SALSA DE MAÏS GRILLÉ ET DE HARICOTS NOIRS À LA CORIANDRE

Le parfum capiteux du maïs grillé, voilà qui m'inspire cette salsa santé qui vous ravira par la complexité de ses arômes, par le contraste de ses couleurs vives et par sa facilité d'exécution.

4 t. de grains de maïs
1 c. à soupe d'huile d'olive
1 ou 2 boîtes de haricots noirs en conserve
jus de 1, 2 ou 3 citrons verts
Tabasco ou sambal olek, coriandre fraîche ou persil plat

Pour 4 convives, faites d'abord dorer au four ou au poêlon les grains de maïs. À défaut de grains frais prélevés au couteau sur l'épi, le

maïs congelé fera fort bien l'affaire. Si vous employez du maïs congelé, pas nécessaire de le décongeler avant de procéder. Dans un bol donc, les 4 t. de grains de maïs. Ajoutez 1 c. à soupe d'huile d'olive et mélangez bien à la main pour s'assurer que chaque grain est enrobé de matière grasse. Déposez sur une plaque à biscuits, en prenant soin de ne pas empiler : les grains doivent respirer, sans quoi ils ne caraméliseront pas, mais cuiront plutôt à la vapeur. Enfournez à 375 °F, remuez à l'occasion pour assurer une cuisson uniforme. On entrouvre parfois la porte du four pour permettre à la vapeur de s'échapper. En 45 minutes à peu près, le maïs est bien grillé, d'un beau jaune foncé presque couleur d'ambre. Si vous choisissez de faire dorer votre maïs au poêlon, faites-le à chaleur moyenne. Un poêlon antiadhésif vous facilitera la tâche. Remuez bien. En 15 ou 20 minutes, c'est prêt.

Vous n'avez plus qu'à laisser tiédir au comptoir avant d'ajouter les haricots noirs, rincés à l'eau froide du robinet et bien égouttés. Arrosez du jus de citron. Salez et poivrez au goût. Parfumez enfin, salsa oblige, de votre sauce au piment préférée : quelques gouttes de Tabasco feront l'affaire, mais le parfum du sambal olek me semble beaucoup plus subtil. Ajoutez-en 1 c. à thé ou plus. Surtout, n'oubliez pas les fines herbes. De la coriandre fraîche là-dedans et c'est le Mexique qui vibre dans votre assiette. À défaut, du persil plat. J'aime bien servir cette salsa sur des feuilles de maïs que j'ai d'abord blanchies 1 minute à l'eau bouillante. C'est du plus bel effet.

CHAUDRÉE AU LAIT DE MAÏS SUCRÉ

Une chaudrée sublime qui se fait en un tournemain. Encore faut-il savoir comment procéder à l'extraction du lait. On extrait le lait de maïs en pressant les grains sur l'épi. Pour permettre au lait de s'échapper sans éclabousser la cuisine, il faut bien sûr d'abord ouvrir les grains avant de les presser, sans quoi on les ferait éclater. On aura choisi, j'espère, des maïs aux grains sagement alignés. L'ordre est parfait. Militaire. Pour ouvrir les grains, on pose la lame d'un couteau dentelé en parallèle au sommet de chaque rangée de grains. On « scie » ce qu'il faut pour entrouvrir la pellicule de surface. Pour extraire le lait, on n'a plus alors qu'à presser sur les grains du dos d'un couteau tenu perpendiculairement à l'épi qu'on tient droit droit, la pointe au fond d'une assiette creuse. La partie aiguisée de la lame orientée vers le bas ne touche pas l'épi. Le plat de la lame retient le lait qui gicle : il coule dans l'assiette. Vous avez bien compris ? Eh bien, tant mieux ! Vous n'avez plus qu'à extraire de 6 à 8 épis 4 t. de lait que vous réserverez au comptoir.

4 t. de lait de maïs
1 oignon moyen ou 3 échalotes grises finement hachées
4 t. de lait
1 c. à soupe de fécule de maïs (au besoin)
ciboulette hachée ou persil plat

Faites tomber à feu moyen, dans une haute casserole à fond épais, l'oignon moyen ou les échalotes. Deux ou 3 minutes suffiront. Ne laissez pas colorer. Ajoutez 4 t. de lait, que vous amènerez à ébullition. Ajoutez alors le lait de maïs, et amenez de nouveau à ébullition. Ça y est ? C'est prêt ! Vous n'avez plus qu'à saler et à poivrer au goût. Le maïs sucré est bien pauvre en fécule. Si le brouet vous semble trop clair, il vous suffit d'épaissir un peu : 1 c. à soupe de fécule de maïs diluée dans 1/4 t. de lait fera l'affaire. Remuez bien, et servez. Encore ici, les fines herbes sont de mise : de la ciboulette hachée, par exemple, ou tout simplement du persil plat.

Chaudrée aux huîtres ou aux pétoncles

Pour une chaudrée aux huîtres, vous n'aurez qu'à ajouter 2 t. d'huîtres en vrac. Surtout, ne faites pas bouillir les huîtres : ça les racornirait. Contentez-vous de les réchauffer dans le liquide frémissant. Elles sont cuites lorsqu'elles frisent à l'ourlet.

On peut tout aussi bien ajouter des pétoncles à la chaudrée. On se contentera, comme pour les huîtres, de les réchauffer ; le pétoncle est cuit sitôt qu'il est chaud !

Brochette de pétoncles frais de la baie de Fundy

J'aime bien servir cette chaudrée accompagnée d'une brochette de pétoncles frais de la baie de Fundy. Ce sont de gros pétoncles à la chair onctueuse, toute parfumée de varech. Pour chaque brochette, 3 ou 4 pétoncles, chacun tranché en deux médaillons. On enfile les médaillons côte à côte sur deux tiges de bois afin de faciliter la manipulation. On les fait tout simplement sauter rapidement au beurre à feu moyen au poêlon : juste ce qu'il faut pour que la chaleur les traverse. On dépose les brochettes sur le rebord des assiettes, on débouche le muscadet.

J'ai découvert ces pétoncles de la baie de Fundy chez mon ami Amédée, du marché Atwater. « Un vrai péché », comme dit Amédée, qui m'a aussi proposé la truite dorée, un poisson d'élevage qu'il importe de Caroline du Nord. Un poisson d'élevage sublime, fruit du croisement de l'omble de l'Arctique et de la truite mouchetée. Qu'attend-on pour faire ici l'élevage de ce poisson divin ?

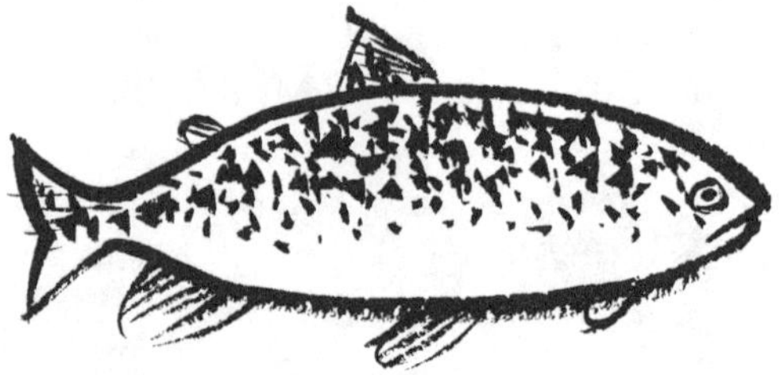

TRUITE DORÉE MEUNIÈRE ET CRÊPES DE MAÏS

Un filet de truite dorée suffit pour 2 convives. On les fera tout simplement dorer meunière. On farine légèrement. On secoue pour éliminer le surplus de farine. On fait dorer au poêlon, à feu moyen, dans une noix de beurre doux et quelques gouttes d'huile. D'abord côté peau, puis côté chair. Encore ici, ne pas trop cuire le poisson, prêt à manger sitôt que la chaleur l'a traversé.

En guise d'accompagnement, des crêpes au lait de maïs feront de ce repas simple un véritable festin.

1 1/2 t. de lait de maïs
6 c. à soupe combles de farine
4 gros œufs
1/2 t. de crème à 35 %
50 g (2 oz) de beurre fondu

Au lait de maïs, ajoutez la farine. Mélangez bien. Ajoutez ensuite un à un les œufs, la crème à 35 % et le beurre fondu. Laissez reposer la pâte au comptoir pendant une vingtaine de minutes avant de procéder, le temps que la farine fasse son gluten, comme on dit. Ainsi, la pâte se tiendra mieux au poêlon. Procédez ensuite comme pour les crêpes ordinaires, sur feu moyen, en poêlon anti-adhésif badigeonné de beurre fondu. Versez dans le poêlon juste ce qu'il faut de pâte pour recouvrir le fond.

Cette pâte à crêpe est, vous le verrez, d'une légèreté incroyable. Voilà qui la rend aussi très fragile. Si votre première crêpe se déchire quand vous la retournez, pas de panique, ajoutez tout simplement un peu de farine à la pâte. Disons 2 ou 3 c. à soupe de plus, que vous saupoudrerez sur la pâte tout en brassant bien au fouet pour éliminer les grumeaux.

Ces crêpes sont encore meilleures en dessert avec des petits fruits. Le sirop d'érable et le maïs font ensemble un ménage admirable !

Vive la polenta libre !

Je vous propose bien gentiment de faire votre polenta maison et vous voilà qui sortez de vos gonds, me couvrez d'invectives. « Je cuisine par plaisir, en toute liberté », me dites-vous, pour m'accuser ensuite de profiter de votre gourmandise pour mieux vous condamner à l'esclavage. Pour preuve, vous me citez les *Pinardises,* où je décris, « faussement bucolique et trémolos dans la voix », la mamma généreuse armée de sa cuiller de bois. « La voilà qui verse en *pioggia,* « comme de la pluie », la semoule de maïs dans l'eau bouillante. Alerte, elle brasse inlassablement, prend bien soin d'écraser les grumeaux. À mesure que la bouillie épaissit, le geste prend de l'emphase. Sans s'arrêter une seule seconde, la mamma brasse jusqu'à ce que la bouillie se détache de la paroi de cuivre. Enfin, la polenta est prête ! » Pour conclure la paraphrase, vous ajoutez, perfide : « Après une demi-heure au moins de lutte acharnée, la mamma épuisée reste debout pour servir les enfants et les hommes. »

Vous me faites ensuite gentiment remarquer qu'en Italie, les fous de la polenta, les *polentoni,* sont presque toujours des hommes. « Et pour cause, ils n'ont qu'à la manger ! » Vous me citez les noms de ceux qui au XVIIIe siècle créèrent en Lombardie l'Académie des « polentophages », un aréopage de virils gourmands voués à la défense et à l'illustration de la bouillie de maïs. Ce sont aussi des hommes, ajoutez-vous, qui fondèrent un siècle plus tard la PPPP : *Prima patria, poi polenta !,* « La patrie d'abord et puis la polenta ! » Pour conclure vos élans rhétoriques, vous me demandez enfin pourquoi on se donnerait la peine de faire sa polenta maison alors qu'on trouve un peu partout de la polenta déjà cuite en tubes plastifiés, à très bas prix et fort bonne. « On n'a qu'à la plonger dans l'eau bouillante dans son enveloppe pour la réchauffer. On la sert alors en tranches avec une sauce tomate. On saupoudre de parmesan ou de pecorino fraîchement râpé et le tour est joué ! On peut aussi, ajoutez-vous, la réchauffer en tranches au poêlon dans une noix de beurre, mais elle sera meilleure badigeonnée d'huile d'olive et dorée sous le gril. »

Me croyant à jamais confondu, vous accepterez enfin, j'espère, de m'entendre. Si je reviens aujourd'hui à la charge pour vous proposer de préparer à la maison votre propre polenta, c'est que j'ai découvert depuis les *Pinardises* une façon de la faire au micro-ondes en 12 minutes sans dégât et surtout sans effort. En préparant vous-même votre polenta, vous pourrez, à votre guise, modifier la recette de base : remplacer par exemple l'eau par du bouillon ou bien une partie de l'eau par du vin blanc. Mieux encore, vous pourrez choisir de servir votre polenta molle sitôt sortie du four. Si vous choisissez plutôt de la servir en tranches, vous aurez tout le loisir d'ajouter d'avance des légumes ou du fromage dans la bouillie elle-même.

POLENTA MOLLE

1 t. de farine de maïs
beurre doux
parmesan ou pecorino frais râpé

Versez 4 t. d'eau tiède dans un bol qui convient à la cuisson au micro-ondes. Ajoutez 2 c. à thé de sel de mer et la farine de maïs. Mélangez à la cuiller de bois pour éliminer les grumeaux. Mettez à cuire 6 minutes à force maximale. Retirez du four. Remuez à la cuiller de bois et remettez à cuire 6 minutes de plus. Retirez du four et ajoutez 2 ou 3 belles noix de beurre doux. Poivrez. Remuez pour bien incorporer le beurre et servez aussitôt dans des assiettes creuses avec du parmesan ou du pecorino frais râpé.

POLENTA AU FROMAGE BLEU

gorgonzola
persil plat
noix de Grenoble

On peut aussi servir la polenta molle avec un fromage bleu. Dans chaque assiette, ajoutez 2 ou 3 noix de gorgonzola parfumé et crémeux et quelques feuilles de persil plat. À défaut de gorgonzola, du roquefort ou, mieux encore, de la fourme d'Ambert, si onctueuse ! Quelques cerneaux de noix de Grenoble ajouteront bien sûr au plaisir.

POLENTA AU CHEDDAR

La polenta molle et le cheddar râpé font aussi bon ménage. En guise d'accompagnement, quelques tranches de pommes légèrement citronnées pour éviter qu'elles n'oxydent.

La polenta des millionnaires

On peut aussi, à la façon de Bugialli (*Le Goût de l'Italie*, Flammarion, 1985), servir sa polenta molle avec du mascarpone et des copeaux de truffes d'Albe. Mieux vaut d'abord gagner à la loto : la truffe blanche est hors de prix !

Polenta garnie d'une caille rôtie ou de saucisses

On peut aussi servir sa polenta molle en nid d'oiseau. Dans chaque assiette creuse, faites un nid de polenta. Au fond du nid, de la sauce *marinara* bien relevée. Par-dessus, une caille rôtie. Vous verrez, c'est exquis. Plus sublime encore, la polenta molle et sa *marinara* garnie de saucisses siciliennes maison.

Polenta en tranches poêlées ou grillées

4 t. d'eau tiède
1 1/2 t. de farine de maïs
2 c. à thé de sel

Pour faire de la polenta dure, on procède exactement comme pour la polenta molle décrite plus haut. On se contente tout simplement d'augmenter la proportion de farine de maïs. Pour 1 l d'eau tiède, il faut 1 1/2 t. de farine et 2 c. à thé de sel. On mélange bien pour éviter les grumeaux. On met à cuire à force maximale pendant 6 minutes. On brasse. On cuit encore 6 minutes de plus. On ajoute 3 noix de beurre doux. On mélange bien et on verse dans un moule légèrement huilé. On laisse refroidir. On démoule et on fait des tranches de 1 cm d'épaisseur au couteau. On peut aussi faire ses tranches au fil. La soie dentaire convient parfaitement. Évitez le fil parfumé à la menthe !

On peut faire dorer ses tranches au poêlon à chaleur moyenne dans un mélange à parts égales de beurre doux et d'huile. Mieux encore, on les badigeonnera d'huile pour les faire dorer sous le gril. Quand de petits points bruns caramélisés apparaissent, on retourne les tranches pour faire dorer l'autre côté. On les sert ensuite badigeonnées de beurre fondu et saupoudrées de parmesan en guise d'entrée ou de plat principal.

Tranches de polenta aux légumes

Pour des tranches de polenta aux légumes, on ajoute tout simplement au mélange avant de mettre à cuire au micro-ondes 2 t. de légumes en petits dés : carottes, céleri, brocoli, chou-fleur, oignons. C'est au choix !

Mamma minute

Pour Lisette Girouard

Le succès considérable qu'obtiennent en Amérique du Nord ces sauces tomate qu'on nous propose à pleines tablettes dans nos mini-maxi-super-hyper-marchés ne cesse de m'étonner. Parées des plumes du paon, ces sauces prétendument italiennes ne sont que lamentables ersatz. Elles ne sont pas plus italiennes que le French Dressing de la maison Kraft n'a de parenté avec la vinaigrette française. Et pourtant, on en redemande, au point où pas une semaine ne passe sans qu'on nous en propose de nouvelles versions. « Au secours le goût ! » comme le claironne si bien Jean-Pierre Coffe.

Ces tristes sauces, on nous les propose à fort prix. Comment expliquer leur succès ? Peut-être s'en contente-t-on dans l'illusion savamment nourrie par les publicitaires qu'on trouve là plus que son compte à cause du temps gagné. On veut nous faire croire que les sauces classiques italiennes n'atteignent la perfection qu'après avoir mijoté pendant des heures interminables sous l'œil dévoué d'une *mamma* chronocide. Or, justement, rien n'est plus loin de la vérité. À quelques rares exceptions près, la sauce *ragù* par exemple, les sauces tomate classiques se font en un tournemain, en moins de temps qu'il n'en faut pour amener de l'eau à ébullition et y faire cuire les pâtes.

J'en veux pour preuve ces quatre sauces classiques que je vous propose aujourd'hui : *marinara, arrabbiata, puttanesca* et *amatriciana* qu'on peut faire chez soi en 15 ou 20 minutes à peine. Des sauces exquises dans la plus pure tradition qui seront d'autant meilleures que vous emploierez pour les faire quelques

ingrédients de première qualité qu'on devrait toujours tenir en réserve chez soi : des tomates italiennes en conserve, de l'ail bien frais et des anchois qu'on conserve au frigo, de l'huile d'olive extra-vierge qu'on garde au frais à l'abri de la lumière, des câpres, des piments séchés, du bacon maigre en tranches de 1 cm qu'on réserve au congélateur. C'est tout ce qu'il vous faut. Commençons par la *marinara,* cette sauce mère qui sert de trame à toutes les autres.

SAUCE MARINARA

La sauce marinière ne comporte ni fruits de mer ni poissons. Pas même l'ombre d'un filet d'anchois. Il s'agit en fait tout simplement d'une fondue de tomates tout simplement parfumée à l'ail et à l'huile d'olive. Pourquoi son nom ? On ne sait trop. Certains exégètes de la sauce tomate suggèrent que les pêcheurs napolitains en faisaient autrefois ample provision avant de prendre la mer. Ne comportant ni viande ni poisson, la sauce risquait moins de tourner sous le soleil ardent de la Méditerranée. À l'heure du repas, les marins n'avaient plus qu'à ajouter du poisson frais à la sauce pour la manger avec des pâtes. Les chanceux ! Quoi de meilleur en effet qu'une marinara al tonno, *cette sauce au thon dont je vous proposerai tantôt la recette ? Commençons donc par faire la sauce. Un jeu d'enfant.*

3 ou 4 c. à soupe d'huile d'olive toute parfumée
4 ou 5 belles gousses d'ail pelées, dégermées et grossièrement hachées
1 boîte de tomates italiennes

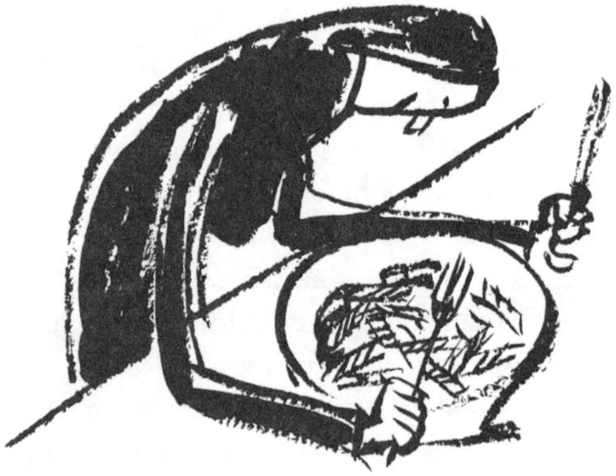

Dans une casserole moyenne, faites d'abord blondir l'ail à feu moyen dans l'huile d'olive. Pour assurer une répartition uniforme de la chaleur, choisissez une casserole à fond épais, de préférence de grandeur moyenne pour assurer une évaporation rapide et empêcher que la sauce en mijotant n'éclabousse la cuisinière et le cuisinier. L'aluminium est bien sûr à proscrire, à moins que votre casserole ne soit protégée d'une pellicule antiadhésive. Autrement, l'acidité de la tomate oxyderait la sauce. Les casseroles en fonte émaillée ou en acier inoxydable conviennent bien sûr parfaitement.

En quelques secondes à peine, l'ail blondit. Surtout, ne le laissez pas brunir. L'ail roussi devient indigeste et amer. Ajoutez aussitôt les tomates. Amenez à ébullition et laissez ensuite mijoter à découvert en brassant à l'occasion à la spatule ou à la cuiller de bois. Après 15 ou 20 minutes, l'huile remonte en surface. Ça y est, la sauce est prête.

FETTUCCINE AL TONNO

Il ne viendrait à l'idée de personne en Italie de vous servir des pâtes en sauce marinière sans ajouter quelque chose qui donne au plat sa touche finale. Ainsi, par exemple, il suffira d'ajouter à la sauce une boîte de thon, de laisser mijoter 3 ou 4 minutes de plus et voilà prête la sauce *al tonno* que je vous promettais tantôt. Salez, poivrez au goût et le tour est joué. Évitez le thon conservé dans l'eau salée parce qu'il est sec et filandreux. Choisissez plutôt du thon dans l'huile, que vous égoutterez tout simplement avant de l'ajouter à la sauce.

La sauce *al tonno* me semble particulièrement savoureuse avec des *fettuccine*. Parce qu'il s'agit d'une sauce au poisson, on omet le parmesan. Les nouilles plates (*fettuccine* ou lasagnes) ont tendance à coller ensemble à la cuisson. Pour éviter le problème, il suffit d'ajouter 1 c. à soupe d'huile végétale à l'eau salée en pleine ébullition avant d'y plonger les pâtes.

SPAGHETTIS À LA MARINARA ET AUX HARICOTS ROUGES

Pour un plat typique de la paysannerie italienne à faire chavirer les plus ardents carnivores, ajoutez à la *marinara* déjà prête une boîte de haricots rouges égouttés et rincés à l'eau du robinet. Une pincée de fines herbes fraîches ou séchées, thym, romarin ou origan, ajoute à la rusticité. Servez sur des spaghettis. Et n'oubliez surtout pas le parmesan frais râpé. Je vous le dis : sublime !

Penne all'arrabbiata

Cette sauce « enragée » fait merveille avec des *penne* ou bien des *pennine*, ces pâtes tubulaires le plus souvent striées droites, courtes et tranchées en biseau aux extrémités comme des plumes d'oie. Il s'agit en fait d'une sauce *marinara* bien relevée de piments forts. Pour la faire, ajoutez tout simplement à la casserole, en même temps que l'ail, 1, 2 ou 3 pincées de piments secs broyés. Laissez dorer l'ail. Ajoutez la boîte de tomates et laissez mijoter à découvert comme il est dit plus haut. « C'est chaud ! c'est chaud ! c'est chaud ! » me direz-vous, vous prenant pour Brathwaite. Si c'est trop chaud, consolez-vous. La prochaine fois, vous saurez mieux compter.

Crevettes fra diavolo

Pour réussir ce plat diabolique d'une désarmante simplicité, il suffit de procéder comme pour la sauce *arrabbiata* qui précède. Faites d'abord dorer en casserole les gousses d'ail hachées avec 1, 2 ou 3 pincées de piments secs. Ajoutez des crevettes crues décortiquées (5 ou 6 moyennes par invité) que vous ferez rapidement sauter quelques secondes de chaque côté. Les crevettes sont cuites sitôt que la chaleur les a traversées. Réservez les crevettes et ajoutez la boîte de tomates. Laissez réduire comme il est dit plus haut. Quand la sauce est prête, réchauffez-y les crevettes. Servez avec des nouilles *al dente*.

Spaghettis à la sauce amatriciana

3 ou 4 c. à soupe d'huile d'olive toute parfumée
4 ou 5 belles gousses d'ail pelées, dégermées et grossièrement hachées
1 boîte de tomates italiennes
2 ou 3 tranches de bacon maigre

Parfumée aux lardons rissolés, la sauce *amatriciana* convient on ne peut mieux aux temps frisquets d'automne. Vous avez fait dorer votre ail et vous venez d'ajouter à la casserole la boîte de tomates. Pendant que la sauce mijote, faites rissoler vos lardons, 2 ou 3 tranches de bacon maigre que vous tranchez sur la planche en bâtonnets de 1/2 cm. Au poêlon à chaleur moyenne, faites d'abord mousser une noix de beurre doux dans 1 c. à soupe d'huile d'olive. Ajoutez vos lardons et faites-les dorer : tâche rendue facile grâce au beurre et à l'huile qui servent ici à véhiculer la chaleur. Paradoxalement, le beurre et l'huile permettent de mieux dégraisser les lardons. Quand les lardons sont bien dorés, épongez-les dans du papier essuie-tout et ajoutez-les à la sauce. Jetez bien sûr la graisse. Laissez mijoter la sauce jusqu'à ce que l'huile remonte en surface. Servez, bien sûr, avec du parmesan.

SPAGHETTI ALLA PUTTANESCA

4 ou 5 gousses d'ail
3 ou 4 c. à soupe d'huile d'olive extra-vierge
1, 2 ou 3 pincées de piments broyés
1 boîte de tomates italiennes
1 petite boîte d'anchois
2 ou 3 c. à soupe de câpres
1 t. d'olives noires dénoyautées
thym, romarin ou herbes de Provence

Cette sauce à la pute, capiteuse à souhait, tiendrait son nom de l'usage immodéré que les filles de Naples naguère en faisaient. Une sauce vite faite qui servait, nous dit-on, à attirer et attiser les clients. Je ne connais pas meilleur moyen de fidéliser la clientèle, comme on dit à *La Baie.* Contre la solitude, il n'y a pas de meilleure panacée. Pour la faire, procédez comme pour la sauce *arrabbiata.*

Faites rissoler 4 ou 5 gousses d'ail dans 3 ou 4 c. à soupe d'huile d'olive bien parfumée avec 1, 2 ou 3 pincées de piments broyés. Ajoutez la boîte de tomates et une boîte d'anchois rincée à l'eau tiède du robinet

pour éliminer l'huile et le sel. Ajoutez 2 ou 3 c. à soupe de câpres rincées aussi à l'eau du robinet et pressées doucement dans la main pour éliminer la saumure. Ajoutez enfin 1 t. d'olives noires dénoyautées. Les olives de Kalamata font là-dedans merveille. Pour prélever le noyau, on peut procéder au couteau sur la planche. Quant à moi, je préfère les dénoyauter en les pressant du bout des pouces. À moitié écrasées, les olives ainsi préparées parfument mieux la sauce.

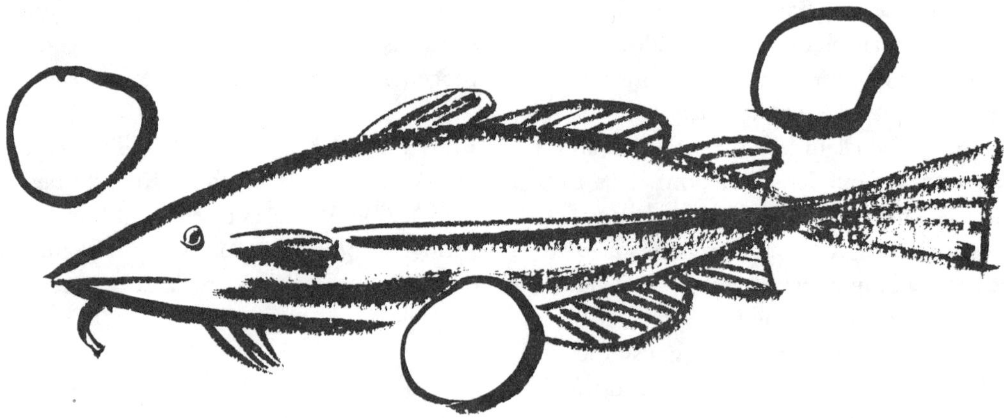

Laissez réduire à découvert jusqu'à ce que l'huile remonte à la surface. En 20 minutes tout au plus, la sauce est prête. On n'a plus qu'à s'abandonner au plaisir en chantant les mérites des putains de Naples. Un air de mandoline avec ça ?

Filets de morue à la puttanesca

filets de morue
5 ou 6 belles gousses d'ail pelées, dégermées et grossièrement hachées
5 ou 6 c. à soupe d'huile d'olive extra-vierge
1 boîte de tomates italiennes
1 petite boîte d'anchois
2 ou 3 c. à soupe de câpres
olives noires dénoyautées
thym, romarin ou herbes de Provence
Tabasco, sambal olek ou piments secs broyés

À feu moyen, dans une casserole à fond épais, faites revenir l'ail dans l'huile d'olive. Sitôt qu'il commence à dorer, ajoutez les tomates italiennes. Amenez à ébullition et laissez mijoter allégrement à découvert pendant une quinzaine de minutes.

Pendant que mijotent les tomates, ajoutez les anchois que vous aurez rincés à l'eau tiède du robinet, les câpres et une vingtaine d'olives noires dénoyautées.

Évitez comme la peste les olives noires californiennes en boîte. Artificiellement colorés, ces fruits insipides aux parfums chimifiés sont une insulte à l'olivier. Choisissez plutôt des olives charnues bien gorgées de soleil et conservées dans l'huile. Les olives noires de Kalamata ont tout pour enchanter. Pour les dénoyauter, rien de plus simple. On les écrase sur la planche en les pressant doucement de la paume.

Pour parfumer la sauce, une pincée de thym, une branche de romarin ou tout simplement une pincée d'herbes de Provence. Pour relever la sauce, 1 c. à thé de Tabasco, 1 ou 2 c. à thé de sambal olek ou tout simplement une pincée de piments secs broyés.

Dans un plat à gratiner, versez la moitié de la sauce bien chaude. Déposez par-dessus vos filets de morue. Recouvrez du reste de la sauce et réchauffez au four. À chaleur moyenne (disons 350 °F), le poisson sera prêt en moins de 10 minutes. Vite à table !

Variation

On peut bien sûr remplacer la morue par de l'aiglefin, de la sole, de la dorade ou de la lotte. On peut aussi remplacer la sauce tomate par une pepperonata.

ZUCCHINIS DÉGUISÉS EN SPAGHETTIS !

Si vous êtes de ceux qui ne peuvent manger de pâtes, ne désespérez pas. Vous pouvez utiliser toutes ces délicieuses sauces sur des zucchinis tranchés en bâtonnets très fins, un jeu d'enfant à la mandoline, un peu plus long au couteau. L'objectif est bien évidemment de s'approcher le plus possible du « look » spaghetti en coupant les zucchinis (avec la peau) sur toute leur longueur. On fait ensuite sauter les bâtonnets dans un peu d'huile d'olive, 1 ou 2 minutes à peine, surtout que ça ne ramollisse pas ! Couvrez de sauce et servez aussitôt.

Canards, compotes et confits

Pierre Pilon, de la table champêtre *La Rabouillère,* nous proposait un jour sa recette toute simple de confit de canard de Barbarie. Une cuisse à la chair si tendre qu'elle fond littéralement sous la dent. Un délice, et si facile à faire ! À défaut de cuisses de canard gavé de Barbarie, difficiles à trouver et hors de prix, on peut confire un canard de Brome. On peut aussi confire de la dinde ou du porc. Dans tous les cas, on procède de la même manière. On fait d'abord macérer dans le gros sel, parfumé de thym, de laurier et de poivre, les morceaux de viande ou de volaille. On essuie ensuite les morceaux pour éliminer le sel en surface et on fait tout doucement pocher dans la graisse. C'est aussi simple que ça ! Les proportions importent cependant. Pour 500 g de viande ou de volaille, il faut 1 c. à soupe de gros sel. Vous ajoutez du poivre, du thym et du laurier.

CANARD DU LAC BROME CONFIT

1 canard du lac Brome
3 c. à soupe de gros sel
1 c. à thé de thym séché
1 c. à thé de poivre grossièrement moulu
3 feuilles de laurier déchiquetées
graisse de canard ou saindoux

Si le canard est congelé, prenez le temps qu'il faut pour le décongeler au frigo. Découpez-le ensuite en 8 morceaux : deux pilons, deux cuisses, deux suprêmes et deux ailes. Des os de la carcasse peut-être ferez-vous un bouillon ? Votre canard doit peser à peu près 1,5 kg.

Dans un bol, mélangez le sel, le thym, le poivre et le laurier. Enrobez bien du sel parfumé les morceaux de canard. Dans une terrine, laissez macérer au frigo pendant 5 ou 6 heures, pas plus. Essuyez ensuite avec soin les morceaux pour éliminer le sel de surface. Déposez-les ensuite, côté peau, dans une lèchefrite et mettez-les à rôtir au four à 300 °F pendant une vingtaine de minutes, le temps qu'il faut pour que la peau commence à dorer et pour que la graisse abondante du volatile commence à fondre.

Recouvrez ensuite les morceaux de canard de graisse de canard ou de saindoux que vous aurez fait fondre sur la cuisinière. Il faut impérativement que les morceaux de canard soient complètement immergés dans la graisse. Au four, à 300 °F, laissez tout doucement pocher pendant à peu près 2 heures, le temps qu'il faut pour que le gras du canard ait fondu et que sa chair soit si tendre qu'on pourrait, comme le veut le dicton, la transpercer d'une brindille de paille.

Retirez les morceaux de canard. Déposez-les dans un bocal et recouvrez-les de graisse. Votre confit sera bien meilleur si vous attendez au moins une semaine avant de le servir. On peut conserver le confit au frigo pendant plusieurs semaines sans problème, à condition bien sûr qu'il soit bien recouvert de graisse.

Au moment de servir, faites-le bien rissoler à la poêle dans un peu de sa graisse. Que la peau soit bien croustillante et dorée.

J'aime bien servir ce confit sur un lit de mesclun ou, mieux encore, sur un effiloché d'endives. En guise de vinaigrette, quelques gouttes de vinaigre balsamique et quelques gouttes d'huile de noix. Pour garnir, quelques cerneaux de noix de Grenoble et peut-être quelques tranches de pommes.

CUISSES DE DINDE CONFITES

2 cuisses de dinde (à peu près 1,5 kg)
3 c. à soupe de gros sel
1 c. à thé de poivre frais moulu
1 c. à thé de thym
2 ou 3 feuilles de laurier
saindoux

Mélangez le sel, le poivre, le thym et le laurier. De ce mélange, enrobez bien les cuisses de dinde et mettez-les à macérer au frigo pendant 5 ou 6 heures tout au plus. Essuyez ou rincez. Dans une terrine, recouvrez-les de saindoux fondu et mettez à pocher au four à 300 °F pendant à peu près 2 heures.

Variations

On peut enlever la peau avant la macération. Pour une cuisse encore plus tendre, on la fait d'abord macérer au sel. On la fait ensuite pocher. On la recouvre d'eau froide. On amène à ébullition et on laisse frémir ensuite tout doucement pendant le temps qu'il faut pour que la chair soit si tendre qu'elle cède à la pointe du couteau, soit à peu près 45 minutes. On égoutte ensuite. On recouvre de saindoux fondu. On enfourne à 300 °F et on laisse pocher au four pendant 1/2 heure. Vous verrez, c'est exquis.

POMMES DE TERRE CROUSTILLANTES

J'aime bien servir le confit de dindon avec des pommes de terre en fines escalopes croustillantes et dorées. Pour ce faire, on choisit de préférence des Yukon Gold ou des Russett (dites aussi Idaho). On les pèle, bien sûr, puis on les tranche à la mandoline.

Pour éviter que les pommes de terre ne s'oxydent, on les garde en réserve bien immergées dans l'eau. Voilà qui permettra aussi d'éliminer l'amidon de surface. Vos pommes de terre pourront maintenant cuire sans coller. On les assèche bien, avant de les sauter à la poêle dans un peu de saindoux, à chaleur moyenne.

CONFIT DE PORC

1,5 kg d'épaule désossée, en 6 morceaux
4 ou 5 gousses d'ail en tranches fines
3 c. à soupe de gros sel
1 c. à thé de poivre frais moulu
1 c. à thé de thym sec
2 ou 3 feuilles de laurier écrasées

Même si toutes les parties du porc se prêtent fort bien à l'art de confire, la chair de l'épaule me semble la plus savoureuse. Ficelez chaque morceau pour qu'il se tienne bien à la cuisson. Si le cœur vous en dit, piquez les morceaux d'ail. Mélangez le sel, le poivre, le thym et le laurier. Dans une terrine, salez les morceaux et laissez-les macérer au frigo pendant une douzaine d'heures. Pour un confit plus « corsé », vous pourriez laisser macérer plus longtemps, jusqu'à 48 heures, mais n'allez pas vous plaindre ensuite s'il vous semble trop salé !

Essuyez bien les morceaux pour éliminer le surplus de sel ou rincez au robinet et épongez. Dans la terrine, recouvrez les morceaux de saindoux fondu, encore tiède. Faites tout doucement pocher au four à 275 ou 300 °F pendant 2 ou 3 heures en retournant la viande à l'occasion. On sait que le confit est prêt quand la chair est si tendre qu'elle s'effiloche à la fourchette. Au comptoir, laissez refroidir quelque peu. Enlevez les ficelles. Dans un bocal, recouvrez la viande confite de saindoux et réservez au frigo. Comme il se doit, attendez une bonne semaine avant de déguster.

Le confit de porc est à son meilleur servi tiède ou même froid. Sur une salade de lentilles, c'est tout à fait délicieux !

COMPOTE D'OIGNONS À VOTRE MANIÈRE

Pour accompagner canard rôti ou confit, les compotes d'oignon font merveille. Tous les oignons conviennent à cette préparation. Pour ma part, je préfère les gros oignons jaunes dits espagnols, les gros oignons rouges ou, mieux encore, ces gros oignons sucrés qui nous viennent du sud des États-Unis (les Vidalia, par exemple) ou qu'on importe depuis peu de l'Amérique du Sud : sucrés et parfumés, ils fondent à la cuisson. Une fois de plus, les proportions importent peu. Aussi, les mesures qui suivent ne servent qu'à titre d'indication.

Disons que nous avons choisi 3 gros oignons espagnols. Pelons-les sans autre forme de procès pour les hacher ensuite assez grossièrement à la planche ou au robot. Mieux encore, tranchons-les en rondelles finissimes à la mandoline. À découvert, dans une casserole antiadhésive ou en inox (l'aluminium est à proscrire impérativement ici), on fait d'abord tomber à chaleur moyenne les oignons dans 2 ou 3 c. à soupe d'huile d'olive extra-vierge. On brasse bien à la cuiller de bois pour assurer une cuisson uniforme. En une quinzaine de minutes, les oignons sont comme on dit « tombés » : les voilà attendris, translucides. On recouvre alors pour laisser à feu bas les oignons cuire dans leur propre vapeur pendant une bonne demi-heure. À découvert, on poursuit ensuite la cuisson à chaleur moyenne. On découvre pour permettre en un premier temps l'évaporation de l'eau de végétation et pour procéder ensuite à la caramélisation de la compote. Ça y est, l'eau s'est évaporée.

Armé d'une cuiller ou d'une spatule de bois, procédons maintenant à la caramélisation de la compote. C'est aussi le moment de l'aromatiser au goût. Il faut bien sûr remuer souvent, racler avec soin le fond de la casserole pour éviter que ça ne colle au fond.

Voici quelques propositions :

COMPOTE D'OIGNONS AU VIN BLANC, AU CIDRE OU À L'HYDROMEL

Une fois l'eau de végétation évaporée, ajoutez 1 t. de vin blanc (sec ou liquoreux). Faites évaporer puis caraméliser. Pour faciliter la caramélisation, vous pourriez ajouter un peu de sucre, pas plus de 1 c. à soupe. On peut bien sûr remplacer le vin blanc par du cidre doux ou bien de l'hydromel. Pour sucrer, s'il le faut, j'ajouterais alors un peu de gelée de pommes ou un soupçon de miel.

COMPOTE D'OIGNONS AUX AGRUMES

Quand l'eau de végétation s'est évaporée, on peut ajouter 1 t. de jus d'orange et 1 ou 2 c. à soupe de zeste d'orange ou de citron. Pour sucrer, s'il le faut, un peu de miel ou 1 ou 2 c. à soupe de marmelade de Séville.

COMPOTE AUX BLEUETS ET AU SIROP D'ÉRABLE

Quand l'eau s'est évaporée, on ajoute du sirop d'érable, disons 1/3 de t. En fin de parcours, on ajoute des bleuets frais ou congelés : disons 1 t. On laisse mijoter 2 ou 3 minutes, tout juste le temps qu'il faut pour que les bleuets rendent leur jus et colorent la compote. Variation : avec des framboises, ce serait aussi fort bon.

COMPOTE AU VINAIGRE BALSAMIQUE

Une fois l'eau évaporée, on ajoute, disons, 1/2 t. de vinaigre balsamique. On fait caraméliser. On peut ajouter les grains de poivre entiers, une bonne douzaine, puis une pincée de fines herbes : thym, romarin ou origan.

LA COMPOTE D'ATOCAS DE JOSÉE DI STASIO

Un sac de canneberges congelées, 1 t. de sucre, 1 1/2 t. de jus de canneberges et le zeste de 1 orange. On ajoute à peu près 2 c. à soupe de gingembre frais assez grossièrement pelé. On amène à ébullition et on laisse frémir à découvert jusqu'à consistance désirée.

CANARD DU LAC BROME, POCHÉ ET RÔTI

*Séduit par la photo d'un canard rôti à la peau lustrée et caramélisée, entouré de suprêmes d'oranges sur son lit frais de cresson, j'entrepris un jour, armé du savoir-faire de Robert Carrier (*Great Dishes of the World, *Nelson, 1963), de refaire à mon tour le miracle. Suivant à la lettre (c'était il y a plus de 30 ans…) les recommandations de l'auteur, j'ai d'abord éliminé le cou, les pointes des ailes de la bête et la graisse sise aux pourtours de la cavité. Muni d'un linge humide, j'ai ensuite essuyé avec soin le canard sur toute sa surface et à l'intérieur de la cavité. J'ai salé et poivré la bête. Puis, j'ai frotté l'intérieur de la cavité d'un demi-citron. J'y ai placé un oignon moyen pelé, une pomme en quartiers, une branche de céleri. J'ai ensuite piqué la peau à la fourchette sur toute sa surface afin de faciliter l'écoulement de la graisse, pour mettre ensuite le canard à rôtir à 375 °F pendant le temps recommandé : 20 minutes par livre. Qu'il était beau, mon canard ! Aussi appétissant, en toute humilité, que le canard de Carrier. Devant le chef-d'œuvre, mes convives salivaient déjà de plaisir. Ils eurent tôt fait de déchanter. Sous la peau bien caramélisée en surface, une couche de graisse caoutchoutée recouvrant une chair sèche et racornie qu'on aurait dite vulcanisée. Trop occupés à mastiquer héroïquement le volatile, mes invités, charitablement, m'épargnèrent. Que s'était-il donc passé ? J'avais pourtant servilement suivi la recette de Carrier, lui qui jamais ne vous laisse tomber…*

Si je vous donne avec pareil luxe de détails la recette ratée, c'est qu'elle convient parfaitement au canard de Barbarie, qu'on trouve de plus en plus souvent chez le boucher. Mon erreur : avoir fait rôtir un canard du lac Brome. Nombreux sont ceux qui, comme moi, ont commis pareille bévue. Voilà ce qui explique sans doute pourquoi le canard du lac Brome ne connaît pas chez nous le succès qu'il mérite pourtant. Le canard rôti du lac Brome est digne de tous les éloges, à condition de le faire d'abord cuire à la vapeur, comme je le recommande dans les Pinardises, *ou bien, comme je le suggère plutôt aujourd'hui, de le faire pocher avant de le faire rôtir.*

1 canard du lac Brôme
1 oignon moyen piqué de 1 ou 2 clous de girofle
3 ou 4 carottes moyennes en gros tronçons
1 tranche de cœur de céleri
poivre en grains, laurier, persil plat

marinade :

1/4 t. de miel
1/4 t. de sauce soja

sauce :

2 c. à soupe de sucre
2 c. à soupe de vinaigre fin
1 boîte de consommé de bœuf
ketchup ou sauce chili

Vous avez donc trouvé au supermarché un canard du lac Brôme. Parions qu'il était congelé, ce qui, entre nous, change bien peu sa qualité. Le canard supporte fort bien la congélation. Prenez le temps, je vous en conjure, de le faire décongeler lentement au frigo. Il faut pour ce faire de 24 à 36 heures. Si vous avez plutôt choisi des cuisses ou des suprêmes de canard, procédez de la même manière.

Dans une grande casserole, recouvrez le canard d'eau froide. Si vous entendez en profiter pour faire un savoureux bouillon, ajoutez l'oignon piqué des clous de girofle et les carottes. Ajoutez aussi, si vous en avez sous la main, du cœur de céleri. Ajoutez quelques grains de poivre, le laurier et quelques tiges de persil.

À haute flamme, amenez à ébullition. Sitôt que l'eau bout, salez puis laissez mijoter tout doucement pendant à peu près 45 minutes. Le canard est prêt quand la chair de la cuisse ou de la poitrine cède à la pointe du couteau. Pour un bouillon bien clair et pour éviter les débordements, prenez le soin d'écumer en début de parcours. Quand le canard est cuit, égouttez-le et asséchez-le d'un linge. On peut le rôtir tout de suite ou le réserver au frigo pendant un jour ou deux.

Quand est venu le temps de faire rôtir le canard, badigeonnez-le généreusement d'un mélange de miel et de sauce soja : voilà qui assurera une peau croustillante et caramélisée. Pour faire la marinade, il faut à peu près 1/4 t. de miel et autant de sauce soja qu'on « zappe » 30 secondes au micro-ondes ou qu'on réchauffe sur le feu. On dépose le canard sur la grille de la lèchefrite, et hop ! au four, préchauffé à 400 °F, pendant 1/2 heure. Pour éviter que la sauce ne se carbonise sur la lèchefrite, chemisez-en le fond d'une feuille de papier alu ou, mieux encore, versez-y 1 cm d'eau. Sinon, faites ample provision de Brillo.

Pendant que le canard rôtit, faites la sauce. Un jeu d'enfant. Dans une petite casserole à fond épais, 2 c. à soupe de sucre et autant de vinaigre fin pour faire un caramel. (En langage culinaire, un caramel au vinaigre, ça s'appelle une gastrique.) À feu moyen, sans y toucher (pour éviter une cristallisation intempestive), laissez cuire. De grosses bulles couvertes de cristaux blancs se forment d'abord. Les cristaux fondent ensuite, le sucre blondit enfin. En quelques secondes de plus, le voilà d'une belle couleur ambrée. C'est le temps d'ajouter le consommé. Remuez à la cuiller de bois pour faciliter la fonte du caramel. Laissez réduire du tiers, à peu près. On épaissit enfin légèrement la sauce en ajoutant (horreur !) 1 ou 2 c. à soupe de ketchup ou de sauce chili. La sauce de base est prête. Inspirée de la sauce espagnole, un classique de la haute cuisine française, cette sauce qu'on fait en un tournemain vous ravira, j'en suis certain. Une sauce, vous le verrez, qui se prête à d'infinies variations.

Le canard aux raisins

Ajoutez-y par exemple quelques raisins rouges ou verts. Laissez mijoter tout juste le temps qu'il faut pour réchauffer les fruits. Avec du canard, c'est exquis.

Le canard à l'ananas ou aux pêches ou aux abricots

Pour un canard à l'ananas, faites dorer à la poêle antiadhésive des tranches du fruit (frais ou en conserve). Ajoutez la sauce pour déglacer, et le tour est joué.

Pour un canard aux pêches ou aux abricots, réchauffez les demi-fruits pochés dans la sauce. Et voilà !

Le canard aux atocas

Pour une sauce aux atocas, ajoutez à la sauce 1 t. de fruits congelés. Laissez mijoter tout juste le temps qu'il faut pour qu'éclatent les fruits. Goûtez et sucrez si le cœur vous en dit.

Le canard aux cerises — griottes S.V.P.

Pour un canard aux cerises, les griottes s'imposent. On les trouve en bocaux de verre à fort bon prix. Égouttez-les et réchauffez les fruits dans la sauce.

Le canard à l'orange

Pour une sauce à l'orange, ajoutez à la sauce 1 ou 2 c. à soupe de jus concentré congelé. Ajoutez aussi peut-être le zeste de 1 orange, que vous prélèverez à l'économe, trancherez ensuite en fines allumettes à la planche et ferez blanchir 1 ou 2 minutes à l'eau bouillante. Avec le canard, c'est exquis. Fort bon aussi avec le porc : côtelettes, filet ou rôti.

De toutes les couleurs

Au marché Jean-Talon, Josée Di Stasio ne se tient plus de joie. Devant nous, une mer de poivrons multicolores : des fruits éclatants de lumière dans leur robe rouge grenat, d'autres jaunes ou orange, translucides et si parfaits qu'on les dirait de cire. D'autres, enfin, mauves comme l'aubergine, ou si verts qu'on dirait de l'émeraude.

« Regarde comme ils sont beaux, me dit-elle. Faisons le plein de soleil pour mieux passer l'hiver ! À la maison, nous les ferons rôtir pour le plaisir du temps qui passe, la poésie du geste. Je pourrais faire une pepperonata, c'est si facile et c'est si bon avec des pâtes, sur du pain grillé ou pour accompagner les grillades. — Et moi, lui dis-je, je ferai ma purée de poivrons vapeur et, si nous avons le temps, une gelée de poivrons verts et une marmelade de poivrons rouges. » Pour peu, nous aurions tout emporté.

Grâce à son éclatante livrée, le poivron, vert, rouge, jaune, orange ou mauve, réjouit l'œil quand on le sert en salade. Par son croquant, il surprend agréablement quand on le sert cru en petits dés ou en lanières fines avec des laitues fragiles. Mais son parfum est si évanescent que, servi cru, il déçoit. Le poivron cru est indigeste par surcroît. Par contre, le poivron pourra s'affirmer dans toute sa splendeur si on le soumet à l'ardeur de la flamme.

Les poivrons rôtis

Le poivron rôti est pour tout dire une pure merveille. Pour permettre au parfum du fruit de prendre son envol, il faut littéralement le carboniser en surface. L'été, faites rôtir vos poivrons sur le barbecue. Faites-les rôtir en grande quantité afin, comme dit Josée, de faire provision de soleil pour l'hiver.

Sur la grille, à haute flamme, disposez vos poivrons entiers. Quelques minutes suffisent pour que la peau se boursoufle, éclate, brunisse et carbonise. Quand la peau est brûlée, retournez le poivron et faites-le noircir sur toutes ses surfaces. À mesure, déposez les poivrons dans une casserole et laissez-les tiédir à couvert. La vapeur produite vous permettra tantôt de les peler sans problème. Il suffira tout simplement de frotter du bout des doigts la peau carbonisée pour qu'elle se détache.

Du couteau, vous trancherez les poivrons en deux sur le long et éliminerez les graines et la tige. Vous les trancherez ensuite en lanières, vous les recouvrirez d'huile d'olive extra-vierge. Dans des sacs bien étanches, vous pourrez les conserver au congélateur pendant tout l'hiver. Au moment de servir, salez, poivrez, ajoutez de l'ail pressé, et voilà : une salade admirable.

La pepperonata

Pour faire la pepperonata, tranchez vos poivrons crus (4 ou 5) en lanières. Pas nécessaire de les peler. À la poêle, faites-les d'abord suer à haute flamme dans 3 ou 4 c. à soupe d'huile d'olive. Ne les laissez pas colorer. Recouvrez-les ensuite et laissez-les cuire à douce flamme dans leur propre vapeur jusqu'à ce qu'ils soient bien tendres. Vous pouvez ajouter de l'ail, de la tomate, parfumer de thym, de romarin ou d'herbes de Provence.

On peut congeler la pepperonata sans problème. Pas l'empoter : la congeler !!! Pour accompagner les grillades, c'est sublime. Avec des saucisses grillées, la pepperonata vous ravira. On peut aussi en garnir la polenta molle ou grillée, le risotto et les pâtes, ou bien l'ajouter à des œufs battus à la fourchette pour en faire une omelette à l'espagnole : la tortilla.

Coulis de poivrons

On peut aussi faire provision de soleil pour l'hiver en préparant un coulis de poivrons vapeur. C'est facile. Dans une grande casserole, abondance de poivrons entiers ou tranchés en deux sur le long. Au fond de la casserole, 2 cm d'eau. On recouvre. On amène à ébullition et on laisse frémir le temps qu'il faut pour que les poivrons soient bien tendres. On sait qu'ils sont tendres en les piquant à la fourchette. On les laisse refroidir dans la casserole. On les tranche. On élimine les graines et le trognon. Au robot, on fait une purée fine qu'on pourra conserver au congélateur. Attention ici : n'empotez pas — congelez !!!

On peut, de cette purée, parfumer soupes et potages. On peut en faire une sauce divine pour les pâtes : on sale alors, on poivre, on parfume d'ail et d'herbes. On réchauffe en casserole, on ajoute un peu d'huile d'olive, on mélange à la fourchette pour faire l'émulsion.

Sauce au coulis de poivrons pour poisson poché

J'aime bien aussi ajouter de cette purée de poivrons à de la crème : voilà une sauce sublime. Disons 1 t. de crème à 35 % qu'on amène à ébullition. On ajoute le jus de 1 citron, 1 t. de purée de poivrons. Voilà qui est exquis pour napper de la volaille ou du poisson poché. C'est délicieux avec des pâtes. On ajoute alors du parmesan frais râpé.

Gelée de poivrons verts et de piments jalapeños

On trouve dans les boîtes de pectine liquide de marque Certo une recette de gelée de poivrons rouges tout à fait savoureuse. Je m'en suis inspiré pour cette recette de gelée de poivrons verts et de jalapeños qui vous fera, j'espère, chavirer.

4 poivrons verts bien dodus
4 piments jalapeños bien en chair
1 t. de vinaigre blanc
5 t. de sucre
1 enveloppe de pectine liquide

Tranchez les poivrons et les piments en deux sur le long pour éliminer les graines, le placenta et le pédoncule. Au robot, faites-en une purée fine que vous verserez dans une casserole à fond épais en inox, en fonte émaillée ou, mieux encore, protégée d'une pellicule antiadhésive. L'aluminium est bien sûr à éviter. Ajoutez le vinaigre. Amenez à ébullition et laissez frémir à découvert pendant 5 minutes. Laissez refroidir en casserole pour filtrer ensuite la préparation au tamis fin ou mieux encore dans un sac de mousseline. Versez le jus dans la casserole.

Ajoutez le sucre, amenez à ébullition et laissez mijoter à découvert pendant une dizaine de minutes. Ajoutez la pectine. Remuez bien et laissez bouillir à découvert pendant 1 minute à peine. Versez la préparation dans des bocaux stériles. Scellez. Laissez refroidir au comptoir puis au frigo.

Cette gelée opalescente et tourmaline au parfum légèrement piquant vous enchantera sur du pain grillé avec du fromage à la crème. Servie avec le gigot d'agneau, elle remplace plus qu'avantageusement la gelée de menthe chère aux Anglais.

Marmelade de poivrons rouges

10 poivrons rouges
2 t. de vinaigre blanc
Tabasco ou sambal olek ou harissa
beurre doux
4 t. de sucre
1 enveloppe de pectine liquide

Pour 4 t. de marmelade, il faut une dizaine de poivrons rouges. Tranchez-les en deux sur le long, pour éliminer les graines, le pédoncule et la fibre placentaire. Au robot ou tout simplement sur la planche, détaillez-les ensuite en tout petits dés, comme pour faire une brunoise. Dans une casserole antiadhésive, en fonte émaillée ou en acier inoxydable, ajoutez aux poivrons hachés le vinaigre. Pour une marmelade piquante, ajoutez en même temps quelques gouttes de Tabasco ou, mieux encore, 1 ou 2 c. à thé de sambal olek ou de harissa. Ajoutez aussi une petite noix de beurre doux. Le beurre a pour double fonction d'empêcher la formation d'écume et de rendre la préparation plus onctueuse. Laissez frémir à découvert pendant une dizaine de minutes avant d'ajouter le sucre. Laissez bouillir encore une dizaine de minutes.

Ajoutez la pectine. Remuez bien et laissez bouillir 1 minute de plus. Retirez du feu, versez dans des pots stériles et scellez. La préparation ne prendra pas en gelée, mais la pectine donnera à votre marmelade toute l'onctuosité souhaitée.

Cette marmelade accompagne fort bien la volaille grillée, le jambon, les côtelettes ou le filet de porc.

Le poulet du petit Daniel

Je voudrais bien, moi aussi, nourri des parfums vanillés de l'enfance, vous amener par mes mots à la recherche du temps perdu et retrouvé, mais le poulet frit du *Miss Montréal* de mes huit ans n'a pas les charmes littéraires évidents de ces petits gâteaux parfumés en forme de coquille qui firent la joie du petit Marcel. On a les madeleines qu'on peut. Et pourtant, j'entends encore avec ravissement la voix de mon père : « Venez, les enfants, on amène maman au *Miss Montréal* ! C'est le printemps ! »

Tout du *Miss Montréal* m'enchantait. Mais ce qui me ravissait plus que tout, c'était de manger dans la voiture de papa. Dans mon panier d'osier pour moi tout seul, des morceaux de poulet bien juteux, à la peau croustillante et dorée, sur un lit de frites grasses à souhait. Pour arroser le tout, un petit godet de miel blond rien que pour moi. Pas de fourchette ni de couteau ! Mieux encore, il fallait se lécher les doigts pour éviter de souiller la banquette. Puis nous allions un peu plus loin, chez *Saint-Aubin* pour un cornet magique. En équilibre précaire sur le cornet croquant, deux boules énormes superposées. Une verte à la pistache, l'autre bien rose avec tout plein de cerises. Le bonheur, c'est ça : ne pas savoir par où commencer, se dépêcher avant que ça fonde. Revenir à la maison pour jouer aux billes dans les rigoles du trottoir.

Découpez le poulet en 8 morceaux. Rincez-le au robinet et secouez-le pour l'égoutter. Sans l'essuyer, farinez-le bien et faites-le frire aussitôt. Une fois cuit, salez et poivrez.

Poulet frit parfumé au Tabasco

Vous pouvez aussi mettre le poulet à tremper pendant 1/2 heure dans du lait parfumé de quelques gouttes de Tabasco. Égouttez sans essuyer, farinez et mettez à frire.

Poulet frit à la mode du Tennessee

1 poulet à frire de 1,5 kg
huile de maïs ou d'arachide

Le vrai poulet à la mode sudiste n'est pas trempé dans la pâte mais tout simplement fariné. Plutôt que de le cuire en haute friture, on le fait d'abord dorer dans un poêlon dans 2 ou 3 cm d'huile de maïs ou d'arachide très chaude, presque fumante. Sitôt qu'il est doré en surface, on diminue la flamme pour le laisser cuire à chaleur moyenne jusqu'à tendreté. Ainsi saisi d'abord à haute flamme, le voilà bien scellé en surface. Il pourra cuire plus doucement ensuite sans s'imbiber de gras.

Poulet mariné et frit et sa sauce miel-citron

1 poulet à frire de 1,5 kg
huile de maïs ou d'arachide

marinade :

1 t. de lait
1 œuf
1 jus de citron

sauce :

1/2 t. de miel
1/2 t. de jus de citron
beurre doux

Vous pouvez aussi, c'est la façon que je préfère, préparer une marinade à l'œuf, au jus de citron et au lait. Dans un bol, fouettez d'abord en omelette l'œuf et le jus de 1 citron. Ajoutez 1 t. de lait. Mélangez bien. Mettez-y le poulet à tremper pendant 1/2 heure au moins, en prenant soin à l'occasion de le retourner pour qu'il marine uniformément. Égouttez sans essuyer, farinez et faites frire en haute friture ou au poêlon, comme décrit plus haut.

En guise d'accompagnement, une sauce miel-citron toute simple : dans une casserole, on amène à ébullition 1/2 t. de miel doux et 1/2 t. de jus de citron. Hors flamme, les gourmands ajouteront peut-être une noix de beurre doux. On brasse alors au fouet pour faire l'émulsion. Voilà ce qu'on appelle monter la sauce au beurre. Cette sauce miel-citron, vous ravira sur des crêpes ou du pain doré !

Cuisses de grenouille et sauce au yaourt

500 g de cuisses de grenouille
1 ou 2 t. de yaourt
1 ou 2 gousses d'ail
feuilles de menthe fraîche

La marinade à l'œuf, au jus de citron et au lait convient on ne peut mieux aux cuisses de grenouille. Si vous les avez trouvées congelées, faites-les dégeler 12 heures au frigo. Passez à la marinade avant de frire au poêlon. Surtout, ne pas trop les cuire : 2 ou 3 minutes suffisent ! Faites la sauce en mélangeant 1 ou 2 t. de yaourt, 1 ou 2 gousses d'ail pelées, dégermées et pressées, et quelques feuilles de menthe fraîche hachées.

Beignets de maïs à la mode sudiste

Ces beignets d'une ravissante légèreté se préparent en un tournemain. Pour accompagner le poulet frit, ils sont sublimes. En guise de plat principal, ils seront délicieux arrosés de sauce tomate ou d'un coulis de poivrons.

3 œufs
1 t. de lait
1 ou 2 c. à soupe de beurre fondu

1 1/2 t. de farine
2 c. à soupe de poudre à pâte
1 ou 1 1/2 t. de maïs en grains

Au fouet ou à la mixette, mélangez d'abord dans un grand bol les œufs et le lait. Salez et poivrez au goût. Ajoutez le beurre fondu. Tout en brassant vigoureusement, ajoutez au tamis la farine et la poudre à pâte. On veut obtenir une pâte lisse, sans grumeaux. Ajoutez enfin le maïs en grains. Si on emploie du maïs surgelé, on le décongèlera dans une passoire sous l'eau chaude du robinet. Quelques secondes suffiront. On égouttera bien avant d'ajouter à la pâte. On préférera, j'espère, le maïs en conserve sous vide : le *vacuum-packed* de Niblett, beaucoup plus goûteux. On se contentera alors de l'égoutter avant de l'ajouter.

Dans une bonne quantité d'huile chaude (à 370 °F), versez la pâte à la cuiller. Une cuiller à soupe par beignet. N'en versez pas davantage, sans quoi vos beignets seront dorés en surface et crus à l'intérieur. La pâte, assez liquide, tombe au fond. Les beignets sont prêts quand ils remontent à la surface.

Beignets aux palourdes et leur sauce tomate

1 boîte de palourdes en conserve
1/2 t. de persil plat finement haché
safran (facultatif)

sauce :

1 boîte de tomates italiennes
le jus des palourdes
2 ou 3 gousses d'ail
3 ou 4 c. à soupe de câpres

On pourra de la même façon préparer de sublimes beignets aux palourdes. Remplacez tout simplement le maïs par les crustacés en conserve. Égouttez les palourdes mais conservez-en le jus. Pressez-les bien entre les paumes pour éliminer le maximum de jus de cuisson. Ajoutez-les à la pâte en même temps que 1/2 t. de persil plat finement haché. J'aime bien, parfois, parfumer la pâte d'une pincée de safran : pour la couleur et pour le goût !

Ces beignets sont exquis avec une sauce tomate toute simple.

Dans une casserole, faites réduire à feu moyen et à découvert une boîte de tomates italiennes avec le jus des palourdes. Ajoutez en début de parcours quelques gousses d'ail pelées entières et 3 ou 4 c. à soupe de câpres.

Beignets de pommes

On pourra aussi faire de cette pâte des beignets de pommes tout à fait exquis. Pelez quelques pommes à cuire, des Cortland ou des Spartan, par exemple. Prélevez le cœur. Coupez les pommes en anneaux de 1 cm d'épaisseur. Trempez-les dans la pâte et faites-les frire au poêlon dans 2 ou 3 cm d'huile bien chaude (à 370 °F). Arrosez ces beignets de la sauce miel-citron décrite plus haut ou saupoudrez de sucre et flambez au rhum.

Poulet au vinaigre

Le poulet au bourgogne vous enchante, la poularde au chablis vous ravit, mais le poulet au vinaigre ne vous dit rien qui vaille. « Du vinaigre ? » me dites-vous, réticent. Laissez-vous tenter par ce classique des bistrots français. Vous verrez, le vinaigre, pourtant versé sans retenue, s'esquive presque à la cuisson. L'acide acétique s'évapore. Ne reste du vinaigre qu'une note aigrelette parfumant la volaille. À notre tour, nous gloussons de plaisir.

1 poulet
1/2 t. de vin
1/2 t. de vinaigre
thym, romarin ou herbes de Provence
1/2 t. de bouillon de poulet maison, d'eau ou de consommé
2 ou 3 échalotes grises finement hachées
quelques tomates bijou, 3 ou 4 tomates italiennes en boîte
1 c. à soupe de concentré de tomates (ou 3 ou 4 c. à soupe de ketchup ou de sauce chili)

Pour 4 gourmands, choisissez un poulet de belle allure que vous découperez en 8 morceaux. Laissez-les reposer au comptoir avant de mettre à rissoler, évitant ainsi de par trop surprendre la chair fragile de l'oiseau. Salez. De grâce, du sel de mer : ça fait toute la différence. Faites aussitôt rissoler au poêlon à chaleur moyenne dans un mélange d'huile

d'olive et de beurre doux. Une belle noix de beurre qu'on fait d'abord mousser dans autant d'huile avant de faire dorer les morceaux. Cinq minutes de chaque côté suffiront amplement puisqu'on terminera la cuisson de l'oiseau dans la sauce. On rissole tout simplement pour caraméliser en surface, décuplant ainsi la sapidité de l'oiseau. Dans le corps gras, la peau acquiert une appétissante couleur d'ambre. Mieux encore : elle y perd une bonne partie de sa graisse. Tant mieux.

Réservez les morceaux au comptoir. Jetez la graisse pour ne conserver au fond du poêlon que les sucs caramélisés. Remettez le poêlon sur le feu : c'est le moment de déglacer, c'est-à-dire de dissoudre les sucs dans un mélange de vin et de vinaigre. Il faudra à peu près 1/2 t. de vin et 1/2 t. de vinaigre. Pour une sauce légère, on choisira de préférence un vin blanc et un vinaigre de vin blanc de bonne facture. Un bon petit vinaigre à l'estragon ferait par exemple divinement l'affaire. Pour une sauce plus corsée, on choisira plutôt un vin et un vinaigre rouges. Parfumez d'une branche de thym ou bien de romarin, à moins qu'on ne préfère tout simplement une pincée d'herbes de Provence.

Ajoutez ensuite le bouillon de poulet. Amenez à ébullition. Ajoutez les échalotes grises et les tomates et 1 c. à soupe comble de concentré de tomates (ou 3 ou 4 c. à soupe de ketchup ou de sauce chili). Ajoutez les morceaux de poulet. Recouvrez et laissez tout doucement frémir pendant une dizaine de minutes. Découvrez alors et laissez frémir une dizaine de minutes de plus en retournant les morceaux à l'occasion jusqu'à ce que la chair soit bien tendre. Une vingtaine de minutes suffiront.

Ne reste plus qu'à monter la sauce au beurre : un jeu d'enfant. Disposez les morceaux de poulet dans le plat de service. Hors flamme, ajoutez à la sauce une belle noix de beurre doux. Remuez au fouet, à la spatule ou à la cuiller de bois pour faire l'émulsion. Le résultat : une sauce onctueuse. On en nappe le poulet et on se met à table !

SUPRÊMES DE POULET EN PAILLARDES ET LEUR SALADE DE MANGUES ET DE TOMATES À L'ÉMULSION DE PERSIL

suprêmes de poulet désossés et sans peau (1 par convive)
tranches ou quartiers de citron
2 ou 3 tomates
une mangue
persil plat, coriandre, cerfeuil, cresson ou menthe

On appelle paillarde une mince escalope de veau, de bœuf, de porc, de dinde ou de poulet bien aplatie et grillée ou poêlée.

Tranchez chaque suprême en deux à l'horizontale pour l'ouvrir en papillon ou pour en faire deux escalopes. Faites-le rapidement sauter en poêle bien chaude dans l'huile d'olive. Salez, poivrez et servez aussitôt avec une tranche ou un quartier de citron. Rien de plus simple et, vous verrez, c'est fort bon.

J'aime bien servir cette paillarde entourée d'une salade en couronne faite de tranches alternées de tomate et de mangue. En guise de vinaigrette, une émulsion d'herbes fraîches (persil plat, coriandre, cerfeuil, cresson ou menthe) et d'huile d'olive extra-vierge, telle que proposée par Josée Di Stasio. C'est si facile à faire et c'est si bon ! On n'a que l'embarras du choix. Pour ma part, j'aime bien le persil plat. Choisissez une botte bien fraîche. Éliminez les plus grosses tiges. Plongez le persil dans de l'eau bouillante pendant une quinzaine de secondes. Égouttez-le ensuite rapidement pour le rafraîchir à l'eau bien froide du robinet. Voilà qui, comme on dit, « fixe la couleur ». Pressez ensuite entre les paumes pour éliminer l'excès d'eau.

Dans le contenant du mélangeur (le *blender*), mettez les herbes pressées. Pour une émulsion plus fine, Josée a raison d'insister, le mélangeur vaut mieux que le robot. On ajoute un volume égal d'eau. On sale, on poivre. On met le moteur en marche à vitesse moyenne. Pendant que la lame tourne, on verse par-dessus ce qu'il faut d'huile d'olive extra-vierge pour faire l'émulsion. Au pif, je vous dirais qu'il faut à peu près deux fois plus d'huile que de mélange d'herbes et d'eau. Voilà !

SMATI

Un gourmand chez Gandhi

Sédentaire dans l'âme mais aventurier par gourmandise, rien ne vous plaît davantage que de faire le tour du monde dans le confort douillet de votre cuisine. Vous dites : « Pourquoi faire à grands frais le tour de la planète quand le monde entier s'est installé ici ? La planète a une ville ! Montréal est en plein cœur de tout. » Pour vous mettre en appétit, des livres de cuisine du monde entier vous invitent au voyage. En semaine, ce sont vos lectures de chevet. Puis le samedi, bien armé du *Guide du Montréal ethnique,* le cœur et les yeux grands ouverts, vous faites à pied le tour d'un quartier pour trouver ce qu'il faut. En cuisine, vous poursuivez votre voyage.

Ainsi, sans jamais avoir mis les pieds en Indonésie, vous parlez couramment serundeng et sambal. De main de maître, vous roulez vos sushis sans jamais avoir vu Tokyo ou Osaka. Légère comme de la dentelle, votre tempura transporte vos invités. Vous vous prenez pour Mishima. Dans votre Russie imaginaire, vous devenez Tolstoï, ravi du beurre fondu dont vous arrosez généreusement vos blinis et oladis. Vous êtes plus polonais que le pape quand vous offrez vos piroshkis. Grâce à votre poulet au cinq-épices, on vous appelle Tao. Vous êtes si chinois qu'on vous a même surpris gonflant à la paille la peau d'un canard de Barbarie.

Vos narines palpitent à la simple évocation du marché aux épices de New Delhi. La cuisine indienne vous fascine au plus haut point et, pourtant, vous n'avez jamais osé vous y mettre en cuisine. Or, vous savez bien qu'on peut trouver ici tout ce qu'il faut sans problème. Serait-ce l'ascétisme de Gandhi qui trop vous intimide ? C'est, me dites-vous, que « la » cuisine indienne n'existe pas. On devrait plutôt parler des cuisines indiennes, comme on disait autrefois non pas l'Inde, mais les Indes, inclure du même souffle les cuisines du Pakistan, du Bangladesh et du Sri Lanka. Un monde en apparence si complexe qu'on ne sait où donner de la tête ni par où commencer le voyage.

Pour mettre fin à vos hésitations, laissez-moi donc vous proposer un livre remarquable : *The Complete Asian Cookbook* (Charles Tuttle, 1999), de Charmaine Solomon. Un très beau livre, fort bien illustré et surtout admirablement écrit, qui permet au profane d'aborder sans inquiétude non seulement les cuisines de l'Inde, du Pakistan, du Bangladesh et du Sri Lanka, mais aussi toutes les autres cuisines de l'Orient. Grâce à Charmaine Solomon, on comprend facilement les principes de base pour bientôt voler de ses propres ailes et improviser à son tour en toute liberté. Voici quelques recettes toutes simples qui s'inspirent de ce livre que je ne saurais trop recommander.

Filet de morue au curcuma et lait de coco

Le curcuma est une épice qu'on trouve ici sous forme de poudre d'un jaune strident qu'on appelle parfois safran des Indes. Elle est faite du rhizome bouilli, séché puis pulvérisé d'une plante vivace de la famille du gingembre. Son parfum musqué aux effluves de terre, aux notes de bois, de gingembre et d'orange convient parfaitement au poisson qu'il habille en même temps de sa parure d'or. Dans le lait de coco, l'épice gagne en douceur, la chair du poisson y trouve une onctuosité qui rappelle la chair du saumon poché. On trouve le curcuma et le lait de coco dans la plupart des supermarchés.

Il n'en va malheureusement pas de même pour la morue de qualité, beaucoup plus difficile à trouver. Les phoques, paraît-il, dévorent nos morues. L'espèce, dit-on, serait si menacée qu'il est devenu presque impossible d'en trouver qui soit de qualité. Et pourtant, on trouve de la morue fraîche d'une exceptionnelle qualité chez Médée, mon poissonnier du marché Atwater. Ce ratoureux s'approvisionne-t-il directement chez les phoques ? Allez savoir ! À défaut de morue fraîche, l'aiglefin ou la lotte feront fort bien l'affaire.

morue fraîche en filets (1 kg pour 4 convives)
1 c. à soupe de curcuma
1 oignon moyen finement haché

3 ou 4 gousses d'ail, pelées et dégermées, en fines lamelles
2 ou 3 piments frais (ou 1 pincée de piments séchés, quelques gouttes de Tabasco ou 1 c. à thé de sambal olek)
1 boîte de lait de coco en conserve
coriandre fraîche (ou menthe ou persil plat)

Salez, poivrez et frottez la chair du poisson de curcuma. Réservez au comptoir pendant que vous préparez le bouillon de pochage.

Dans un poêlon, à chaleur moyenne, faites d'abord mousser une belle noix de beurre doux. Ajoutez l'oignon et l'ail. Ajoutez les piments frais épépinés puis finement hachés. En brassant bien à la cuiller de bois, faites d'abord tomber l'oignon puis laissez-le à peine colorer avant d'ajouter le lait de coco. Amenez à ébullition en brassant tout doucement pour éviter que le lait de coco ne tourne. Ajoutez ensuite le poisson, qu'on fait tout doucement pocher à frémissement en l'arrosant de sauce pendant la cuisson. Retournez-le pour assurer une cuisson uniforme et prenez surtout garde de trop le cuire. Rappelez-vous : le poisson est cuit sitôt que la chaleur l'a traversé. Garnissez de coriandre fraîche.

PILAF SAFRANÉ AU CITRON

En guise d'accompagnement, je vous propose un riz safrané aux agrumes, fleurant bon la cannelle, le clou de girofle et la cardamome. Facile à faire comme tout. Le converted *de l'oncle Ben, si fade d'ordinaire, s'en trouvera tout ragaillardi. Pour cuire le riz à couvert par absorption, il faut deux fois plus de liquide que de riz. Pour 4 gourmands, donc, 1 1/2 t. de riz et 3 t. de liquide.*

1 1/2 t. de riz à grains longs
le jus de 2 ou 3 citrons
1 c. à soupe de sucre
1 c. à thé de sel
1 pincée de pistils de safran
le zeste de 1 orange ou de 1 citron
4 ou 5 clous de girofle
4 ou 5 gousses de cardamome
une dizaine de grains de poivre noir
1/2 bâton de cannelle

Dans une tasse à mesurer, versez d'abord le jus de citron. Ajoutez le sucre et le sel. Ajoutez enfin ce qu'il faut d'eau froide pour obtenir 3 t. de liquide. Amenez à ébullition. Retirez du feu et ajoutez à l'eau le safran et le zeste. Laissez infuser une dizaine de minutes. Pendant ce temps, dans une autre casserole,

à feu moyen, faites mousser une noix de beurre doux. Ajoutez les clous de girofle, la cardamome, les grains de poivre noir et la cannelle. Les aromates prennent aussitôt leur essor et parfument le beurre. Laissez cuire 1 ou 2 minutes avant d'ajouter le bouillon safrané. Amenez à ébullition et ajoutez aussitôt le riz. Recouvrez et laissez frémir tout doucement pendant une quinzaine de minutes. Retirez du feu et laissez reposer à couvert 5 minutes de plus. À la fourchette, aérez le riz en soulevant pour séparer les grains.

Variations

On peut remplacer le safran par 1 c. à thé de curcuma. On peut aussi remplacer les épices entières par des épices pulvérisées. On ajoutera alors au riz, à mi-parcours de cuisson, une pincée de poudre de clou, une autre de cannelle, une autre de cardamome. On pourra aussi éliminer le jus de citron et le sucre pour ajouter plutôt à mi-parcours 2 ou 3 c. à soupe de raisins secs. On garnira alors le plat de service de tranches d'amandes grillées, de cerneaux de pacanes ou de noix de Grenoble.

CURRY DE CHAMPIGNONS, POMMES DE TERRE ET PETITS POIS

500 g de petits champignons de Paris
3 ou 4 pommes de terre moyennes
1 ou 2 piments frais hachés
oignons
1/2 botte de coriandre fraîche
pois mange-tout ou petits pois

Pour 4 convives, disons 500 g de petits champignons de Paris frais cueillis. La calotte bien refermée sur la tige permet de les rincer rapidement à l'eau froide. Asséchez-les aussitôt bien sûr pour les réserver dans leur linge au comptoir. Pelez ensuite les pommes de terre (la blanche supérieure, la rouge ou bien

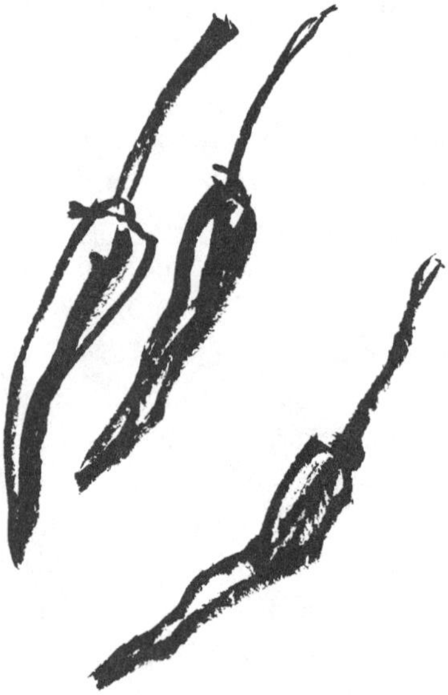

la Yukon Gold à la belle chair jaune) et faites-en de tout petits dés que vous mettrez à mesure à tremper dans l'eau froide pour éviter l'oxydation. Égouttez, asséchez bien et réservez au comptoir dans un linge.

Dans une casserole ou un poêlon, faites ensuite mousser à feu moyen une belle noix de beurre doux. Ajoutez quelques gouttes d'huile pour empêcher le beurre de brûler. Ajoutez les piments frais hachés (ou 1 pincée de piment sec ou 1 ou 2 c. à thé de sambal olek). Laissez à peine colorer les oignons avant d'ajouter les champignons entiers et les pommes de terre en dés. Ajoutez la coriandre, remuez bien à la cuiller de bois et laissez cuire à découvert pendant 2 ou 3 minutes, le temps qu'il faut pour que les légumes s'imprègnent bien des aromates. Ajoutez alors 1 t. d'eau, recouvrez et laissez tout doucement frémir pendant une quinzaine de minutes, ou le temps qu'il faut pour que les champignons et les pommes de terre soient cuits mais encore fermes à la dent.

Ajoutez les pois mange-tout ou, plus simplement, des petits pois congelés que vous aurez d'abord réveillés en passoire à l'eau chaude du robinet et laissez cuire pendant 2 ou 3 minutes.

Curry de légumes au lait de coco

Tous les légumes conviennent à cette préparation : carottes, navet, chou-fleur ou brocoli. On peut remplacer l'eau de cuisson par du lait de coco, mais on fera alors cuire à découvert en brassant doucement le lait de coco qui, mijoté à couvert, tourne comme de la crème sure.

La magie du basmati

Les narines toutes frémissantes aux effluves parfumés du riz basmati, vos convives sont ravis d'apprendre que cet arôme envoûtant de noisettes et de maïs grillé est dû à la molécule 2-acétyl et 1-pyrroline. Les voyant suspendus à vos lèvres, vous vous empressez d'ajouter que la molécule en question se trouve dans toutes les variétés de riz, mais qu'elle est beaucoup plus présente dans certains riz aromatiques à grains longs tels le Texmati, le Delta Rose, le Konriko Wild Pecan Rice et le Cajun Country Popcorn Rice, des riz américains de grande qualité à faire blêmir d'envie l'oncle Ben. Ces riz parfumés produits à grande échelle dans les États de l'Arkansas, du Texas, de la Louisiane et de la Californie sont appelés à faire bientôt la conquête du monde pour évincer les autres variétés de riz à grains longs, tous plus fades les uns que les autres. Malgré leur succès remarquable, les producteurs de riz américains ne sont pas parvenus encore à acclimater aux conditions américaines de production mécanisée le basmati indien. Dans quelques années, pour sûr, ils y parviendront. Pour le moment, le basmati indien, en particulier le Dehraduni, reste sans contredit le riz le plus parfumé du monde. Si parfumé qu'il sera sans égal si on le sert nature, sans l'addition d'aromates. Les connaisseurs vous surprendront en vous disant que le riz basmati gagne à vieillir. Il sera au sommet de son goût deux ans après la récolte. Pourquoi ?

C'est que l'attente ralentit les processus enzymatiques et permet au riz de rester ferme à la cuisson.

On peut faire cuire le basmati par la méthode de l'absorption totale : on ajoute à la casserole juste ce qu'il faut d'eau. Ainsi préparé, il conserve tous ses parfums sans perte d'éléments nutritifs. Pour le préparer de cette manière, on mesure d'abord le riz. On amène à ébullition deux fois plus d'eau que de riz. On rince rapidement le riz, on l'égoutte bien et on l'ajoute à la

casserole. On recouvre et on laisse frémir tout doucement à couvert pendant une douzaine de minutes. On éteint le feu et on laisse reposer à couvert 5 minutes de plus avant de servir, mais une telle façon de faire n'est pas sans poser problème. Le riz suivant son âge sera plus ou moins sec. Il faudra par conséquent un peu plus ou un peu moins d'eau.

Aussi, je vous recommande plutôt de le faire cuire à la manière de Julie Sahni (*Classic Indian Cooking,* William Morrow & Co, 1980). On le fait d'abord tremper dans l'eau froide pendant 1 heure. On l'égoutte pour le plonger dans une grande quantité d'eau bouillante salée. Sitôt que l'eau reprend ébullition, on compte 2 minutes. On égoutte rapidement comme on fait pour les pâtes. On remet aussitôt le riz mouillé en casserole. On recouvre et on met à cuire à feu très doux pendant 10 minutes. Ainsi cuit à la vapeur, le riz est toujours parfait. S'il en reste, on peut le réchauffer sans problème.

Riz aux lentilles parfumé au garam masala

Cuit avec des lentilles et parfumé au garam masala, le fade riz de l'Oncle Ben vous étonnera. Délicieux en plat d'accompagnement, les végétariens en feront un repas. Le garam masala est un mélange d'épices aromatiques : cardamome, cannelle, clous de girofle, poivre et cumin. On le trouve déjà préparé dans les épiceries spécialisées. À défaut de garam masala, une pincée de chacune de ces épices fera tout aussi bien l'affaire. On les ajoute en fin de cuisson, pour éviter qu'elles ne s'évaporent.

1 oignon moyen grossièrement haché
1 t. de riz
1 t. de petites lentilles vertes du Puy
1 ou 2 c. à thé de garam masala

Pour 4 convives, faites d'abord tomber puis à peine blondir l'oignon dans une belle noix de beurre doux et quelques gouttes d'huile. Ajoutez 3 t. d'eau et amenez à ébullition. Sitôt que l'eau bout, ajoutez 1 c. à thé de sel, le riz et les lentilles. Recouvrez et laissez tout doucement frémir pendant une quinzaine de minutes avant d'ajouter le garam masala. Recouvrez à nouveau et laissez cuire une dizaine de minutes de plus, le temps qu'il faut pour que les lentilles soient tendres.

CURRY D'AGNEAU

Pour 4 à 6 convives, demandez à votre boucher 1 kg d'épaule d'agneau désossée. La chair de l'épaule, plus grasse que celle du gigot, fait un meilleur ragoût. J'ai souvent vanté les mérites de l'agneau québécois, surtout s'il est de Charlevoix, mais, pour ce ragoût très relevé, l'agneau importé de Nouvelle-Zélande et d'Australie convient tout à fait. La cuisson prolongée l'attendrira. Les épices feront le reste.

1 kg d'épaule d'agneau désossée
2 gros oignons grossièrement hachés
1 noix de gingembre frais haché
4 ou 5 belles gousses d'ail pelées, dégermées et hachées
2 ou 3 c. à soupe de cari
1 boîte de tomates italiennes
le jus de 1 citron
menthe fraîche
coriandre
1 c. à thé de garam masala

À feu moyen, faites d'abord blondir en casserole à fond épais l'oignon dans une noix de beurre doux et autant d'huile. Ajoutez le gingembre et l'ail. Parfumez de cari. Laissez cuire 1 ou 2 minutes tout en brassant bien pour décupler le parfum des épices. Ajoutez l'agneau. Remuez bien encore pour que la chair s'imprègne des aromates. Ajoutez les tomates, une pincée de sucre, le jus de citron et une pincée de sel. Recouvrez et laissez tout doucement mijoter 1 heure ou plus, jusqu'à ce que l'agneau soit bien tendre. En cours de cuisson, remuez à l'occasion. Profitez-en pour ajouter un peu d'eau si la sauce vous semble trop épaisse. La chair de l'épaule cuit plus rapidement que celle du gigot.

En fin de parcours, j'aime bien ajouter au ragoût quelques feuilles de menthe fraîche et une botte de coriandre. J'ajoute aussi parfois 1 c. à thé de garam masala ou, à défaut, une pincée de cannelle, une autre de clous et enfin une autre de muscade.

Plein soleil à Cordoue

Ce matin-là, Plaza del Potro, j'ai fait une photo de toi. Tu faisais tournoyer tes bras, mimant les ailes d'un moulin. Derrière nous, la posada où Cervantes a écrit le *Quichotte*. À la place des Douleurs, tu m'as montré le Christ aux lanternes. Un calvaire qui m'a semblé grandiloquent. C'est que la mort se tait sous le soleil. « C'est vrai, m'as-tu répondu, mais la nuit, les lanternes font des ombres chinoises. La mort reprend ses droits. » Et puis, tu m'as emmené à la Mezquita. Échappant au soleil de plomb, nous avons franchi la Puerta de las Palmas, nous nous sommes perdus dans la forêt de colonnes et d'arcs de la grande mosquée.

Dans le silence frais, tu mimas la corrida, grattant le sol du pied, les index pointés contre les tempes, mugissant comme un taureau traqué. *Olé !* Dans la salle de prières, sous la coupole du mihrab, tu t'es arrêté pour tout boire des yeux, prince almohade, Africain aux yeux bleus. Dehors, Patio de los Naranjos, les feuilles lustrées des orangers. Parfum de fleurs, abondance de fruits. Des palmiers sous le ciel comme des crabes. L'air lourd comme lave de cristal. J'ai cru entendre des cigales. C'était peut-être tout simplement le sang qui bat aux tempes de savoir le bonheur si proche qu'on pourrait y toucher. Tu m'as dit : « Il fait chaud. C'est l'heure de l'*ajo blanco.* Viens déjeuner. »

Dans le jardin de la posada, une petite table de fer forgé sous l'amandier. Dans la fontaine, des cyprins dorés qui somnolent. « Ce sont des poissons andalous. Tu vois, ils font la sieste. » Dans la corbeille, du pain fleurant le blé. Dans une cassolette de terre cuite, des tranches de chorizo et de boudin grillé. Du jambon cru. Des abricots. Des figues.

Dans une grande assiette creuse, des raisins muscats sur un potage frais tout blanc, embaumant l'ail, l'amande, l'olive et le xérès. C'est l'*ajo blanco.* Comment décrire la fraîcheur d'un raisin miellé qui fond sous la langue, la douce amertume de l'huile andalouse, le parfum de l'amande sucrée comme *marzipan,* l'ail, à peine présent, et ce fin goût de blé qui vient du pain rassis ? On ferme les yeux pour mieux s'abandonner à la vie.

J'ai demandé comment on peut faire pareille merveille. On m'emmena dans la cuisine. Je revois la grand-mère qui s'affaire. Dans le mortier, elle dépose de la mie de pain rassis mouillée d'eau fraîche et pressée, des amandes mondées, de l'ail, de l'huile, du vinaigre, un peu d'eau froide. Elle est si fière, si belle et si ridée, broyant le tout pour faire une purée. Dans un bol de terre rouge, elle verse la purée. Tout en brassant à la cuiller de bois, elle ajoute de l'eau bien glacée. « Voyez comme c'est facile, me dit-elle. N'oubliez pas d'ajouter les raisins verts au moment de servir. Surtout, prenez le temps de les peler, ils seront plus parfumés. » Pour peler ses raisins, l'Andalouse plonge la grappe dans l'eau bouillante pendant quelques secondes. À l'eau froide, elle rafraîchit les raisins. Il suffit alors de les presser un peu : la peau se détache d'elle-même.

À la maison, j'ai voulu refaire le miracle. Le robot remplaçant fort bien le mortier, j'ai procédé sans hésiter. Dans le bac, 1 t. de mie

de pain séchée, 1/2 t. d'amandes mondées, 1/2 t. d'eau, 6 c. à soupe d'huile d'olive et 2 c. à soupe de vinaigre fin, 2 gousses d'ail pelées tranchées en deux et dégermées. On mélange le temps qu'il faut pour faire une purée crémeuse. Dans un saladier, en fouettant bien, on ajoute 3 t. d'eau glacée. J'ai pelé mes raisins. Le résultat ? Désastreux. Un malheureux brouet crayeux sans âme et sans parfum d'amande. L'*ajo blanco* n'est-il bon qu'à Cordoue sous l'ombre de l'amandier ?

Hier soir, en pleine canicule, j'ai eu si faim d'Andalousie que j'ai une fois de plus fait un *ajo blanco.* Mais cette fois, j'ai réussi. Une merveille : soyeux comme du velours, un fin parfum d'amande. J'ai fermé les yeux et j'ai entendu ruisseler l'eau de la fontaine et toi racontant Cervantes.

Si j'ai pu réussir, c'est que je viens d'apprendre, dans *Le Programme de longue vie,* du Dr Jean-Paul Curtay et de Thierry Souccar (Seuil pratique, 1999) qu'il suffit de faire tremper amandes et noisettes dans l'eau minérale pendant 2 ou 3 jours pour qu'elles retrouvent une fraîcheur comparable à celle du fruit cueilli de l'arbre. Dans un bocal, j'ai mis des amandes en peau. Je les ai recouvertes de San Pellegrino. Deux jours plus tard, je les ai retrouvées toutes gonflées. Ne restait plus qu'un tout petit peu d'eau au fond du pot. Elles étaient si douces et si parfumées que j'ai revu l'Andalousie. Surtout, n'achetez jamais des amandes mondées. Sans peau, le fruit perd son parfum, sèche et vire à la craie. Pour peler vos amandes, il n'y a qu'à les blanchir pendant 1 minute dans l'eau bouillante. Vous les égouttez, les laissez tiédir un peu. Il suffit alors de presser le fruit entre le pouce et l'index pour qu'il s'échappe de sa gangue.

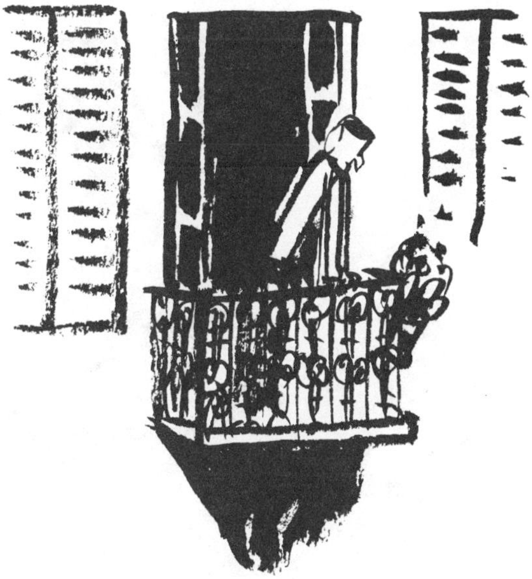

AJO BLANCO

1/2 t. d'amandes en peau
eau minérale
1 t. de mie de pain séchée
6 c. à soupe d'huile d'olive
2 c. à soupe de vinaigre fin
2 gousses d'ail pelées tranchées en deux et dégermées
raisins

Faites tremper les amandes dans l'eau minérale pendant 2 ou 3 jours pour qu'elles retrouvent une fraîcheur comparable à celle du fruit cueilli de l'arbre. Pour peler vos amandes, il suffit de les blanchir pendant 1 minute dans l'eau bouillante. Égouttez,

laissez tiédir un peu. Pressez alors le fruit entre le pouce et l'index pour qu'il s'échappe de sa gangue.

Dans le bac du robot, la mie de pain, les amandes, 1/2 t. d'eau, l'huile d'olive, le vinaigre fin et l'ail. Mélangez le temps qu'il faut pour faire une purée crémeuse. Dans un saladier, en fouettant bien, ajoutez 3 t. d'eau glacée. Servez avec des raisins pelés. (On plonge la grappe dans l'eau bouillante quelques secondes, on rafraîchit les raisins en les passant sous l'eau froide, la peau se détache alors sous une simple pression).

La paella en trois temps

Contrairement à l'idée reçue (et que j'ai moi-même véhiculée dans les Pinardises*), la paella traditionnelle de Valence ne comporte ni chorizo ni crustacés. Pas même de poulet. Tout simplement du lapin, des escargots et trois ou quatre variétés de haricots secs et frais. Le riz de Valence à grains moyens est introuvable ici. On devra donc le remplacer par du riz à grains longs, tel celui de l'oncle Ben, ou du riz à grain court à l'italienne :* arborio, vialone nano *ou* carnaroli. *Plutôt que de vous proposer ici de procéder comme on fait à Valence en faisant cuire la paella d'un seul coup dans la même casserole, je vous propose deux recettes distinctes qui, une fois combinées, peuvent former la base de la paella. En somme, une paella « déconstruite ».*

HARICOTS VERTS À LA SAUCE MARINARA OU PUTTANESCA

4 ou 5 belles gousses d'ail pelées, tranchées en deux, dégermées et hachées grossièrement
haricots verts
1 boîte de tomates italiennes

Dans une casserole à fond épais, faites chauffer 4 ou 5 c. à soupe d'huile d'olive extra-vierge à feu moyen. Ajoutez l'ail et laissez à peine dorer avant d'ajouter les tomates italiennes. Amenez à ébullition et laissez frémir tout doucement à découvert pendant une quinzaine de minutes.

Profitez de ce moment pour blanchir ce qu'il faut de haricots verts pour contenter quatre gourmands. Blanchissez bien sûr à découvert dans une abondance d'eau salée. Quand les haricots sont mi-cuits, encore assez fermes à la dent, égouttez-les. Rincez au robinet pour fixer la couleur et ajoutez à la *marinara*. Laissez frémir à découvert le temps qu'il faut pour que les haricots soient bien tendres.

On peut bien sûr relever la préparation en ajoutant, par exemple, une généreuse pincée de piments secs ou on peut aussi, *alla puttanesca,* ajouter une boîte d'anchois égouttés, rincés à l'eau tiède, et 1 ou 2 c. à soupe de câpres.

Servis froids, tièdes ou chauds, ces haricots font une entrée fort respectable. Il va sans dire qu'ils accompagnent aussi fort bien poisson, poulet ou grillades.

Lapin braisé au vin blanc et aux escargots

1 beau lapin en 6 ou 8 morceaux
vin blanc sec ou bouillon
1 pincée de thym ou de romarin ou, mieux encore, une généreuse pincée d'herbes de Provence
gourganes ou fèves de Lima
1 boîte de très gros escargots

Farinez le lapin et faites-le dorer en casserole à fond épais, à feu moyen, dans 3 ou 4 c. à soupe d'huile d'olive. L'idée n'est pas ici de le cuire mais bien, en un premier temps, de le caraméliser en surface. Mouillez ensuite à mi-hauteur de vin blanc sec, de bouillon ou des deux. Ajoutez des herbes au goût. Couvrez et laissez frémir tout doucement le temps qu'il faut pour attendrir la viande. En principe, 45 minutes suffiront. Ajoutez alors des gourganes ou des fèves de Lima. Laissez cuire 3 ou 4 minutes encore, et le tour est joué. J'aime bien ajouter, en même temps que les gourganes ou les fèves de Lima, une boîte de très gros escargots rincés et égouttés.

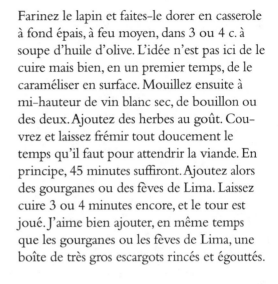

Paella reconstruite

les haricots verts à la sauce **marinara**
le lapin braisé au vin blanc et aux escargots
1 boîte de haricots blancs rincés et égouttés
1 t. de riz safrané

Pour transformer les deux plats qui précèdent en paella valencienne, il suffit d'ajouter au lapin et à ses fèves ou gourganes les haricots verts à la *marinara*. Ajoutez ensuite les haricots blancs, le riz et une pincée de pistils de safran ou de safran en poudre. Mélangez bien et laissez cuire tout doucement à découvert, le temps qu'il faut pour que le riz soit prêt. Peut-être faudra-t-il ajouter un peu de bouillon ou d'eau bouillante si le riz, pour cuire, venait à en manquer.

Les charmes créoles du jambalaya

Rien ne me semble plus agréable en plein cœur de l'été qu'une paella valencienne aux parfums de safran. Moules et crustacés, jambon, poulet et chorizos, tomates gorgées de soleil et petits pois frais s'en donnent à cœur joie dans un riz savoureux parfumé au safran. Pour arroser le tout, un petit muscadet. Par contre, rien ne me semble plus réconfortant en plein cœur de l'hiver qu'un jambalaya du pays des bayous. Proche parent de la paella, le jambalaya de La Nouvelle-Orléans se prête comme sa cousine à d'infinies variations. Dans Louisiana Kitchen *(William Morrow, 1984) le grand gourou de la cuisine louisianaise, Paul Prudhomme, en propose quatre versions qui toutes comportent du* tasso, *un jambon fumé très relevé d'origine cajun. Son « jambalaya du pauvre » comporte de l'andouille louisianaise, sorte de saucisse pur porc parfumée de Cayenne. Il propose aussi un jambalaya au lapin, un autre au poulet et crevettes, un autre enfin qui comporte des huîtres. Pour parfumer ses jambalayas, Prudhomme propose diverses épices et fines herbes, certaines d'usage courant chez nous comme la sauge ou le thym, d'autres introuvables ici comme le gombo filé (de la poudre de jeunes feuilles de sassafra) et l'herbe de santal. Étrangement, Prudhomme fait ample usage de margarine et de poudre d'ail. Voilà qui me semble assez peu convaincant !*

Aussi, je n'hésite pas à vous proposer ma propre version du jambalaya. Facile à faire avec des ingrédients qu'on trouve partout ici, et savoureux en plus.

JAMBALAYA À MA MANIÈRE

2 ou 3 tranches (1 cm) de bacon maigre
500 g de jambon en cubes
4 ou 5 chorizos en tranches épaisses
500 g de crevettes décortiquées ou non
1 gros oignon espagnol ou 2 oignons moyens finement hachés
2 t. de riz à grains longs
4 t. de bouillon de poulet
3 ou 4 poivrons (verts, rouges ou jaunes) en lanières
3 branches de céleri en dés
3 ou 4 gousses d'ail pelées, dégermées et hachées
thym ou herbes de Provence
piments broyés ou sambal olek
1 boîte de tomates italiennes égouttées
1 botte de persil plat

Pour 4 à 6 gourmands, on débite d'abord en lardons deux ou trois tranches épaisses de bacon maigre. On fait dorer ces lardons dans un poêlon à chaleur moyenne avec une généreuse noix de beurre doux et autant d'huile d'olive. Quand les lardons commencent à dorer, on ajoute au poêlon le jambon en cubes et les chorizos en tranches épaisses. Les chorizos sont des saucisses sèches de porc gras bien relevées de piments rouges. À défaut de chorizos, des saucisses polonaises de type kielbasa feront tout aussi bien l'affaire, à moins qu'on ne préfère les merguez. Quand les lardons sont bien dorés et le jambon et les chorizos caramélisés en surface, on réserve les viandes. Dans le gras de cuisson on fait ensuite rapidement sauter les crevettes.

À feu moyen, dans une casserole à fond épais on fait ensuite suer dans 2 c. à soupe d'huile d'olive l'oignon finement haché. Sitôt que l'oignon commence à peine à colorer, on ajoute le riz (celui de l'oncle Benoît par exemple). On brasse bien à la cuiller de bois. On mouille d'un bon bouillon de poulet bien bouillant. On brasse encore et on ajoute aussitôt les lardons, le jambon et les chorizos. On ajoute les poivrons, le céleri et l'ail, une pincée de thym ou d'herbes de Provence. Pour relever le tout, une généreuse pincée de piments broyés ou mieux encore 1 c. à soupe de sambal olek. On mélange bien. On couvre et on laisse frémir tout doucement pendant une quinzaine de minutes jusqu'à ce que le riz soit cuit mais encore assez ferme à la dent. On ajoute les tomates et les crevettes. On mélange en prenant soin de ne pas défaire les tomates. On retire du feu. On laisse reposer 5 minutes. Au moment de servir on garnit de persil plat haché en abondance. Vous verrez : un délice !

Note : N'allez surtout pas remplacer le riz à grains longs par du riz italien à grains courts tels l'arborio, le carnarolli ou le vialone nano. Ce sont bien sûr des riz savoureux pour faire des risottos, mais qui ne conviennent absolument pas pour le jambalaya qui en serait tout collant. Le riz à grains longs ne s'agglutine pas. Mieux encore, il supporte fort bien qu'on le conserve déjà cuit au frigo. S'il vous reste du jambalaya, réchauffez-le demain au micro-ondes !

Variation

On peut remplacer une partie du bouillon de poulet par du vin blanc sec. Disons 1 t. de vin blanc et 3 t. de bouillon.

Salsa d'ananas et de concombre au gingembre

1 ananas frais
1 concombre anglais
2 c. à soupe de gingembre frais
1/2 t. de vinaigre de riz
2 c. à soupe de sauce soja
2 ou 3 c. à soupe de mélasse
1 ou 2 c. à thé de sambal olek

Pour accompagner ce jambalaya je vous propose une salsa étonnante qui, j'en suis certain, vous ravira pour peu que vous ayez l'audace de la préparer. Choisissez d'abord un ananas frais à la chair bien jaune et bien sucrée. Débitez-le en dés. Pelez ensuite un concombre anglais (ou deux concombres ordinaires), tranchez-le en deux sur le long pour l'épépiner puis tranchez-le en fines demi-lunes. Dans un bol ajoutez à l'ananas et au concombre 1 ou 2 c. à soupe de gingembre frais pelé et finement haché. Ajoutez 1/2 t. de vinaigre de riz, 2 c. à soupe de sauce soja et 2 ou 3 c. à soupe de mélasse. Ajoutez 1 ou 2 c. à thé de sambal olek. Vous n'avez plus qu'à mélanger. L'ananas « répond » au jambon du jambalaya, le soja « parle » au riz, le gingembre enchante les crevettes...

Vaches maigres et veau gras

En ces temps de vaches maigres, notre père l'État nous refuse à sa table. Le Carême risque d'être fort long. On risque même, nous dit-on, d'en mourir. Fils prodigues, profitons donc du peu de temps qui nous reste pour sacrifier le veau gras. D'autant plus que notre veau de lait mérite l'hyperbole. Comme Réal Giguère, il est parfait, à condition bien sûr qu'on sache le traiter avec tous les égards qu'il mérite. Apprêté en blanquette, par exemple, il se fera si tendre qu'on n'a plus qu'à fondre de plaisir à son tour.

Notre veau de lait, vous le savez peut-être, n'a pas grandi en tétant sa mère. Dans la nature, sa mère l'aurait sevré beaucoup plus jeune, invitant à coups de sabot l'assoiffé à préférer à la chaleur rassurante du pis les joies aventureuses de l'herbe tendre. Pour élever comme on le fait chez nous des veaux adolescents au lait, on les soustrait dès la naissance à la présence de la mère. L'orphelin boira son lait dans un seau. On peut ainsi le nourrir exclusivement de lait pendant plus de temps que celui qu'a prévu la nature. Sans herbe à se mettre sous la dent, le veau adolescent continue de grandir, mais il manque de fer. Voilà pourquoi sa chair reste blanche. Confiné à l'enclos sans gambader à travers prés, sans occasions de raffermir ses muscles, il reste tendre... Un tel élevage n'a rien, me direz-vous, de bucolique. C'est vrai. Mais en ces temps où la rentabilité prime sur tout, les temps sont durs autant pour les éleveurs que pour les veaux ! Il faut dire que la chair ainsi produite est savoureuse, mais elle diffère de la chair du veau de lait qu'on aurait laissé naturellement téter sa mère. Voilà pourquoi je vous propose ici deux façons de faire la blanquette. La première, traditionnelle, convient bien sûr à notre veau de lait, mais la deuxième, de mon cru, semble mieux adaptée au veau de lait tel qu'on l'élève ici. Contrairement à la recette classique, je ne fais pas rissoler la viande avant de la pocher. Je la fais plutôt d'abord dégorger comme on le fait pour les abats, mais j'anticipe…

Blanquette classique

Pour 8 convives, il faut à peu près 1,5 kg de veau en cubes. On choisira, de préférence, la chair de l'épaule parce qu'elle est plus grasse et riche en collagène. On dit souvent que le veau de lait québécois est hors de prix. C'est vrai qu'on ne nous le donne pas mais, question rapport qualité-prix, le veau d'ici est imbattable. À condition de trouver un boucher qui ne se conduise pas comme un prêteur sur gages.

1,5 kg d'épaule de veau en cubes
2 ou 3 carottes moyennes
1 gros oignon piqué de 1 clou de girofle
2 ou 3 branches de cœur de céleri
1 blanc de poireau

bouquet garni : 3 ou 4 tiges bien touffues de persil, 1 feuille de laurier, 1 pincée de thym ou d'herbes de Provence
10 champignons tout petits et bien frais
10 petits oignons
jus de citron
3 jaunes d'œufs
le jus de 1 citron
1 c. à thé de fécule de maïs
1 t. de crème
muscade

Pour faire les cubes, rien de plus simple. Au couteau bien aiguisé, on tranche tout simplement la chair en gros morceaux en respectant la forme des muscles. Je vous parle de cubes, mais c'est à défaut d'autre mot. On fait des morceaux plus ou moins carrés un peu plus gros qu'une bouchée. Gros, disons, comme une noix de Grenoble. À la pointe des muscles, les morceaux seront bien sûr plus petits. Pas de problème, ils feront presque aussi bien l'affaire.

Réservez les cubes au comptoir pendant 1/2 heure au moins avant de procéder. Surprise trop froide par la chaleur du poêlon, la chair se rebiffe. À chaleur moyenne, faites fondre d'abord dans une casserole à fond épais 2 belles noix de beurre doux dans autant d'huile végétale. Sitôt que le beurre a moussé, faites prestement rissoler les cubes de veau pour qu'ils blondissent en surface. Prenez soin de ne pas trop encombrer le fond de la casserole pour permettre à la vapeur de s'échapper. La vapeur retenue empêcherait la caramélisation. Il vaut donc mieux procéder par étapes. Réservez les cubes à mesure. Une fois tous les cubes prêts, remettez-les dans la casserole.

C'est le temps de singer. Rassurez-vous, je ne vous demande pas d'imiter L'Écuyer imitant Letterman. Singer en cuisine, c'est plus humblement saupoudrer de farine ce qu'on vient de faire rissoler. La farine ajoutée s'imbibe de corps gras. En somme, on fait un roux qui viendra tantôt épaissir la sauce. Tout en brassant avec soin, saupoudrez donc sur le veau 2 c. à soupe de farine. On brasse ainsi pour s'assurer que toute la farine s'imprègne des corps gras. On évite ainsi la formation intempestive de grumeaux. Toujours à feu moyen, laissez blondir pendant 2 ou 3 minutes. Couvrez ensuite à peine d'eau et amenez à ébullition en brassant bien à l'occasion. Profitez-en pour ajouter une belle pincée de sel de mer. Ajoutez aussi les carottes, l'oignon et peut-être le céleri et le poireau. Enfin, le bouquet garni. Couvrez et laissez tout doucement mijoter pendant à peu près 1 1/2 heure, ou le temps qu'il faut pour attendrir la viande.

Pendant que le veau tout doucement mijote, préparez les champignons et les petits oignons qui serviront de garniture. Combien d'oignons ? Combien de champignons ? Suivant la tradition, à peine 2 oignons et 2 champignons par convive. C'est là, me semble-t-il, faire preuve de grande chicherie. En toute gourmandise, je vous recommande d'en préparer 5 fois plus : 10 petits oignons et 10 petits champignons. C'est beaucoup ? Personne ne s'en plaindra, je vous assure !

Rincez les champignons rapidement au robinet. Essuyez-les et faites-les étuver au poêlon à chaleur moyenne dans une noix de beurre doux et un peu d'huile. Salez et ajoutez quelques gouttes de jus de citron pour empêcher l'oxydation. Réservez les champignons cuits.

Procédez dans le même poêlon à l'étuvage des petits oignons que vous aurez d'abord ébouillantés 1 minute puis rafraîchis au robinet pour pouvoir facilement les peler. Si nécessaire, ajoutez un peu de beurre et d'huile au poêlon. On peut aussi ajouter un soupçon de sucre pour favoriser la caramélisation. Quand les petits oignons sont tendres et bien dorés, réservez-les avec les champignons.

Ça y est, le veau est enfin tendre ? Jetez sans hésiter les légumes qui ont servi à parfumer le bouillon. Ils ne sont plus que cellulose insipide.

Ne reste plus qu'à lier la sauce. Dans un petit bol, les jaunes d'œufs et le jus de citron. Brassez à la fourchette. Ajoutez 1 c. à thé bien comble de fécule de maïs diluée dans 1 ou 2 c. à soupe d'eau, et la crème. Mélangez à la fourchette et versez dans la casserole en brassant bien. Amenez à ébullition sans hésiter. Grâce à l'addition de jus de citron et de fécule, les jaunes ne graineront pas dans la sauce. Ajoutez les petits oignons et les champignons. Goûtez pour le sel. Poivrez bien. Ajoutez une pincée de muscade.
Servez avec un riz créole, des nouilles au beurre ou des pommes vapeur persillées. Enfin ! À table !

Blanquette de veau à ma manière

Au risque de me voir cloué au pilori par les intégristes de la tradition, laissez-moi vous proposer quelques entorses aux règles. Plutôt que de faire rissoler le veau pour le singer ensuite, avant d'ajouter l'eau, je vous propose ici de le faire plutôt d'abord dégorger en le recouvrant d'eau bien froide. On ajoute le jus de 1 citron. On mélange bien et on réserve au frigo pendant une dizaine d'heures. Ainsi, mis à dégorger, le veau exsude ce qui reste de sang dans les chairs, blanchit et s'attendrit. En même temps, le jus de citron permet de resserrer les fibres en surface. Les morceaux se tiendront mieux à la cuisson.

On égoutte ensuite. En casserole, on mouille d'une boîte de consommé de bœuf pour son parfum de caramel. On ajoute tout juste ce qu'il faut d'eau pour à peine couvrir. On amène à ébullition pour laisser ensuite tout doucement mijoter pendant une quinzaine de minutes avant d'ajouter les légumes. On en profite pour éliminer à l'écumoire ou au tamis fin l'écume qui se forme en début d'ébullition et qui provient de la coagulation de l'albumine de surface. On ajoute ensuite les mêmes légumes et les mêmes herbes qui servent à la préparation de la recette traditionnelle. On laisse ensuite frémir à couvert, comme il est dit plus haut. On profite du temps pour étuver petits oignons et champignons. On les réserve.

Quand le veau est bien tendre, on jette les légumes. On décante la viande qu'on met à part. En même temps, on réserve 3 t. du bouillon pour faire la sauce. Puisqu'on n'a pas, comme pour la recette traditionnelle, singé la viande, on fera d'abord un roux blond. On y ajoute le bouillon pour faire un velouté. Rien de plus simple. Dans la casserole, à feu moyen, on fait fondre 3 c. à soupe de beurre doux. On ajoute une même quantité de farine. On mélange bien pour éviter les grumeaux. On laisse un peu blondir avant d'ajouter le bouillon. On laisse mijoter tout doucement pendant 4 ou 5 minutes ; le velouté est prêt. On ajoute le veau, les champignons et les petits oignons. On n'a plus enfin qu'à lier aux jaunes d'œuf et à la crème. On procède alors comme il est dit plus haut en conclusion de la recette traditionnelle.

Osso buco

Plutôt que de vous contenter de ces tranches de jarret de veau que votre boucher propose aujourd'hui à l'étal déjà enveloppées de pellicule plastique et garnies d'une brindille de persil frisé, vous aurez, j'espère, l'audace de lui demander d'en préparer d'autres pour vous puisque vous prétendez, à juste titre, que l'osso buco n'est parfait qu'à condition de le préparer avec des tranches de jarret si épaisses qu'on n'en peut trancher que trois par jarret : on élimine l'extrémité trop osseuse qui touche la rotule, on élimine aussi l'extrémité inférieure qui rejoint le sabot : ça manque de chair. On tranche ce qui reste en 3 morceaux qui font bien 2 po d'épaisseur. Pourquoi des tranches si épaisses ? Tout simplement parce qu'ainsi dépecées, vos tranches de jarret se tiendront bien à la cuisson, que la chair retiendra dans ses fibres la gélatine qui fait le charme de ce plat et, surtout, parce que l'os de chaque convive lui permettra de savourer à la petite cuiller la substantifique moelle qui fait de ce plat un triomphe.

4 belles tranches de jarret
1 oignon espagnol ou 2 oignons moyens grossièrement hachés
2 ou 3 carottes pelées en fines rondelles
1 ou 2 branches de cœur de céleri en petits dés
2 ou 3 belles gousses d'ail pelées, dégermées et grossièrement hachées
1 boîte de tomates italiennes
1 boîte de consommé
1 t. de vin blanc sec
fines herbes : thym, romarin, origan
1 ou 2 feuilles de laurier
1 boîte d'anchois et leur huile

Laissez reposer les tranches de jarret au comptoir avant de les faire dorer au poêlon : une chair trop froide se raidit et racornit à la poêle. Profitez de ce temps d'attente pour préparer la sauce dans laquelle vous ferez tout doucement pocher vos jarrets, ou plutôt ceux de la pauvre bête. Choisissez une casserole à fond épais assez grande pour accueillir confortablement vos tranches sans qu'il soit nécessaire de les empiler les unes sur les autres. À feu moyen, faites d'abord tomber dans 1 ou 2 c. à soupe d'huile d'olive l'oignon, les carottes et le céleri. Voilà qui permettra à vos légumes de développer toute leur saveur. L'oignon est tombé ? C'est-à-dire qu'il est devenu translucide ? Il commence même un peu à colorer ? Ajoutez l'ail. Brassez un peu à la cuiller de bois et laissez cuire 1 ou 2 minutes de plus avant d'ajouter les tomates, le consommé et le vin. Ajoutez aussi 1 ou 2 généreuses pincées de fines herbes et le laurier. Ajoutez aussi — c'est là mon secret bien gardé — les anchois et leur huile. Voilà qui donnera à votre osso buco un parfum qui ravira vos convives. Amenez à ébullition, puis diminuez la flamme pour laisser frémir à peine à découvert pendant que vous ferez dorer sur le rond d'à côté vos tranches de jarret.

Farinez les tranches de veau et secouez-les pour éliminer l'excès de farine. Faites-les tout de suite dorer dans un poêlon antiadhésif, à chaleur moyenne dans 2 c. d'huile d'olive. On fait dorer d'abord ses tranches de veau non pas pour retenir les jus, comme le veut la fable, mais tout simplement pour caraméliser la surface : voilà qui décuplera la saveur du veau. Sitôt qu'un côté est bien doré, retournez la tranche pour dorer l'autre côté.

Ajoutez ces tranches à la sauce qui frémit doucement dans la casserole à côté. Pas nécessaire d'immerger complètement la viande sous la sauce. Il suffit de recouvrir la casserole et de retourner la viande à mi-parcours. Voilà : la casserole est couverte ? Il ne s'agit plus que de s'assurer que la cuisson se fera à doux frémissement pendant le temps qu'il faudra pour attendrir la viande : 45 minutes suffiront. Comme pour la plupart des plats lentement mijotés, votre osso buco sera meilleur demain, si vous avez le courage d'attendre. Vous le laisserez bien sûr refroidir au comptoir. Vous le garderez ensuite au frigo pour le réchauffer tout simplement quelques minutes avant de le servir.

On peut servir cet osso buco avec des nouilles au beurre, ce qui est fort bon, mais donnez-vous la peine, je vous en prie, d'accompagner ce divin plat d'un risotto safrané à la milanaise.

Risotto safrané à la milanaise

*Pour 4 à 6 convives, vous choisirez le meilleur des riz italiens à grains courts. L'*arborio, *qu'on trouve un peu partout convient fort bien, mais le* vialone nano *ou le* carnaroli *vous permettront d'atteindre la perfection. Ce* vialone nano *et ce* carnaroli, *vous les trouverez peut-être dans des épiceries fines d'importation. À Montréal, on le trouve dans la Petite Italie, en particulier chez* Milano, *boulevard Saint-Laurent, une épicerie fabuleuse qu'on ne saurait trop recommander. Le* vialone nano *et le* carnaroli *y sont offerts en sac plastifié sous vide. Une fois le sac ouvert, gardez ce qui reste au frigo.*

1 1/2 t. de riz italien à grains courts
4 ou 5 c. à soupe de beurre doux
1 petit oignon finement haché
ou 3 ou 4 échalotes françaises
safran
1 t. de parmigiano reggiano frais râpé

Mesurez le riz. Gardez-vous bien de le laver, voilà qui le dépouillerait d'une partie de cette amylopectine qui fond à la cuisson et donne au risotto une texture d'une onctuosité sublime. Dans une casserole à fond épais, faites d'abord fondre, à feu moyen, le beurre. Sitôt que le beurre a moussé, faites tomber dedans l'oignon ou les échalotes. Ne laissez pas colorer. Ajoutez ensuite à la casserole le riz et laissez cuire pendant 1 ou 2 minutes en brassant bien à la spatule. Pourquoi ? Tout simplement pour vous assurer que chaque grain de riz sera bien enrobé de matière grasse : ainsi, il pourra tantôt cuire sans s'agglutiner. Ajoutez ensuite une pincée de safran en poudre, tel qu'on vous propose en petites fioles, ou une pincée de pistils de safran que vous aurez d'abord mouillés de quelques gouttes de vin blanc ou d'alcool et laissés macérer quelques minutes pour en développer la couleur et le parfum.

Versez aussitôt sur le riz juste ce qu'il faut d'eau bouillante pour le recouvrir à peine. Brassez tout doucement pendant que le riz frémit de même. Ajoutez à mesure ce qu'il faut d'eau bouillante pour recouvrir le riz (à peu près 6 t.). Durée de cuisson ? Un peu moins de 20 minutes. Une quinzaine de minutes ont passé, goûtez au riz. Le grain doit être ferme, mais cuit, de part en part, à peine croquant à cœur. Ce n'est pas encore prêt ? Laissez frémir 2 ou 3 minutes de plus. Voilà ! C'est le temps de retirer la casserole de la flamme et d'ajouter 2 ou 3 noix de beurre doux. Brassez allègrement à la cuiller de bois en un mouvement circulaire de haut en bas : l'idée ? Ramener en surface l'amylopectine qui tend à descendre au fond. Brassez 1 minute à peu près et ajoutez enfin le parmesan.

Variation

Votre risotto sera meilleur si vous remplacez l'eau bouillante par du bouillon de poulet ou de légumes. Meilleur encore si vous remplacez 1 ou 2 t. d'eau par du vin blanc sec.
Ne reste plus qu'à servir ! Mais n'allez surtout pas oublier la gremolata ! C'est du soleil dans l'assiette ! Pour la faire, rien de plus simple.

GREMOLATA

1 botte de persil plat
zeste d'orange et de citron
2 ou 3 gousses d'ail
2 ou 3 c. à soupe d'huile d'olive extra-vierge
3 ou 4 c. à soupe de câpres
sauce matuk, sambal olek ou Tabasco

Vous aurez d'abord choisi avec soin une généreuse botte de persil plat d'un vert si profond qu'on le dirait en pénombre. (Poète, va !) Le persil plat, dit parfois italien, est infiniment plus savoureux que ce persil frisé qui n'a d'autre fonction ici que de garnir les tables. Ce persil bien parfumé, vous le hacherez finement au couteau ou mieux encore au ciseau. Vous ajouterez un zeste d'orange et un

autre de citron. Zestes que vous aurez prélevé à l'économe et haché en fines juliennes pour qu'on le sente bien sous la dent.
Vous ajouterez les gousses d'ail pelées, dégermées et pressées, l'huile d'olive, les câpres rincées au robinet et pressées dans la main pour éliminer le trop de sel. Vous ajouterez enfin un soupçon de sauce matuk, de sambal olek ou quelques gouttes de Tabasco. Vous mélangerez bien le tout et vous inviterez vos convives à garnir leur assiette de ce hachis tout parfumé.

Il reste de la sauce ? Tant mieux : servez-la demain sur des nouilles !

Choses crues

Dans *Tartares et carpaccio* (Robert Laffont, 1990), l'ineffable Patrice Dard propose 150 façons d'apprêter poissons, coquillages, crustacés, viandes, abats, volailles et légumes… tous servis crus, en fines tranches ou bien hachés. On ne s'étonne pas de retrouver dans ce vaste répertoire des classiques : tartare ou carpaccio de bœuf, par exemple, ou saumon mariné au sucre et au sel à la façon scandinave. D'autres « recettes », par contre, rebuteront sans doute même ceux qui, comme moi, font preuve d'intrépide curiosité en matières gourmandes.

Que diriez-vous, par exemple, d'un carpaccio de foie gras de canard cru ? La chose est tout simplement servie en tranches finissimes accompagnées de poivre en mignonnette et de gros sel. Je me promets bien d'essayer, mais laissez-moi un an ou deux pour y penser. De la dinde crue sur coulis de poivron, ça vous dirait peut-être ? Si oui, vous êtes de ceux qui redemanderont du veau cru à la tapenade ou bien servi en mayonnaise au thon.

Voilà cuisine, si on peut dire, qui rappelle Rousseau et sa passion pour la vérité et la bonté sauvages. Une cuisine pour Parisiens qui rêvent de grands espaces et s'imaginent chasseurs hirsutes arborant leurs gourdins à l'occasion de vacances au Canada. Et au fond, pourquoi pas ? Mieux vaut le poulet cru que dénaturé à la façon du Colonel ! Voilà en tout cas un livre qui vous fera sourire, sinon saliver. Les tartares que je vous propose sont plus sages.

Tartare de saumon et de thon et sa sauce citron

filet de saumon de l'Atlantique (300 g)
thon frais à la chair bien rouge (300 g)
jus de citron vert
aneth frais, poivre rose
trévise ou endives

Pour 4 convives, en guise d'entrée, il vous faudra, disons, 300 g de filet de saumon de l'Atlantique et 300 g de thon frais à la chair bien rouge. Hachez le saumon et le thon assez grossièrement au couteau sur la planche. N'allez pas hacher trop finement, cela transformerait le poisson en bouillie pour le chat. Qu'on sente la chair encore ferme sous la dent. Arrosez tout simplement de quelques gouttes de jus de citron vert et d'un filet d'huile d'olive extra-vierge. Un peu de sel et de poivre du moulin. Quelques brindilles d'aneth frais et peut-être quelques baies de poivre rose. Servez le tout en feuilles de trévise ou d'endives croquantes. Vous serez ravi.

La sauce :

Pour une préparation un peu plus onctueuse, une sauce citron savoureuse. À la fourchette, dans un petit bol, fouettez ensemble 1 jaune d'œuf, 3 c. à soupe d'huile d'olive, 1 c. à soupe de moutarde de Dijon et le jus de 1 citron jaune ou vert. Au moment de servir, arrosez votre poisson de cette émulsion.

Sashimi de thon ou de saumon

Vous pourriez aussi servir votre thon et votre saumon en sashimi. Faites-en des tranches fines et servez bien froid avec une sauce ponzu : 3 c. à soupe de jus de citron vert et 3 c. à soupe de sauce soja. C'est exquis !

Pour accompagner le tartare, une salade de concombres et d'oignons parfumée à l'aneth serait du meilleur goût.

Petite salade de concombre et d'oignon à l'aneth

3 ou 4 petits concombres
1 oignon
4 c. à soupe de vinaigre de xérès
1/2 t. d'aneth finement haché
1 petite pomme de radicchio (trévise)

On aura bien choisi 3 ou 4 petits concombres du meilleur aloi : peau verte sombre bien lustrée, piquante au doigt, chair ferme, ou on sera condamné, selon la saison, à faire contre mauvaise fortune bon cœur en cédant aux charmes bien indiscrets du concombre anglais. On pèlera donc les concombres qu'on tranchera ensuite sur le long. On épépinera à la cuiller, puis on en fera de finissimes demi-lunes au couteau d'office, au robot, ou mieux encore à la mandoline. On tranchera ensuite en fines rondelles un oignon moyen, rouge, jaune ou blanc. Dans un saladier, on mélangera bien concombre et oignon qu'on salera généreusement : 1 c. à soupe de sel. Du sel de mer de préférence, tellement meilleur.

On versera le tout dans une passoire et on laissera égoutter pendant une vingtaine de minutes. On rincera ensuite ses légumes à l'eau froide du robinet. On les pressera amoureusement entre les mains pour extraire l'eau de rinçage et de végétation. Dans un saladier, on arrosera ses légumes attendris par le sel mais encore croquants d'un mélange de vinaigre et d'huile. Quatre c. à soupe au moins du vinaigre le plus fin : le vinaigre de xérès ferait là-dedans merveille et la moitié d'huile d'olive extra-vierge. On ajoutera 1 ou 2 c. à thé de sucre et une généreuse quantité d'aneth finement haché : 1/2 t., disons. Dans chaque assiette, une feuille de trévise (radicchio) bien croquante, toute rouge de plaisir, qu'on garnira de salade. L'amertume de la trévise et la douceur du concombre font un heureux mariage.

Vos convives s'étonneront de la fraîcheur de cette salade toute simple. Ceux qui ont peine d'ordinaire à digérer le concombre ou l'oignon cru se féliciteront de votre savoir-faire. Dégorgés au sel, le concombre et l'oignon n'incommodent pas les plus fragiles panses.

Variations sur le gravad lax

Mariné à froid dans un mélange de sel et de sucre, parfumé de fenouil, le filet de saumon frais de l'Atlantique servi en gravad lax atteint la perfection. C'est si bon que nombreux sont les salmonidophiles qui choisiront d'emblée le saumon ainsi préparé plutôt que le plus fin des saumons fumés. Sous l'action combinée du sucre et du sel, la chair du poisson se raffermit, le saumon rend son eau. Le voilà cuit ! Servi en tranches fines à la manière du saumon fumé, le poisson se révèle onctueux et fondant, vous rappelant la mer de Valéry, toujours recommencée. Mais trêve de poésie, passons à la cuisine.

filet de saumon frais de l'Atlantique (environ 500 g)
1/4 t. de sel de mer

1/4 t. de sucre
une dizaine de grains de poivre noir grossièrement broyés
quelques branches de fenouil frais

Pour 4 à 8 personnes, selon que vous serviez le gravad lax en entrée ou en plat principal, il faut une tranche de filet de saumon frais de l'Atlantique d'environ 500 g. Le poissonnier a pris soin d'enlever les arêtes mais de laisser la peau. Il a pris soin aussi, à votre demande, de vous offrir une tranche prélevée dans la partie la plus épaisse du filet. Assurez-vous d'abord que toutes les arêtes ont été enlevées. Pour ce faire, passez tout doucement le doigt à la surface de la chair. Si d'aventure une ou deux arêtes sont restées, enlevez-les à la pince à sourcils. S'il y en a davantage, changez de poissonnier.

Dans un petit bol, mélangez le sel de mer et le sucre. Ajoutez le poivre noir. Du mélange, recouvrez la chair du poisson. Ajoutez le fenouil. Enveloppez le tout dans un sac de plastique à fermeture hermétique (un Ziploc, pour ne rien vous cacher). Éliminez l'air avant de refermer. Déposez le sac dans une assiette ou un plat de pyrex et laissez mariner au frigo pendant 1, 2 ou 3 jours, en prenant soin de retourner le sac aux 12 heures pour vous assurer d'une macération uniforme.

Sachez que plus le poisson marine longtemps, plus sa chair se tasse et se raffermit, plus il s'imprègne du parfum du fenouil. Pour ma part, 24 heures de macération suffisent amplement. Pour d'autres, au contraire, 3 ou 4 jours suffisent à peine. Question de goût. Pour une chair mieux tassée, déposez une assiette renversée sur le sac. Par-dessus, une ou deux boîtes de conserve. Pour ma part, je ne me donne plus cette peine.

Une fois terminé le temps de macération, rincez rapidement le saumon à l'eau bien froide du robinet. Essuyez ensuite le filet avec soin, recouvrez-le de pellicule plastique et réservez-le au frigo. Au moment de servir, détaillez le filet en tranches fines à l'horizontale ou en biseau.

GRAVAD LAX AU PARFUM D'ÉRABLE

Pour un gravad lax au parfum de nos bois, remplacez tout simplement le sucre de canne par du sucre d'érable.

GRAVAD LAX À L'EAU-DE-VIE

Peut-être voudrez-vous ajouter au sel et au sucre quelques gouttes d'alcool fin pour parfumer le poisson ? Les Scandinaves vous le diront : quelques gouttes d'aquavit s'imposent alors. Pour 500 g de filet, disons 1 c. à soupe d'eau-de-vie.

Gravad lax au gin ou au scotch

Si le parfum de genièvre vous enchante, arrosez le filet de quelques gouttes de gin. Ajoutez aussi aux grains de poivre grossièrement broyés quelques baies de genièvre, disons 3 ou 4, pareillement écrasées.

Si c'est plutôt le parfum écossais qui vous ravit, alors arrosez le filet de quelques gouttes de scotch.

Gravad lax à la mexicaine

Pour un gravad lax à la mexicaine, arrosez le filet de quelques gouttes de tequila. Remplacez alors peut-être les branches de fenouil par des branches de coriandre fraîche.

Gravad lax et sa sauce au yaourt et à l'orange

1/4 t. jus d'orange
1/4 t. huile d'olive extra-vierge
1/2 t. de yaourt
1 c. à soupe de moutarde de Dijon
le jus de 1 citron jaune ou vert
le jus de 1 orange
zeste d'orange et de citron

C'est ma présentation préférée : au centre de l'assiette bien froide, les tranches de gravad lax. Tout autour, des tranches fines d'oranges pelées à vif. Au pinceau, badigeonnez le saumon d'une émulsion faite de 1/4 t. de jus d'orange et d'autant d'huile d'olive extra-vierge. Dans la saucière, une sauce légère à base de yaourt. Dans un bol, mélangez à la fourchette 1 1/2 t. de yaourt onctueux (le yaourt nature *Méditerranée* de Liberté s'impose alors) et 1 c. à soupe de moutarde de Dijon. Ajoutez le jus de 1 citron jaune ou vert, autant de jus d'orange, une pincée de zeste fin d'orange, une autre de zeste de citron et 1 ou 2 c. à soupe de fenouil frais finement haché. Salez et poivrez, au goût.

Sauce rapide pour le gravad lax

On peut servir le gravad lax en arrosant tout simplement les tranches fines d'une émulsion faite de jus de citron (jaune ou vert) et d'huile d'olive extra-vierge, à parts égales. Dans un bol, mélangez bien à la fourchette. Ajoutez quelques câpres, du fenouil frais finement haché ou quelques brins de ciboulette.

Saumon fumé à chaud maison

On peut tout à fait fumer à chaud du saumon à la maison et obtenir un résultat parfait avec les seuls moyens du bord. En guise de fumoir, une casserole à fond épais, de préférence en fonte et munie d'un couvercle. Évitez la fonte émaillée, elle risquerait de s'abîmer. Il faut aussi de la sciure de bois dur telle qu'on en trouve dans les boutiques spécialisées de chasse et pêche. Il faut aussi une grille qui tienne à 2 ou 3 cm du fond de la casserole.

Pour 3 ou 4 gourmands, il faut un morceau de filet de saumon frais de l'Atlantique d'à peu près 500 g. Vous avez demandé à votre poissonnier de prélever pour vous une tranche d'épaisseur uniforme dans la partie la plus épaisse du filet. Le poissonnier a pris soin d'enlever les arêtes mais de laisser la peau.

Une heure ou 2 avant de faire cuire le poisson, faites-le macérer dans un mélange à parts égales de sucre et de sel de mer. Du mélange, recouvrez le poisson côté chair. Dans un sac de plastique, réservez au frigo. Une ou 2 heures plus tard, vous pourrez constater que la chair du poisson s'est resserrée. Rincez rapidement le filet à l'eau froide. À l'essuie-tout, asséchez-le ensuite des deux côtés. Dans une assiette, badigeonnez la peau d'un peu d'huile et réservez au comptoir.

Recouvrez le fond de la casserole à fond épais qui vous sert de fumoir improvisé d'une feuille de papier d'aluminium. Par-dessus, saupoudrez 2 ou 3 c. à soupe de fins copeaux ou de sciure de bois dur sec : érable, pommier, cerisier, mesquite, c'est au goût. Déposez par-dessus une grille surélevée à 2 cm au moins du fond de la casserole. Couvrez. À chaleur maximale, réchauffez votre « four » sur la cuisinière.

Sitôt que les copeaux commencent à fumer, déposez le saumon du côté peau sur la grille. Recouvrez. Réduisez la chaleur et laissez cuire une dizaine de minutes à chaleur moyenne. Votre hotte de ventilation n'est pas, j'espère, en panne. Soulevez le couvercle. Humez-moi ce parfum ! Sur sa grille, le saumon est prêt : sa chair caramélisée en surface en témoigne. Servez chaud.

Poisson, crustacés ou homard fumé maison

On peut de la même manière « fumer à chaud » maison de la morue en filet ou bien de l'aiglefin. De la lotte en médaillons de 2 ou 3 cm d'épaisseur, voilà qui serait aussi fort bon. Et des pétoncles ? me demandez-vous. Bien sûr, mais prenez garde alors de ne pas les cuire trop.

On peut aussi fumer des crustacés… des crevettes qu'on peut fumer toutes nues ou protégées de leur carapace, par exemple.

Pour le homard, faites d'abord pocher à grande eau salée ou mieux encore à la façon des Madelinots. Cinq minutes à peine. À l'aide d'un couteau dentelé, les ouvrir en deux sur le long. Déposez les moitiés côté coquille sur la grille de votre fumoir improvisé et fumez pendant 5 minutes.

SALADE TIÈDE DE LENTILLES

Saumon et lentilles font un mariage parfait. Inutile de chanter ici les mérites des lentilles vertes du Puy. Elles sont, vous le savez, plus que parfaites. D'appellation contrôlée, on les importe d'Auvergne pour nous les proposer dans leurs charmants emballages de nylon tressé. Ces petites merveilles sont bien sûr hors de prix. Mais voilà que je viens de découvrir qu'on produit au Canada des lentilles savoureuses qui ressemblent à s'y méprendre aux lentilles vertes du Puy. Un peu plus grosses que leurs jumelles, elles arborent une robe vert foncé marbrée de veinules bleutées. Comme les lentilles du Puy, elles ont une peau fine, une amande pauvre en amidon et un goût fin et délicat. La maison Clic nous les propose en sacs de plastique de 1 kg à très bon prix sous le nom de lentilles noires Dupuy. Appellation incontrôlée !

1 t. de lentilles
1 ou 2 gousses d'ail pelées et dégermées
1 oignon moyen pelé entier
1 feuille de laurier
1 pincée de thym ou d'herbes de Provence
quelques feuilles de céleri hachées

Pour 4 à 5 personnes, il faut 1 t. de lentilles. Inutile de les faire tremper. Dans la casserole, ajoutez 3 t. d'eau froide, l'ail et, en fin de cuisson, l'oignon. Pour parfumer, du laurier, du thym ou des herbes de Provence et, peut-être, des feuilles de céleri hachées. À haute flamme, amenez à ébullition. Recouvrez, diminuez la flamme pour laisser frémir tout doucement pendant une vingtaine de minutes. À mi-parcours, salez et poivrez au goût. Sitôt les lentilles cuites, égouttez-les pour les arroser encore chaudes d'une vinaigrette classique bien moutardée.

Certains préfèrent les lentilles « bien cuites », qui fondent littéralement. Pour ceux-là, il faut compter une dizaine de minutes de plus de cuisson. Il faut alors bien sûr un peu plus d'eau ou de bouillon. D'autres, comme moi, préfèrent au contraire les lentilles assez fermes, qui résistent à la dent. Question de goût, encore ici. Sachez cependant que plus la lentille cuit, plus son indice glycémique augmente.

Variations sur le carpaccio

Inventé par Giuseppe Cipriani dans les années 50, le carpaccio fait, depuis, les délices des branchés. Le fondateur du Harry's Bar *eut un jour l'idée saugrenue de servir du filet de bœuf cru en tranches finissimes, arrosées en fines arabesques d'une mayonnaise aromatisée de sauce Worcestershire additionnée d'un peu de lait. Voilà qui, de nos jours, nous semblerait fort lourd.*
On préfère aujourd'hui arroser les fines tranches de filet d'une émulsion toute légère faite d'un mélange à parts égales d'huile d'olive extra-vierge et de jus

de citron (jaune ou vert). Certains, Bugialli par exemple, font tout autour de l'assiette une couronne de champignons crus en fines lamelles arrosées de citron. On ne manque pas alors d'ajouter du parmesan en fines tranches ou en copeaux.
On peut aussi ajouter à l'émulsion de citron et d'huile un soupçon de moutarde de Dijon. Disons 1 c. à thé de moutarde pour 1/2 t. d'émulsion.
On peut aussi, à la façon de Patrice Dard, garnir les tranches de bœuf de roquefort égrené. On arrose alors d'une vinaigrette faite de vinaigre de xérès et d'huile de noix. J'aime bien alors garnir le plat de pacanes rôties.

Il m'arrive aussi parfois de servir le carpaccio à la japonaise, arrosé comme pour les sashimis, mélange à parts égales de jus de citron vert et de sauce soja.
Quelle que soit la manière, il faut pour chaque convive à peu près 150 g de filet. Pour le trancher facilement, on met le filet au congélateur pendant 2 ou 3 heures. On s'arme bien sûr d'un couteau bien flexible. Sinon, on demande au boucher !

TARTARE À LA PIÉMONTAISE SUR BRUSCHETTA

Depuis toujours fort friand de steak tartare « bien relevé à la française » servi avec des frites bien dorées, je n'aurais jamais pu imaginer qu'on puisse de quelque façon que ce soit améliorer cette recette traditionnelle et encore moins la simplifier. Eh bien, j'avais grand tort. Au risque de me voir traiter de vire-capot, j'affirme ici haut et court que le tartare à la piémontaise est de loin plus goûteux. Un triomphe de raffinement et de simplicité dont j'ai découvert la recette dans le dernier ouvrage de Patricia Wells Trattoria, *publié en langue anglaise aux Éditions Morrow. Vous connaissez déjà, j'espère, le merveilleux livre de Patricia Wells* Les 200 meilleures recettes de bistrot, *publiées aux Éditions Héritage. Dans* Trattoria, *Wells nous propose un semblable périple, à la découverte cette fois de la bouffe des petits restaurants familiaux d'Italie. Un livre qu'on s'empressera, j'espère, de traduire pour nos gourmands d'ici ! Voici donc cette recette d'Insalata de carne cruda à la mode piémontaise.*

500 g de bavette de bœuf
1/2 t. de feuilles de cœur de céleri
1/2 t. de persil plat haché
1/2 t. d'huile d'olive extra-vierge
jus de 1 citron

bruschetta :

tranches de pain de blé entier
gousses d'ail

Mme Wells propose pour 4 convives 500 g de bœuf finement haché, bien froid, prélevé dans la haute ronde, la pointe de surlonge ou le filet mignon. Je vous propose plutôt quant à moi de demander à votre boucher une tranche de bavette bien fraîche. Qu'il se garde bien de la hacher. Vous le ferez vous-même à la maison. Je vous suggère en outre de hacher votre bœuf au robot. La chair ainsi hachée sera de texture beaucoup plus présente à la dent. Pour ce faire, rien de plus simple. Dans le robot, mettez la viande en morceaux et « pulsez » jusqu'à ce que la viande soit hachée en petits morceaux gros comme un petit grain de maïs. La viande, c'est vrai, n'est pas « finement hachée », mais elle est infiniment plus savoureuse. Ajoutez à la viande 1/2 t. de feuilles de cœur de céleri et autant de persil plat finement haché. Ajoutez enfin 1/2 t. d'huile d'olive extra-vierge. Salez, poivrez, mélangez à la fourchette en laissant respirer la viande qui prendra ainsi un rouge appétissant. Ne l'aplatissez surtout pas en palets.

Garnissez enfin de tranches fines de citron et servez avec des tranches de pain de blé entier grillées badigeonnées d'huile d'olive dans laquelle vous aurez pressé une ou deux gousses d'ail : c'est une bruschetta !

En guise d'accompagnement, oubliez les pommes frites. Servez plutôt l'une ou l'autre des insalate *colorées que je vous propose… Un délice !*

Salade de poireaux, de bulbe de fenouil, d'olives noires et d'oranges

On coupe les poireaux en tranches fines à la mandoline, et on fait de même pour les bulbes de fenouil. On garnit d'olives noires et d'oranges pelées à vif. On arrose d'huile d'olive. On sale et on poivre, bien sûr…

Salade de carottes et oignons à la coriandre et aux graines de fenouil

500 g de carottes
500 g d'oignon sucré
1/2 t. de vin blanc sec
graines de coriandre et de fenouil

Dans la casserole on verse le vin blanc, 1/2 t. d'eau, 4 c. à soupe d'huile d'olive extra-vierge, une pincée de graines de coriandre, une autre de graines de fenouil, une autre de poivre noir en grains. On ajoute 2 c. à thé de sel de mer. On ajoute les carottes. On amène à ébullition et on laisse frémir 5 minutes. On ajoute les oignons qu'on a tranchés de haut en bas en six quartiers et dont on a séparé les couches. On laisse cuire 3 ou 4 minutes de plus et le tour est joué.

De trèfle et de foin

À Didier Fessou, journaliste au Soleil *:*
« Mon cher Fessou, comme vous le savez bien, c'est pas parce qu'on pue qu'on n'est pas mangeable ! »

À l'été 1999 je suis allé rencontrer Luc Mailloux, propriétaire de la ferme Piluma à Saint-Basile-de-Portneuf. On y fabrique quatre fromages au lait cru de qualité exceptionnelle : le Saint-Basile, le Chevalier Mailloux, le Sarah Brisous et le dernier-né, l'Ange cornu. En compagnie de Luc Mailloux, de son fils Kevin et de sa compagne Sarah Tristan, nous avons vécu d'inoubliables moments.

Soulevant le couvercle de la « chambre à lait », nous avons humé toute la campagne qui s'offrait, le parfum miellé du trèfle à fleurs blanches et roses, arômes de foin frais, de pissenlit, d'herbes ensoleillées mystérieuses et complexes. Et puis, nous avons suivi le lait s'écoulant doucement par la seule force de la gravité jusqu'à la fromagerie. Luc et Sarah ont ajouté au lait tout juste ce qu'il fallait de présure pour qu'il fasse un gel. Luc Mailloux, plongeant ses doigts dans le lait présurisé, attendait la nature. Et puis, nous les avons vus tous les trois égouttant le caillé pour le mouler et le presser. Dans son lait chaud à la chaleur du veau, Luc Mailloux rêve de se baigner comme il se roule volontiers dans ses prés parfumés. Dans les salles d'affinage, nous avons vu Luc et Sarah élever leurs fromages et nous les avons écoutés, émus, sachant que l'art, ça ne s'explique pas. Ça se vit.

Nous sommes ensuite passés à l'étable pour retrouver dans le fourrage les parfums du fromage. Nous sommes allés dans les champs humer le soleil et le vent pour nous retrouver enfin tous ensemble autour de la table, déjà repus. Au menu, les fromages de la ferme

Piluma, du pain croûté fleurant si bon le blé et un vin fleuri, essences de printemps et d'été. Et puis nous sommes rentrés, heureux d'avoir vécu pareille journée. Ah ! ce lait qu'on assoit, cette main qui lit, ce nez qui reconnaît, ce temps qui passe, ce pays qui se fait. De retour à la maison, j'ai concocté cette recette.

Truite grillée en sauce crème au Chevalier Mailloux

4 filets de truite en peau
3 ou 4 échalotes françaises ou 1 oignon moyen
crème à 35 %
le jus de 1/2 citron
3 ou 4 c. à soupe de Chevalier Mailloux, coupé en dés
paprika

Pour 4 convives, il faut 4 filets de truite en peau qu'on fait griller à la poêle antiadhésive sans autre forme de procès. Badigeonnez-les tout simplement d'huile d'olive, côté peau, et faites-les griller à feu moyen. Faites d'abord griller côté peau pendant 2 ou 3 minutes, puis retournez côté chair pour faire dorer 1 minute de plus. Salez, poivrez et servez avec la sauce.

Pour la sauce, rien de moins compliqué. Hachez assez finement les échalotes françaises ou l'oignon et faites-les suer en casserole à feu moyen dans une noix de beurre doux et autant d'huile d'olive. Sitôt que les échalotes ou l'oignon sont tombés, avant qu'ils ne colorent, ajoutez de la crème à 35 %, disons, pour 4 convives, 1 t. ou un peu plus. Amenez à ébullition et laissez réduire pendant 1 ou 2 minutes. Ajoutez ensuite le jus de citron. Ça y est, la sauce a épaissi : la voilà onctueuse. Hors flamme, ajoutez quelques dés de fromage (disons 3 ou 4 c. à soupe) que vous laissez fondre. Salez, poivrez au goût. Ajoutez peut-être une pincée de paprika. Versez sur les filets grillés, et voilà !

L'endive sautée à la poêle accompagne fort bien ce plat, y ajoutant une note bienvenue d'amertume.

Effiloché d'endives

Pour chaque convive, comptez une endive bien lourde aux feuilles bien refermées. Évitez comme la peste ces endives aux feuilles vertes et entrouvertes : elles sont amères. Si l'endive a verdi, c'est qu'elle a été exposée à la lumière. L'endive craint l'eau comme elle craint la lumière. Aussi, gardez-vous bien de les laver. Contentez-vous plutôt de les essuyer à la serviette à peine humide, puis tranchez-les en deux sur le long. À la pointe du couteau, éliminez à la base le cœur (qu'on appelle aussi le cône ou le trognon), auquel se rattachent les feuilles. Tranchez ensuite les endives de haut en bas en lanières fines. Dans une poêle, faites fondre à haute flamme une noix de beurre doux dans 1 c. à soupe d'huile d'olive. Plongez-y vos endives et faites-les tomber quelques secondes à peine, tout juste le temps qu'il faut pour les réchauffer. Qu'elles soient à peine dorées mais restent fermes ! Une pincée de sucre favoriserait la caramélisation. En fin de parcours, salez et poivrez au goût.

Reblochon en feuilleté au basilic et aux noix de Grenoble

Ah ! Ce fin goût de noisette du reblochon ! Une pâte onctueuse aux frais parfums d'alpages. Un fromage pour les grandes occasions. On vous le propose, vous le savez, en petite meule. Un disque rond de 3 ou 4 cm de hauteur. La pâte est élastique au doigt ? Le voilà prêt.

1 petite meule de reblochon
basilic frais
1 t. de pacanes ou de noix de Grenoble
pâte feuilletée
1 œuf battu

Armé d'un long couteau, tranchez le reblochon en deux au milieu, à l'horizontale. Recouvrez le disque inférieur de quelques feuilles de basilic frais, finement hachées. Ajoutez sur le basilic les pacanes ou les noix de Grenoble. Des noisettes conviendraient tout autant, à condition de les peler d'abord. Pour ce faire, on les chauffe au four à 350 °F sur une plaque, pendant une dizaine de minutes. On les frotte ensuite dans un linge pour enlever la peau.

Reformez ensuite la meule entière en replaçant le disque du haut sur le disque garni.

Pressez doucement de la main, pour protéger par la suite d'une trop grande chaleur le basilic : soumis à la chaleur, il perd immédiatement son parfum. Idem quand on le fait sécher.

Enveloppez la meule dans de la pâte feuilletée — celle que l'on trouve congelée dans le commerce est fort convenable — décongelée au frigo, abaissée bien froide sur un plan fariné. On vous propose la pâte en deux enveloppes. Avec la pâte d'une enveloppe, vous ferez un disque plus grand de 4 cm que le diamètre du fromage. Posez le fromage par-dessus et badigeonnez d'œuf battu la pâte qui dépasse autour. Abaissez ensuite au rouleau la deuxième enveloppe de pâte et faites-en un disque assez grand pour recouvrir le fromage et rejoindre la pâte à la base. Pressez bien ensemble les deux pâtes en prenant soin d'éliminer les poches d'air qui auraient pu se former. Découpez à la roulette ou au couteau tout autour.

Badigeonnez la pâte d'œuf battu. Décorez ensuite de languettes de pâte que vous badigeonnerez bien sûr aussi d'œuf battu. À l'aide d'un fin couteau, pratiquez 3 ou 4 incisions dans la pâte pour permettre à la vapeur de s'échapper. Réservez ensuite le chef-d'œuvre au frigo pendant une vingtaine de minutes. La pâte bien refroidie fera tantôt un meilleur feuilletage.

À four bien chaud (400 °F), faites dorer sur une plaque pendant 25 minutes, le temps qu'il faut pour que la croûte soit bien dorée et que le fromage commence à fondre.

Servez aussitôt avec, peut-être, une petite salade de cresson bien vert arrosé d'une vinaigrette au vinaigre balsamique : 2 fois d'huile, 1 fois de vinaigre. Salez et poivrez au goût.

Variation

On peut remplacer le reblochon par un brie ou par un camembert, de France ou bien d'ici.

MÉDAILLONS DE CHÈVRE CHAUD AUX HERBES

Depuis quelques années, les producteurs caprins nous régalent de leurs fromages fins. Le chèvre frais de la maison Tournevent n'a rien à envier aux chèvres frais français. Voici quelques recettes simples pour l'apprêter.

baguette ou pain au levain
1 bûche de chèvre frais (environ 250 g)
fines herbes finement hachées
chapelure
noix de Grenoble

Vous avez déjà fait dorer au four des tranches fines de baguette ou de pain au levain. À 300 °F, sur une plaque, pendant une vingtaine de minutes, et le tour est joué.

Pour 4 convives, il faut une bûche de chèvre frais d'environ 250 g. Tranchez-la en

4 médaillons que vous badigeonnez d'huile d'olive. Poivrez généreusement. Saupoudrez ensuite d'une pincée de fines herbes finement hachées : thym, romarin ou tout simplement herbes de Provence. Laissez macérer au frigo pendant 1 heure au moins. Quelques minutes avant de servir, enrobez les médaillons de fine chapelure ou, mieux encore, d'un mélange de chapelure et de noix de Grenoble pulvérisées. Déposez chaque médaillon sur sa tranche de pain grillé. Réchauffez ensuite au four à 400 °F pendant 5 ou 6 minutes, tout juste le temps qu'il faut pour que le fromage soit chaud sans pour autant s'effondrer.

Servez sur un mesclun arrosé d'une vinaigrette bien relevée. Ajoutées au mesclun, des feuilles de radicchio effilochées ou quelques feuilles d'endives ajouteraient une note bienvenue d'amertume. On peut tout aussi bien remplacer le mesclun par une salade tiède de lentilles ou de haricots.

SALADE DE FLAGEOLETS

Pour ma part, j'aime bien servir ces médaillons de chèvre sur une salade de flageolets. Un boîte de flageolets, donc, que vous égouttez et rincez à l'eau froide. En guise de vinaigrette, du pesto de basilic, disons 2 c. à soupe, auquel on ajoute 1 c. à soupe de vinaigre balsamique et 2 c. à soupe d'huile d'olive extra-vierge.

LIPTAUER HONGROIS

Originaire de Hongrie, le liptauer est fait de fromage blanc fait de lait de vache, de brebis ou de chèvre qu'on aromatise aux fines herbes et au paprika. On peut le faire à la maison avec du labneh ou tout simplement avec du fromage quark ou cottage lisse. Les proportions sont affaire de goût.

labneh, fromage quark ou cottage lisse
fines herbes fraîches hachées
paprika
graines de fenouil

Pour 2 t. de fromage, à titre d'indication seulement, disons au moins 1/2 t. de fines herbes fraîches hachées : du persil plat, de l'échalote verte ou de la ciboulette, du fenouil frais ou de la coriandre, si on en a. Pour colorer et aromatiser, on ajoute une bonne c. à soupe de paprika. Hongrois. (Le paprika de marque Szeged qu'on trouve en boîte métallique est de loin le meilleur.) J'aime bien aussi ajouter au mélange 1 ou 2 c. à thé de graines de fenouil. On mélange bien et on réserve au frigo dans un bol recouvert d'une pellicule plastique. Attendre au moins 24 heures avant de déguster. Avant de servir, on laisse au comptoir pendant une bonne demi-heure. Le liptauer est meilleur à la température ambiante avec des tranches fines de pain de seigle ou de pain noir.

FROMAGE ÉLECTRIQUE

chèvre frais (environ 200 g)
vinaigre de vin rouge ou blanc
sauce chili
piments secs broyés

Arrosés d'une vinaigrette piquante et tomatée, vos médaillons de chèvre frais vous étonneront. Pas surprenant que les Italiens aient choisi de nommer cette préparation *formaggio elettrico* ! Dans un petit bol, 200 g à peu près de chèvre frais qu'on poivre généreusement. Arrosez d'une vinaigrette faite d'huile d'olive

bien parfumée (disons 1/3 de t.) et de quelques gouttes de vinaigre de vin rouge ou blanc (disons 1 c. à thé). Ajoutez 1 c. à soupe de sauce chili et une généreuse pincée de piments secs broyés. À défaut de piments secs, 1 c. à thé de harissa ou de sambal olek, ou quelques gouttes de Tabasco. Laissez mariner au frigo pendant 1 ou 2 jours. Servez avec des tranches de pain grillé.

CHÈVRE À L'ÉCHALOTE ET AUX POIVRONS

chèvre frais (environ 250 g)
1 échalote grise
1 poivron rôti
paprika, sauce Tabasco
le jus de 1/2 citron jaune ou vert

Dans un petit bol, écrasez le chèvre frais à la fourchette. Ajoutez l'échalote grise très finement hachée et le poivron rôti en tout petits dés. Ajoutez aussi 1 ou 2 pincées de paprika, si vous en avez sous la main, puis quelques gouttes de Tabasco, le jus de citron et un filet d'huile d'olive, disons 1 c. à soupe. Mélangez bien à la fourchette. Réservez au frigo dans un bol recouvert de matière plastique. Mieux vaut attendre une douzaine d'heures au moins avant de déguster. Cette recette, vous l'aurez deviné, est la version italienne du liptauer hongrois.

CHÈVRE FRAIS À L'ARMAGNAC DE MARIE-CLAUDE GARCIA

Dans Ma cuisine en Provence *(Livre de Poche, 1998), Patricia Wells propose cette surprenante recette qu'elle tient de Marie-Claude Garcia, du restaurant* La Belle Gascogne. *Patricia Wells explique qu'on peut remplacer l'armagnac par du cognac ou du marc de Bourgogne. Pour ma part, j'ajoute qu'on peut tout aussi bien choisir le rhum. Pour son goût caramélisé de cassonade, le Barbancourt d'Haïti est particulièrement réjouissant.*

1 c. à thé de cassonade
1 c. à thé d'armagnac
125 g de fromage de chèvre très frais
pain aux noix

Dans un petit bol, faites fondre la cassonade dans l'armagnac. Dans un bol, écrasez le chèvre à la fourchette. Ajoutez quelques gouttes de l'armagnac sucré. Mélangez et goûtez. Ajoutez de l'armagnac au goût. Servez dans un ramequin à la température ambiante avec des tranches grillées de pain aux noix.

Les flapjacks de Dimitri

À 18 ans, je suis allé seul à Provincetown pour faire de la gravure à l'école de Seong Moy. C'est alors que j'ai connu Sarah. Sa mère l'avait appelée Sarah. Sarah Brown. « *I prefer to be called Edwina. Edwina Montagu !* Mon nom d'artiste », ajoutait-elle en français. Étudiante en art dramatique à New York, elle passait ses étés à Cape Cod. Le matin, elle était serveuse au *Blueberry Inn*. Le soir, elle travaillait au guichet du *Provincetown Playhouse*. Edwina rêvait d'être jeune première. « J'ai changé de nom. Je n'ai plus qu'à changer de corps ! » Elle aurait ému Rubens et ravi Botero. *« I am too much ! There is too much of me ! »* disait-elle au beau Dimitri pour l'entendre répondre : « Je n'aurai jamais trop de toi ! »

Dimitri, c'était une idée d'Edwina. « Parce qu'il a l'air d'un berger crétois. » En fait, il s'appelait bêtement John. Nous l'appelions Flapjack, parce que c'est lui qui faisait les crêpes du *Blueberry Inn*. Au menu, justement, des *flapjacks*, des crêpes épaisses comme celles de la tante Jemima, qu'il faisait dorer sur la plaque dans la graisse de bacon. Au *Blueberry Inn*, on servait bien sûr les *flapjacks* avec des bleuets frais. On arrosait la crêpe du sirop bleu des petits fruits, qu'on gardait sur le réchaud dans une cafetière de porcelaine blanche. Tout à côté, dans une autre cafetière toute pareille, le café. Une fois sur deux, Edwina se trompait : elle versait du café chaud sur les *flapjacks* ou bien du sirop de bleuets dans la tasse à café. *« I did it again ! »* disait-elle en éclatant d'un grand rire, un rire généreux qui secouait tout son corps sans qu'il sorte le moindre son de sa bouche hilare. Un spectacle qui nous ravissait. Tous les matins, nous étions là, quelques amis, à surveiller Edwina du coin de l'œil dans l'espoir qu'elle se trompe. Elle était si belle, notre grosse, surtout quand elle riait ! À midi, nous partions tous ensemble à la mer pour jouer au ballon. Quand Edwina sautait pour l'attraper, elle s'envolait, plus légère que l'air… Mais trêve de belles histoires, passons à la recette, comme dirait sœur Angèle.

LES FLAPJACKS DE DIMITRI

Pour faire des flapjacks *à la façon de Dimitri, faites une pâte à crêpes comme celle de mon père.*

1 t. de farine
1 pincée de sel
2 c. à thé de poudre à pâte
3 œufs
1 t. de lait
huile

Dans un grand bol, la farine, le sel et la poudre à pâte. Ajoutez les œufs. Brassez bien à la fourchette pour écraser les grumeaux. Ajoutez ensuite le lait et brassez encore au fouet. La pâte est prête.

Ajoutez-y quelques bleuets. Faites dorer au poêlon dans un peu de beurre doux. Pour le sirop, faites frémir les petits fruits dans un peu d'eau sucrée au goût. Quand les fruits ont éclaté, passez le sirop au tamis.

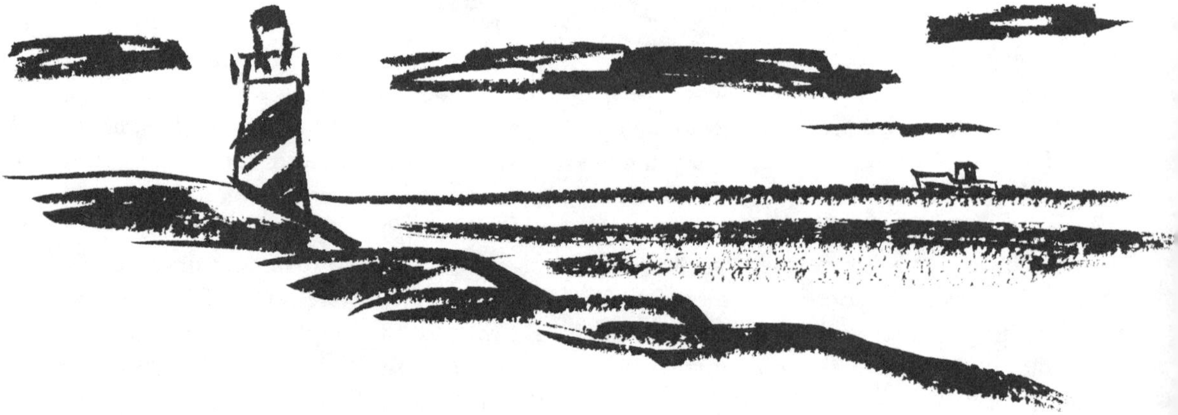

Crêpes en mouchoir et leur sauce au chocolat

1 t. de farine
1 1/4 t. de lait
1 pincée de sel
4 œufs
3 ou 4 c. à soupe de beurre fondu
zeste de citron ou d'orange
la sauce au chocolat

Dans un grand bol, la farine, le lait, le sel et les œufs. Ajoutez le beurre fondu. Au fouet ou bien à la mixette, faites-en une pâte homogène que vous laisserez reposer au comptoir 1 heure au moins, histoire de « détendre » le gluten. Vos crêpes en seront plus légères. On peut aromatiser la pâte en y ajoutant par exemple une pincée de zeste fin de citron ou d'orange.

La sauce

Pour faire la sauce au chocolat, rien de plus simple. À feu doux, dans une casserole à fond épais, amener à ébullition de la crème à 35 %. Combien ? Autant que vous voudrez. Tiens, disons 1/2 t. Hors flamme, ajoutez du chocolat grossièrement haché. À la spatule ou à la cuiller de bois, brassez pour bien incorporer. Combien de chocolat ?
Décidément ! Disons une tasse. J'aime bien entourer les crêpes d'une couronne de petits bleuets, frais ou congelés.

Badigeonnez les crêpes de sauce chocolat. Repliez-les en mouchoir ou bien en portefeuille, à moins que vous ne préfériez les rouler en cigares. Réchauffez au four une dizaine de minutes à 300 °F et le tour est joué.

Bouchées de ricotta en pâte filo

500 g de ricotta fraîche
2 ou 3 jaunes d'œufs
1/2 t. de sucre
vanille ou zeste d'orange ou de citron
pignons grillés, noix de Grenoble hachées ou noisettes
raisins secs trempés dans le rhum
une douzaine de feuilles de pâte filo
beurre fondu

Pour la garniture, mélangez dans un bol la ricotta fraîche, les jaunes d'œufs et le sucre. Parfumez d'un bouchon de vanille, à moins que vous ne préfériez le zeste de 1 orange ou de 1 citron. Vous pouvez ajouter des pignons grillés, des noix de Grenoble hachées ou, pourquoi pas, quelques noisettes. Vous pourriez aussi ajouter des raisins secs trempés pendant 1/2 heure dans le rhum.

Pour faire une douzaine de feuilletés, il faut autant de feuilles de pâte filo. Sur le plan de travail, badigeonnez chaque feuille de beurre fondu, pliez-la en trois sur le long pour obtenir un rectangle 5 ou 6 fois plus long que large. À la base étroite, déposez 2 ou 3 c. à soupe de garniture à la ricotta. Repliez en triangle pour enfermer le fromage. Repliez de nouveau en enveloppant le triangle. Repliez encore et continuez de même jusqu'en haut.

Déposez les triangles sur une plaque beurrée ou, mieux encore, sur une feuille de papier antiadhésif. Enfournez à 375 °F pendant une vingtaine de minutes jusqu'à ce que vos triangles soient bien dorés. On peut les servir chauds, mais ils seront meilleurs tièdes, servis sur un coulis ou une sauce de petits fruits, de bleuets, par exemple.

Coulis de bleuets

Pour faire un coulis de bleuets, il en faut. Ça tombe bien, si vous en avez, sinon, utilisez des bleuets congelés. Dans la casserole, donc, des bleuets que vous sucrez au goût. Ajoutez un peu d'eau. Amenez à ébullition et laissez frémir à couvert 1 ou 2 minutes, tout juste le temps qu'il faut pour que les fruits éclatent. On peut épaissir la sauce en y ajoutant un peu de fécule de maïs diluée dans un peu d'eau. Laissez frémir quelques secondes en brassant bien. Versez dans chaque assiette et déposez les triangles de feuilleté par-dessus. Excellent !

Soufflé glacé au chocolat

4 œufs
250 g de chocolat fin ou 8 carrés de chocolat Baker's mi-sucré ou, mieux encore, mi-amer
2 t. de crème à 35 %

Pour faire un soufflé glacé mémorable, séparez d'abord les œufs. Dans une tasse, les quatre jaunes. Dans un cul-de-poule exempt de toute trace de matière grasse, les blancs, qu'on montera tantôt en neige. Laissez-les au comptoir se réchauffer un peu. En attendant, hachez le chocolat grossièrement à la planche, puis pulvérisez-le au robot. Dans une casserole à haut rebord et à fond épais, amenez la crème à ébullition.

Mettez le robot en marche, versez la crème bouillante sur le chocolat, laissez tourner 2 ou 3 secondes, ajoutez les jaunes d'œufs. Laissez tourner 2 ou 3 secondes de plus.

Versez ensuite le mélange dans un grand bol et laissez refroidir au comptoir une quinzaine de minutes avant de monter les blancs en neige.

À la mixette, fouettez d'abord à basse vitesse pendant quelques secondes, le temps qu'il faut pour « casser » les blancs et les faire mousser. À vitesse moyenne, fouettez encore jusqu'à ce que se forment des pics bien lustrés. Il faut à tout prix éviter de trop fouetter les blancs : quelques secondes de trop et la neige perd son lustre. La voilà soudain sèche, qui graine et s'effondre. Pour s'assurer du succès, il suffit de vérifier l'état des blancs en fin de parcours. On stoppe le moteur, on soulève les fouets. Si des pics se forment qui tiennent mais dont la pointe retombe en bec d'oiseau, c'est prêt. De grâce, ne fouettez plus.

À la spatule, en un mouvement circulaire allant de haut en bas, incorporez au mélange de crème et de chocolat le tiers (à peu près) de la neige. Dans ce mélange allégé, incorporez ensuite de la même manière le reste de la neige. On n'a plus qu'à verser dans un grand moule à soufflé ou dans de petits ramequins. Et hop ! au congélateur pendant 3 heures au moins.

Pour créer l'illusion d'un soufflé chaud formant chapeau plus haut que le rebord du moule, on garnit celui-ci d'un faux col. C'est facile. Il suffit d'entourer le moule ou les ramequins d'un col fait d'une feuille double de papier alu qu'on fait tenir à la ficelle, au trombone ou, tout simplement, au ruban gommé. Que le col ainsi fait dépasse le moule de 2 ou 3 cm. On verse le mélange dans le moule qu'on remplit jusqu'au sommet du faux col. Au moment de servir, on enlève bien sûr le papier alu…

Variations

On peut parfumer de diverses manières. Le zeste de 1 orange ou de 1 citron ajouté au chocolat râpé vous ravira. Mieux encore, 1 ou 2 c. à soupe de Drambuie, de curaçao ou de Grand Marnier. Pour un soufflé moka, ajoutez au chocolat pulvérisé 1 ou 2 c. à thé de café soluble de qualité.

Bouchées de bleuets au chocolat

chocolat
bleuets

Faites fondre tout doucement du chocolat au bain-marie. Quand il est tiède au doigt, faites-y tomber des bleuets et brassez du bout des doigts pour bien les enrober. Déposez-les ensuite sur une plaque sans corps gras et mettez à prendre au frigo. C'est exquis. Les bouchées seront bonnes si vous employez du chocolat Baker's mi-amer. Elles seront exquises si vous employez du chocolat européen de meilleure qualité, le Valrhona, par exemple.

La lotte de mon cousin Pierre

Fin cuisinier à ses heures, mon cousin Pierre éprouve pour la lotte et les abricots une passion si grande qu'il lui vint un jour l'idée apparemment farfelue de décupler son plaisir en inventant un plat tout à fait étonnant.

« Je choisis une queue de lotte bien fraîche et bien en chair, de 1 kg environ. À la maison, je prélève l'os cartilagineux du poisson et je farcis l'incision d'abricots secs. J'ajoute par-dessus quelques tranches de bacon et je fais cuire une vingtaine de minutes à couvert à four chaud, à la vapeur sur une marguerite.

— Et c'est bon ? lui demandai-je pour l'entendre décrire son plaisir. (Mon cousin Pierre est un divin conteur.)

— Bon ? Comment pourrait-il en être autrement ? Le bacon qui ajoute au poisson son parfum de fumée, les abricots tout sucrés de soleil et qu'on jurerait arrosés de l'air marin de l'île de Crête ! La chair de la lotte qui prend un goût légèrement sucré qui rappelle le pétoncle ! Mais, malgré tout, je reste sur ma faim. Pour tout dire, ça manque de sauce. En aurais-tu une à me proposer qui soit facile à faire et qui permette à l'abricot de prendre toute la place qu'il mérite sans noyer le poisson ?

— Mon cher cousin, je ne suis pas peu fier de te proposer une sauce minute aux abricots qui fera, j'en suis sûr, ton bonheur. Mais laisse-moi en même temps te suggérer de faire cuire ta lotte à découvert, comme un rôti. Elle n'en sera que plus goûteuse ! »

Rôti de lotte aux abricots

queue de lotte de 1 kg
20 abricots secs
1 t. de vin blanc sec ou de jus d'orange
basilic, thym, estragon ou persil plat frais
10 tranches de bacon ou de jambon de Bayonne ou de Parme

« Tu choisiras donc chez le poissonnier une queue de lotte bien fraîche et bien en chair : 1 kg environ. Tu demanderas au poissonnier de prélever la vilaine peau et l'os central et d'en faire deux filets. À la maison, tu mouilleras tes abricots secs (une vingtaine) de vin blanc sec ou de jus d'orange frais : 1 t. de jus d'orange ou de vin blanc, c'est suffisant. Tu les laisseras macérer pendant 3 ou 4 heures, le temps qu'il faut pour qu'ils retrouvent leur jeunesse. Tu les égoutteras en prenant soin de réserver le jus d'orange ou le vin blanc qui servira à préparer la sauce.

« Sur 1 des 2 filets de lotte, tu déposeras tes abricots. Tu ajouteras une vingtaine de feuilles de basilic frais si, par bonheur, tu en trouves. Sinon, 1 ou 2 branches de thym frais ou d'estragon feront l'affaire. À moins que tu ne préfères ajouter 1 t. de persil plat finement haché. Tu recouvriras le filet garni de l'autre filet, mais en prenant soin de l'inverser de façon à obtenir un "rôti" de diamètre égal : voilà qui assurera une cuisson uniforme et un meilleur coup d'œil.

« Tu badigeonneras le poisson d'un peu d'huile d'olive et tu envelopperas ton rôti d'une dizaine de tranches de bacon, à moins que tu ne préfères l'envelopper de fines tranches de jambon de Bayonne ou de Parme. Ce rôti, tu le déposeras savamment sur une plaque et tu le mettras à rôtir à four bien chaud (400 °F) à découvert pendant 15 à 20 minutes, le temps qu'il faut pour que la chaleur traverse la chair du poisson. Tu protégeras ensuite le poisson d'une feuille d'alu et le laisseras reposer au comptoir pendant une dizaine de minutes pour que la chaleur et les jus se répartissent uniformément. Ce sublime rôti, tu le serviras en médaillon sur cette sauce que je t'ai concoctée.

Sauce aux abricots

1 c. à soupe de sucre
cidre
jus d'orange ou vin blanc
1 ou 2 échalotes grises finement hachées
1 ou 2 boîtes d'abricots en conserve
sauce soja

« Dans une petite casserole à fond épais, tu feras d'abord caraméliser à chaleur moyenne le sucre que tu auras à peine mouillé de cidre. Tu éviteras à tout prix de brasser, afin d'éviter une cristallisation intempestive du sucre.

« Quand le sucre aura fondu et pris une belle couleur d'ambre, verse par-dessus le jus d'orange ou le vin blanc sec que tu as réservé tantôt. Brasse bien pour dissoudre le caramel et ajoute les échalotes grises. Laisse réduire presque à sec : il ne doit rester au fond de la casserole que 3 ou 4 c. à soupe de liquide.

« Ajoute alors à la casserole les abricots en conserve, que tu auras pris soin de bien choisir. Les abricots importés d'Espagne ou de Grèce sont les meilleurs. Quant au sirop de conservation, qu'il soit "léger", c'est-à-dire à peine sucré. Au robot, pulse les abricots et leur sirop en évitant de faire une purée trop fine. La sauce sera meilleure si on y retrouve de petits morceaux de fruits. Verse donc dans la casserole tes abricots, amène à ébullition et laisse mijoter pendant une dizaine de minutes à découvert avant d'ajouter au goût de la sauce soja, au moins 5 c. à soupe. Voilà ! la sauce est prête. Tu pourras y ajouter le jus qui s'est échappé de la lotte au repos. »

Lotte à la chinoise

Nous ne sommes pas les seuls, mon cousin Pierre et moi, à jeter notre dévolu sur la lotte. Mon ami Amédée, poissonnier au marché Atwater, me le confirme : « J'en vends de plus en plus et pas seulement à mes clients européens. De plus en plus de Québécois raffolent de cette chair à la fois tendre et ferme qui ressemble au pétoncle. »

Rendez visite, vous aussi, à votre poissonnier ou allez chez Tataris *pour y trouver ce poisson monstrueux qui n'a rien en apparence pour vous mettre en appétit, mais que vous découvrirez avec ravissement si vous surmontez sa laideur. Paraphrasant Brassens, vous chanterez à votre tour : « Cette lotte est bien vilaine, il me la faut ! » Apprêté à la chinoise, le Cyrano des mers vous ravira.*

1 kg de lotte en médaillons de 3 cm
10 gousses d'ail pelées
1 noix de gingembre frais haché
1 ou 2 c. à thé de sambal olek

1 c. à soupe d'huile de maïs ou d'arachides
3 c. à soupe de sauce soja
3 c. à soupe de sauce aux huîtres
3 c. à soupe de vinaigre de riz ou de cidre
1/2 t. de sherry
ciboulette hachée ou échalotes vertes en tronçons

D'abord préparez la sauce. Au poêlon, faites légèrement dorer les gousses d'ail dans 1 c. à soupe d'huile avec le gingembre haché et le sambal olek. Versez ensuite par-dessus la sauce soja, la sauce aux huîtres et le vinaigre de riz ou de cidre. Laissez réduire à découvert pendant quelques minutes pour que l'ail s'imprègne bien de la sauce. Ajoutez enfin le sherry. Laissez réduire un peu et réservez.

Badigonnez d'huile les médaillons de lotte et faites-les dorer dans un poêlon antiadhésif à chaleur moyenne. Sitôt qu'ils sont dorés, retournez-les pour faire dorer l'autre côté. Versez la sauce réservée par-dessus. Brassez bien pour que le poisson soit bien enduit de sauce. Poivrez et garnissez de ciboulette ou d'échalotes.

Médaillons de lotte grillés et vinaigrette chaude

Faites dorer au poêlon les médaillons de lotte dans l'huile d'olive. Servez-les arrosés d'une vinaigrette chaude faite de vinaigre balsamique et d'huile d'olive extra-vierge dans lesquels on a écrasé une dizaine de grains de coriandre. Les proportions sont les mêmes qu'à l'habitude : 4 c. à soupe de vinaigre et 8 c. à soupe d'huile d'olive. Servez les médaillons sur un effiloché d'endives. Une compote d'oignons rouges serait formidable avec ça.

Médaillons de lotte au poivre

Pour chaque convive, à peu près 200 g de lotte en 1 ou 2 médaillons. On les enrobe généreusement de poivre en mignonnette (du poivre grossièrement moulu). À la poêle bien chaude on fait rapidement dorer dans un soupçon d'huile et de beurre doux. On réserve le poisson. On déglace d'un trait de cognac ou de brandy (du rhum ou bien du scotch feraient tout aussi bien l'affaire). On ajoute un peu de crème (disons 1/4 de t.). On laisse réduite du tiers. On nappe les médaillons.

Médaillons de lotte à la crème dijonnaise

On fait dorer les médaillons comme pour la lotte au poivre. On réserve le poisson. Dans la poêle on fait tomber une ou deux échalotes françaises finement hachées. On ajoute de la crème : disons 1/2 t. On amène à ébullition. On ajoute disons 1 c. à soupe de moutarde de Dijon. On mélange bien et voilà !

MÉDAILLONS DE LOTTE À LA CRÈME CITRONNÉE

On fait dorer les médaillons comme il est dit plus haut. Pour la sauce, rien de plus simple. Dans la poêle, 1/2 t. de crème. On amène à ébullition. On ajoute le zeste et le jus de 1/2 citron. On sale et poivre au goût…

La mer à pleine louche

Embaumant le safran, toute parfumée d'anis et colorée de rouille, ma soupe de poisson s'inspire de la bouillabaisse de Marseille. Mais nous sommes à mille lieues de la Méditerranée. Oublions donc la rascasse, ce poisson à l'allure de teigne, un poisson monstrueux à grosse tête hérissée d'épines. Sans rascasse, je sais, ma bouillabaisse n'a plus rien d'authentique... Y manquent tout autant la cigale de mer et ces petits poissons des roches : chapons, vives et galinettes qu'on plonge encore tout frétillants dans la marmite. Mais trêve d'authenticité, pourquoi se morfondre ? Nous sommes ici généreusement baignés par l'Atlantique. De la morue, de l'aiglefin, du flétan, du vivaneau et de la lotte en abondance : autant en profiter. Mieux encore, nous inspirant cette fois de la cotriade bretonne, ajoutons à la soupe oignons, poireaux et pommes de terre : raisons de plus de célébrer.

Pour 6 personnes, demandez à votre poissonnier de vous préparer 1,5 ou 2 kg de poissons variés. De la morue, de l'aiglefin ou bien du vivaneau en filets, une belle darne de flétan ou bien de la lotte en généreux tronçons de 2 cm au moins. N'oubliez pas en même temps de faire provision de safran. Justement, Amédée, mon poissonnier du marché Atwater, vend du safran iranien. Dans la petite fiole, des pistils d'un rouge grenat sans la moindre trace jaune ou orangée. Incrédule, je hume. Un parfum envoûtant à faire pâlir d'envie le meilleur safran d'Espagne. Le safran iranien est plus cher, mais une dizaine de pistils à peine suffisent pour colorer et parfumer ma soupe.

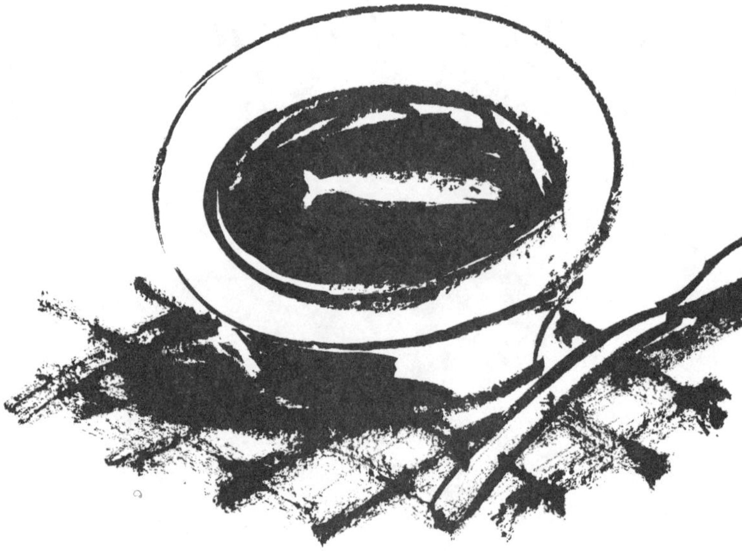

Bouillabaisse des mers du nord et son aïoli

1,5 ou 2 kg de poissons variés
safran
vin blanc
4 ou 5 gousses d'ail pelées, dégermées et grossièrement hachées
2 oignons moyens
1 ou 2 blancs de poireaux
6 pommes de terre moyennes rouges, blanches ou, mieux, à chair jaune (Yukon Gold)
1 bulbe de fenouil
quelques carottes en fines rouelles
2 ou 3 branches de cœur de céleri en dés
1 boîte de tomates italiennes
1 t. de vin blanc
laurier, thym ou d'herbes de Provence
1 once de Ricard

Dans une grande assiette, le poisson. Dans un petit bol, une dizaine de pistils de safran que vous mouillez de quelques gouttes de vin blanc. Voilà qui réveille l'épice et lui permet de donner toute sa couleur et son parfum. Laissez macérer quelques minutes avant de verser le safran et le vin sur le poisson. Ajoutez 4 ou 5 c. à table d'huile d'olive et l'ail. Mélangez le tout pour que le poisson s'imbibe bien des parfums et laissez macérer pendant la préparation des légumes.

Pelez les oignons et coupez-les en tranches fines. Coupez les blancs de poireaux en tronçons et rincez bien pour éliminer toute trace de sable. Pelez ensuite les pommes de terre et tranchez-les en petits dés. Rincez à l'eau froide et réservez dans une serviette pour empêcher l'oxydation. Tranchez ensuite à la mandoline, ou tout simplement au couteau sur la planche, le fenouil : voilà qui donnera à la soupe un fin parfum d'anis. Ajoutez les carottes et le céleri.

À feu moyen, dans une grande casserole à fond épais (de grâce, évitez l'aluminium), faites ensuite tomber les légumes dans 2 ou 3 c. d'huile d'olive. Laissez cuire 4 ou 5 minutes en brassant bien avant d'ajouter les tomates. Versez par-dessus le vin et recouvrez d'eau. Salez au goût. Ajoutez quelques grains de poivre, 1 ou 2 feuilles de laurier et 1 ou 2 pincées de thym ou d'herbes de Provence. Laissez tout doucement mijoter jusqu'à ce que les légumes soient cuits mais encore fermes à la dent. Ajoutez alors le poisson et sa marinade en vous assurant que le poisson est bien recouvert de bouillon. Laissez ensuite bouillir quelques minutes, juste le temps qu'il faut pour cuire le poisson. On fait bouillir plutôt que mijoter pour favoriser l'émulsion de l'huile d'olive dans la soupe. De là d'ailleurs le mot « bouillabaisse » : on « bouille » et aussitôt on abaisse la flamme. Rappelez-vous que le poisson est cuit sitôt que la chaleur l'a traversé ! Laissez ensuite reposer hors flamme quelques minutes de plus pour que les parfums se mélangent bien et que le safran ait le temps de colorer et de parfumer la soupe. Ajoutez le Ricard. Le parfum de réglisse fait là-dedans merveille. J'aime bien servir cette soupe avec un aïoli ou de la rouille.

Aïoli et rouille

4 jaunes d'œufs
4 ou 5 gousses d'ail
1 t. d'huile d'olive

L'aïoli, c'est tout simplement une mayonnaise riche en jaunes d'œufs et bien relevée d'ail. Pour faire l'aïoli au robot, rien de plus facile. Dans le bac, 4 jaunes d'œufs. Une généreuse pincée de sel et 4 ou 5 belles gousses d'ail pelées et dégermées. On met en marche, on verse lentement par le goulot 1 t. d'huile d'olive bien parfumée et le tour est joué.

1 c. à soupe de sambal olek ou harissa
1 ou 2 c. à soupe de concentré de tomates

Pour faire de la rouille, on procède de la même façon. On ajoute tout simplement aux 4 jaunes d'œufs et aux 5 gousses d'ail 1 c. à soupe de purée de piments, de sambal olek ou de harissa. On ajoute aussi, pour colorer, 1 ou 2 c. à soupe de tomate concentrée (de la pâte de tomates). On met le moteur en marche et on verse comme pour l'aïoli 1 t. d'huile d'olive.

J'aime bien servir ma soupe comme il est tradition de servir la bouillabaisse : dans un grand plat, les légumes et le poisson ; dans la soupière, le bouillon que chaque convive verse dans son bol sur une tranche de pain croûté qu'on a fait dorer au four puis badigeonnée d'huile d'olive dans laquelle on a écrasé une gousse d'ail. On peut aussi servir avec des croûtons qu'on fait dorer au poêlon à haute flamme dans quelques c. à soupe d'huile d'olive.

On mange d'abord la soupe, puis le poisson et les légumes.

COTRIADE BRETONNE

1,5 ou 2 kg de morue fraîche ou dessalée
2 ou 3 tranches épaisses de bacon
4 ou 5 oignons
5 ou 6 pommes de terre

Cette soupe de poisson du littoral breton est si facile d'exécution et si goûteuse qu'on en est doublement ravi. Pour 4 ou 5 gourmands, on tranche en dés deux ou trois tranches épaisses de bacon. Dans une casserole à fond épais on fait dorer les lardons dans 1 ou 2 c. à soupe d'huile. On ajoute 4 ou 5 oignons moyens qu'on a grossièrement hachés. On les fait tomber à chaleur moyenne, sans pour autant les laisser colorer. On ajoute alors prestement 5 ou 6 pommes de terre qu'on a pelées puis tranchées en assez gros dés. Toutes les pommes de terre conviennent à cette préparation. La Russet (dite aussi Idaho) riche en fécule fera épaissir le bouillon. Amenez à ébullition puis laissez à peine frémir jusqu'à ce que les pommes de terre soient cuites mais encore assez fermes à la dent. Voici venu le temps d'ajouter le poisson. Disons 1 ou 2 kg de morue fraîche ou dessalée. De l'aiglefin ferait tout aussi bien l'affaire. En somme, tous les poissons conviennent. Un seul rappel : surtout évitez de trop cuire le poisson. Il est prêt, rappelez-vous, sitôt que la chaleur l'a traversé.

On sert traditionnellement la cotriade en deux temps. On verse d'abord le bouillon sur des tranches de pain, c'est la soupe. On sert ensuite les légumes et le poisson dans les assiettes creuses. On arrose alors d'une vinaigrette classique qu'on choisira ou non de moutarder. Pour la vinaigrette donc, disons 1/4 t. de vinaigre de cidre, 3/4 t. d'huile d'olive extra-vierge et 1 ou 2 c. à soupe de moutarde de Dijon. On mélange à la fourchette ou au fouet pour faire l'émulsion.

Cioppino

Cette bouillabaisse d'inspiration californienne était faite à l'origine de crabes Dungeness en carapace qu'on faisait mijoter longuement dans une sauce tomate parfumée d'origan. Un plat « robuste », comme on dit poliment. Je vous en propose ici une version plus raffinée que vous pourrez à votre tour interpréter à votre guise.

1 ou 2 oignons moyens assez finement hachés
5 ou 6 gousses d'ail pelées, dégermées et grossièrement hachées
thym et origan (ou herbes de Provence)
1/2 bouteille de vin blanc sec
1 boîte de tomates italiennes
le zeste de 1 orange ou de 1 citron
poissons, coquillages ou crustacés, au choix

Dans une casserole à fond épais, faites d'abord tomber les oignons dans 2 ou 3 c. à soupe d'huile d'olive. Avant qu'ils ne commencent à colorer, ajoutez l'ail. Cinq ou six gousses au moins, le double si le cœur vous en dit. Ajoutez 1 ou 2 généreuses pincées de thym et d'origan ou 1 ou 2 pincées d'herbes de Provence. Ajoutez le vin et les tomates. J'aime bien ajouter le zeste de 1 orange prélevé à l'économe en ruban. Un zeste de citron serait aussi fort bon. Amenez à ébullition et laissez frémir à couvert une quinzaine de minutes avant d'ajouter là-dedans les poissons, coquillages ou crustacés. De la morue fraîche, par exemple, ou bien de l'aiglefin que vous feriez à peine pocher dans la sauce, tout juste le temps qu'il faut pour que la chaleur ait bien traversé le poisson. De la lotte en tronçons, ça vous dirait ? Ou des pétoncles ? Ou des crevettes ? Pour les jours de grande fête, je vous suggère de faire pocher des homards. Dans la sauce qui mijote, déposez les homards. Couvrez et laissez mijoter une dizaine de minutes tout au plus.

Au doux pays du cassoulet

Rien ne ressemble plus à une recette de fèves au lard traditionnelles de chez nous qu'une recette de *New England baked beans*. On a beau, de part et d'autre des frontières, proposer quelques variations régionales, elles donnent toujours, en fait, les mêmes plats.

Des « fèves » blanches sèches qu'on fait d'abord tremper puis lentement mijoter au four avec du lard salé dans une marmite de grès. On remplace parfois le lard salé par de la perdrix, du canard, du chevreuil, de l'orignal ou bien du caribou. On mouille presque toujours à l'eau, qu'on remplace à l'occasion, en tout ou en partie, par de la bière ou du cidre. On ajoute parfois un oignon, quelques rondelles de carotte, une ou deux branches de céleri. Plus rarement une ou deux pommes, plus souvent du ketchup. En guise d'aromates, quelques brindilles de thym ou bien de sarriette. On n'oublie surtout pas de relever avec de la moutarde en poudre. On sucre à la mélasse et à la cassonade, plus rarement au sirop ou au sucre d'érable.

Mais à qui donc doit-on l'invention de ce plat « typique » aussi bien chez nous qu'en Nouvelle-Angleterre ? À n'en pas douter, nos fèves au lard sont effet de la Conquête. Un cas typique, dirait Memmi, de colonisé qui se prend pour le maître. La présence quasi obligée de la mélasse et de la moutarde en poudre trahit l'origine anglo-saxonne du plat. Comme M. Jourdain faisait de la prose sans le savoir, nos « bines » bien nommées sont folklore à l'anglaise. Le plat n'est pas mauvais, c'est vrai, mais le haricot mérite mieux que d'être inéluctablement travesti en « bine », désormais relégué aux charmes frelatés de la cabane à sucre. Que le haricot trouve sa vérité, qu'il s'exprime en français sous forme de cassoulet, et vous verrez que vous ne pourrez plus jamais résister à ses charmes.

Le cassoulet, un Dieu en trois personnes

Tout aussi friand de métaphores que de potée de haricots, le gastronome Prosper Montagné disait du cassoulet, ce « Dieu de la cuisine occitane », qu'il est un Dieu en trois personnes : « Le père, qui est le cassoulet de Castelnaudary, le fils, qui est celui de Carcassonne, et bien sûr le Saint-Esprit, qui est celui de Toulouse. » Montagné aurait mieux fait de comparer le cassoulet à l'hydre de Lerne puisqu'on en connaît des dizaines d'autres variations.

Ce qui distingue ces cassoulets les uns des autres, ce sont d'abord les haricots eux-mêmes, qui diffèrent d'une ville et d'un village à l'autre. Ce sont ensuite les viandes dont on le garnit : du porc sous forme de couenne, de petit salé, de jambon, de saucisse ou de confit. De l'agneau, épaule ou bien gigot. Du canard ou de l'oie sous forme de graisse ou de confit. On connaît même un cassoulet à base de poisson. On y ajoute parfois des pommes de terre et même du navet ! De la chapelure enfin ? Essentiel, nous disent les gourmands de Castelnaudary. Au contraire, nous disent les bonnes gens de Luchon, la chapelure croquante distrait de l'onctuosité des lingots.

Pas question, vous vous en doutez bien, de nous mêler ici de ces querelles de clocher. Nous avons bien assez des nôtres pour nous occuper. Aussi ai-je plutôt choisi de vous proposer, à mon tour, une potée de haricots bien de chez nous, qui met en valeur les produits d'ici. L'agneau frais du Québec m'enchante, en particulier celui de Charlevoix. Aussi me suis-je inspiré plus particulièrement du cassoulet de Luchon, qui met l'épaule d'agneau en vedette. J'y ajoute un jarret de porc frais pour remplacer la couenne fraîche, introuvable ici, et l'os de jambon du pays. Pour ce qui est des haricots de Comminges, un *must* pour le cassoulet luchonnais, remplaçons-les sans hésiter par notre humble fève sèche, qui fait assez bonne figure. Sans vergogne, je remplace le petit salé par du bacon pour son goût de fumée. Je sais, je sais, on risque en Occitanie de me houspiller !

MON CASSOULET DE CHARLEVOIX

1 kg d'épaule d'agneau
1 jarret de porc frais
3 tranches épaisses de bacon maigre
3 1/2 t. de fèves sèches
2 ou 3 c. à soupe de saindoux
1 gros oignon haché
2 grosses carottes pelées ou 5 moyennes
2 oignons entiers de grosseur moyenne pelés et piqués de 1 clou de girofle
2 ou 3 branches de céleri
1 feuille de laurier
1 pincée de thym ou d'herbes de Provence
5 ou 6 belles gousses d'ail pelées et dégermées
chapelure

Pour 8 personnes, demandez au boucher une épaule d'agneau d'à peu près 1 kg. Qu'il la désosse, qu'il tranche ensuite la chair en cubes en prenant soin de séparer d'abord comme il se doit les muscles. À la cuisson, l'agneau se tiendra mieux. Vous emporterez et la chair et les os. Demandez-lui en même temps un jarret de porc frais. Qu'il en fasse deux tronçons. Demandez-lui en plus trois tranches épaisses de bacon maigre (1 cm, comme pour faire des lardons).

On peut parfois trouver ici, dans les épiceries fines d'importation, des haricots français : lingots, cocos ou même haricots de Comminges. C'est vrai qu'ils sont fort bons, mais nos fèves sèches conviennent parfaitement. À condition bien sûr qu'elles soient de récolte récente. Des haricots qui vous attendent depuis plus d'un an dans la dépense résisteront à la cuisson !

Vous pouvez faire tremper les haricots dans l'eau froide pendant une douzaine d'heures, comme on le recommande habituellement. Ils risquent cependant de fermenter. Aussi, je préfère les soumettre secs à une première cuisson. Amenez à ébullition, laissez mijoter de 5 à 10 minutes, puis laissez-les reposer dans leur eau ou égouttez-les tout de suite et réservez-les dans la passoire.

À feu moyen, dans une casserole à fond épais, une sauteuse ou un poêlon, faites ensuite rissoler les morceaux d'agneau dans le saindoux. À défaut de saindoux, une noix de beurre doux et 1 c. à soupe d'huile feront presque aussi bien l'affaire. Surtout, n'encombrez pas trop le poêlon. Des morceaux trop tassés retiennent la vapeur. Plutôt que de dorer en surface, l'agneau mijote alors dans son jus. Si le poêlon est trop petit, mieux vaut procéder en deux temps.

En quelques minutes, l'agneau caramélise en surface. Réservez-le aussitôt dans un plat.

Dans le même poêlon, faites ensuite tomber l'oignon. Sitôt qu'il commence à peine à colorer, réservez-le avec l'agneau.

Dans une casserole à fond épais, jetez l'agneau et l'oignon. Ajoutez les haricots égouttés, mélangez d'un tour de cuiller de bois et recouvrez de 1 po d'eau tiède. Ajoutez les carottes, les oignons, le céleri, le laurier et le thym ou les herbes de Provence. Ajoutez enfin le jarret tranché et les os. Ne salez pas. Le sel fait durcir la peau des légumineuses. On salera en fin de parcours, après avoir ajouté le hachis de bacon.

De la main, enfoncez légumes, jarret et os, et assurez-vous que tout est immergé. Couvrez et amenez à ébullition. Réduisez ensuite le feu et laissez mijoter tout doucement jusqu'à ce que les haricots fondent à la dent : 1 1/2 heure au moins de cuisson, parfois 2 heures.

Jetez les os. Jetez aussi sans hésiter les carottes, les oignons et les branches de céleri : ils ont tout donné à la sauce et ne sont plus que fade amas de cellulose. Jetez enfin la peau, le gras et les os du jarret pour ne conserver que la viande. Recouvrez et laissez doucement mijoter.

À la planche, tranchez le bacon en bâtonnets. Dans le bac du robot, ajoutez l'ail au bacon. Pulsez quelques secondes pour en faire un hachis assez fin que vous ajouterez au cassoulet. Vous n'avez plus qu'à laisser mijoter une quinzaine de minutes de plus avant de servir comme on fait à Luchon.

Mais votre cassoulet sera vraiment meilleur si vous le couronnez d'une belle croûte de chapelure dorée. Pour ce faire, recouvrez-le d'un généreux centimètre de chapelure et enfournez à 350 °F pendant 1/2 heure. Le pain absorbe le gras remonté en surface et prend goût de croûton. Vous verrez, c'est divin.

Champignons de Paris et agneau de Charlevoix

Agronome à Versailles, Olivier de Serres eut un jour l'idée saugrenue de cultiver des champignons pour la table royale. Sachant le roi friand de chanterelles, de cèpes et de morilles, ces aristocrates des sous-bois, de Serres jeta son dévolu sur l'humble *agaricus campestris,* un champignon des champs qui prolifère sur le fumier. Dans les écuries du roi, de Serres trouva ce qu'il fallait. Le royal terreau fit merveille. Observateur méticuleux, l'agronome mit peu de temps à reproduire artificiellement les conditions nécessaires à la culture de l'humble champignon. La recette était simple : du bon fumier qu'on laisse fermenter. On ensemence ensuite et on n'a plus qu'à contrôler la température et l'humidité.

En s'inspirant de la façon de faire d'Olivier de Serres, on transforma plus tard les catacombes de Paris en immenses champignonnières. L'*agaricus campestris* devenu « champignon de Paris » entreprit alors de faire la conquête du monde malgré ses humbles origines et son parfum trop discret. Car il faut bien reconnaître que l'*agaricus,* même à l'état sauvage, n'a rien pour épater le gastronome.

Pour augmenter la sapidité de l'*agaricus campestris,* François Pierre La Varenne, écuyer de cuisine du marquis d'Uxelles à l'époque du Roi-Soleil, eut un jour l'idée d'y ajouter de l'échalote pour faire un hachis fin qu'il fit suer au beurre et lia à la crème. La Varenne venait d'inventer la duxelle, une idée de génie qui s'imposa en cuisine française pendant les siècles à venir pour le plus grand plaisir des uns et le plus grand malheur des autres. Honoré de Balzac, par exemple, fourchette alerte s'il en fut, ne se lassait pas de vanter les mérites des champignons de Paris hachés en fine duxelle. Pour sa part, la gourmande Colette vouait le champignon de Paris et l'impérialiste duxelle aux gémonies. « Comment cette chose insipide issue des catacombes prétend-elle usurper la place qui revient de droit à la truffe et à la chanterelle ? » Ma chère Colette, laissez-moi vous répondre avec les mots en usage aujourd'hui : c'est une simple question de rapport qualité-prix ! Malgré Colette, les champignons de Paris triomphent plus que jamais. À preuve, on en produit bon an mal an sur la planète plus d'un million et demi de tonnes. En mesure métrique, c'est un milliard cinq cents millions kilogrammes ! Autant en profiter.

Les champignons de Paris, c'est vrai, ne peuvent se comparer aux cèpes ou aux morilles, mais ils sont tout à fait délicieux si on sait bien les apprêter. Ce qui m'amène inévitablement à la préparation de la duxelle. Trop finement haché à la façon de La Varenne, le champignon de Paris disparaît dans la sauce qu'il ne sert plus qu'à épaissir. Il faut au contraire, me semble-t-il, permettre à l'humble champignon d'affirmer sa présence. Voilà pourquoi je vous propose de ne pas hacher finement vos champignons, ni même de les trancher pour faire votre duxelle. Faisons-les plutôt sauter tout ronds dans le poêlon, ils sauront se tenir sans se gorger de gras.

On choisira de petits champignons de Paris de la meilleure venue, qu'ils soient d'une couleur uniforme, entièrement blancs ou café crème. Les tiges à l'endroit de la coupe ne montrent aucun signe d'oxydation ou de dessiccation. Les chapeaux refermés sur les tiges tiennent les lamelles à l'abri, signe que les champignons sont tout frais cueillis. On saute sur l'occasion. À la maison, on s'empresse de libérer les champignons de l'enveloppe plastifiée qui, loin de les protéger, les étouffe. Dans un sac de papier, ils respireront plus à l'aise sans craindre l'humidité. Juste avant de les cuire, on peut les rincer rapidement sous l'eau froide du robinet sans crainte de les noyer puisque le chapeau est refermé à la base. On les essuie bien avant de les sauter.

Duxelle de champignons

petits champignons de Paris
beurre doux
huile végétale
3 ou 4 échalotes ou 1 petit oignon, finement hachés
jus de 1/2 citron jaune ou vert
sel et poivre

Dans un poêlon déjà chaud, sur flamme moyenne, faites mousser une généreuse noix de beurre doux dans 1 c. d'huile végétale. (L'huile, on le sait, a pour fonction d'empêcher le beurre de brûler.) Faites tomber pendant quelques secondes les échalotes pour ajouter aussitôt les champignons. Mouillez du jus de citron pour augmenter la sapidité des champignons et pour empêcher l'oxydation. Pour assurer une cuisson uniforme, brassez à l'occasion. Sitôt que les champignons sont tendres à la fourchette, salez, poivrez et hachez grossièrement sur la planche ou, mieux encore, au robot. Il suffit de pulser quelques secondes 2 ou 3 fois, et le tour est joué.

GIGOT D'AGNEAU POÊLÉ ET SON AIL RÔTI

Ça y est, le désespoir m'envahit ! Devant l'étal de mon boucher, Adélard Bélanger du marché Atwater, un gigot d'agneau frais du Québec me séduit : une chair que je sais des plus tendres, et que j'imagine déjà toute parfumée d'herbes, fondant à la fourchette. J'en salive déjà ! Malheureusement, nous ne serons que deux ce soir chez moi. « Qu'à cela ne tienne ! » m'affirme, péremptoire, Moreno, dit Tom, dit aussi le Pirate, à cause de ce mouchoir noué qu'il porte en guise de résille : « Je vous en fais deux belles tranches que vous badigeonnerez d'huile d'olive et que vous ferez griller à la poêle comme des steaks. Mais attention ! Contrairement au bœuf, meilleur saignant ou bleu, l'agneau gagne en saveur si on le laisse cuire davantage. Qu'il soit rose à cœur ! Vous déglacerez ensuite votre poêlon d'un peu de vin rouge ou blanc et vous m'en donnerez des nouvelles ! »

Comment résister au savoir-faire de ce pirate maître queux ? Je résistai malgré tout pour la forme. « Ce que j'aime du gigot, lui rétorquai-je, ce sont les fines herbes de Provence qui le parfument si agréablement et l'ail que je mets à griller en même temps tout autour. »

« Eh bien ! faites comme Patricia Wells que vous citez si souvent et avec tant d'admiration ! Avec son gigot poêlé je crois me rappeler qu'elle sert de l'ail rôti justement, mais qu'elle fait dorer en gousses au poêlon ! Rien de plus simple ! On se garde bien de peler les gousses. On les fait dorer à chaleur moyenne avec une branche de thym et une autre de romarin dans 1 c. à soupe d'huile d'olive. En 5 minutes à peine, l'ail est rôti. On le réserve. On fait griller ses tranches de gigot. On déglace au vin rouge ou blanc. On ajoute hors flamme une noix de beurre doux pour monter la sauce. On ajoute l'ail rôti pour le réchauffer et le tour est joué ! » Vous ferez bien comme moi d'écouter le pirate !

CÔTELETTES D'AGNEAU GRATINÉES, SAUCE AU VIN BLANC

8 côtelettes d'agneau
8 rondelles fines de jambon de Paris
1 ou 2 c. à soupe de duxelle
1 ou 2 c. à soupe de gruyère râpé

Sauce :

1 ou 2 échalote française
1/2 t. de vin blanc sec

Pour 4 convives, il faut 8 côtelettes d'agneau que vous badigeonnerez d'huile extra-vierge pour les faire aussitôt sauter dans une poêle antiadhésive bien chaude. Il ne s'agit pas ici d'achever la cuisson des côtelettes, mais tout simplement de les caraméliser des deux côtés. Dans un plat qui pourra supporter l'ardeur du grill, disposez les côtelettes. Sur chacune, une rondelle fine de jambon de Paris. Par-dessus 1 ou 2 c. à soupe de votre duxelle. Pour couronner le tout, du gruyère râpé, disons encore ici 1 c. à soupe ou 2. Et hop ! sous le gril, tout juste assez de temps pour gratiner.

Pour faire la sauce, ajoutez à la poêle une ou deux échalotes françaises finement hachées, une noix de beurre doux. Faites tomber l'échalote. Mouillez ensuite d'un peu de vin blanc sec : disons 1/2 t. Laissez réduire de moitié à feu moyen. Hors flamme, ajoutez une noix de beurre doux et « montez » la sauce en brassant tout simplement à la fourchette ou au fouet pour faire l'émulsion.

CÔTELETTES D'AGNEAU AU PORTO

8 côtelettes d'agneau (pour 4 convives)
8 foies de poulet

Sauce :

2 ou 3 échalotes françaises
1/2 boîte de consommé de bœuf
1 c. à thé de fécule de maïs
1 verre de porto

Dans un petit bol, déposez les foies de poulet que vous avez parés avec soin, rincés rapidement à l'eau froide du robinet et essuyés à la serviette ou bien à l'essuie-tout. Dans un autre bol, vos côtelettes arrosées d'un filet de porto.

D'abord, préparons la sauce. À la poêle, à chaleur moyenne, deux ou trois échalotes françaises finement hachées que vous faites tomber dans quelques gouttes d'huile (de canola ou d'olive) et un soupçon de beurre doux. Ajoutez une pincée de sucre pour favoriser la caramélisation et laissez justement colorer. Ajoutez 1/2 boîte de consommé de bœuf, amenez à ébullition et laissez réduire du tiers. Certains voudront sans doute lier la sauce. Pour ce faire, disons 1 c. à thé de fécule de maïs diluée dans un peu de consommé froid. Ajoutez à la sauce et voilà !

Reste à sauter les côtelettes et les foies de poulet. Faites-le dans une poêle antiadhésive bien chaude, dans un soupçon d'huile et de beurre doux. Réservez à chaud les côtelettes et les foies. Déglacez la poêle en y versant un petit verre de porto et votre sauce.

En guise d'accompagnement, des haricots verts bien croquants.

CARRÉ D'AGNEAU AUX LÉGUMES GRILLÉS

2 carrés d'agneau pour 4 convives
origan, sauge, romarin ou herbes de Provence
champignons de Paris
2 ou 3 courgettes
2 ou 3 tomates
1 grosse ou 2 petites aubergines

Un carré d'agneau comportant 7 côtelettes saura satisfaire 2 gourmands ou 3 oiseaux. Si vous faites griller vos carrés sur le BBQ, rien de plus simple ! Votre boucher a bien sûr désossé les gros os mais conservé les manches, il en a profité pour enlever presque tout le gras de surface. Vous n'avez donc plus qu'à laisser reposer l'agneau au comptoir pendant une bonne demi-heure pour qu'il ne soit pas surpris encore froid par la chaleur véhémente.

Vous badigeonnez les carrés d'huile d'olive extra-vierge. Vous saupoudrez d'origan ou de sauge, de romarin ou d'herbes de Provence et vous frottez de la paume pour que les fines herbes adhèrent bien. Vous n'avez plus qu'à faire griller aussi près des braises que possible pour s'assurer d'un extérieur bien croustillant.

Vous retournez le carré, bien sûr, à mi-parcours. Temps de cuisson total : à peu près 20 minutes. Les thermomètre à lecture immédiate vous sera une fois de plus d'un grand secours. Le carré est prêt lorsque le thermomètre indique 140 °F.

On peut faire griller le carré au four de la même façon. Que le four soit bien chaud, à 450 °F. Le carré est placé à 4 cm du gril. Temps de cuisson ? Une 1/2 heure, à peu près, mais encore ici, de grâce, servez-vous du thermomètre.

Pour accompagner ce carré, quelques légumes que vous ferez griller sur le BBQ ou au four. Sur la plaque, disposez des champignons de Paris, en tranches assez épaisses, que vous aurez citronnés pour éviter qu'ils ne noircissent. Vous les avez aussi badigeonnés d'huile d'olive. Sur la même plaque, quelques petites courgettes en tranches assez fines, ou mieux encore, en éventail. Une fois de plus, on badigeonne d'huile. Quelques tomates en tranches, des aubergines, de l'huile encore. On saupoudre d'herbes de Provence et hop, au four, à 350 °F pendant une vingtaine de minutes.

Si vous préférez, vous pouvez servir votre carré avec de l'ail rôti que vous aurez mis au four en même temps que celui-ci.

AIL RÔTI AU FOUR

1 tête d'ail en peau (par convive)
huile d'olive

Pour chaque convive, une tête d'ail bien ferme, en peau. À l'aide d'un couteau d'office, on prélève 1 cm à la cime pour permettre à la vapeur de s'échapper. On badigeonne d'huile d'olive, et on met à griller sagement sur la lèchefrite en même temps que le carré d'agneau. L'ail cuit perd sa vigueur pour prendre un fin goût d'amande. À table, chaque convive presse l'ail à la fourchette : de chaque gousse s'échappe de l'ail en crème.

Nos dimanches Ben Affnam

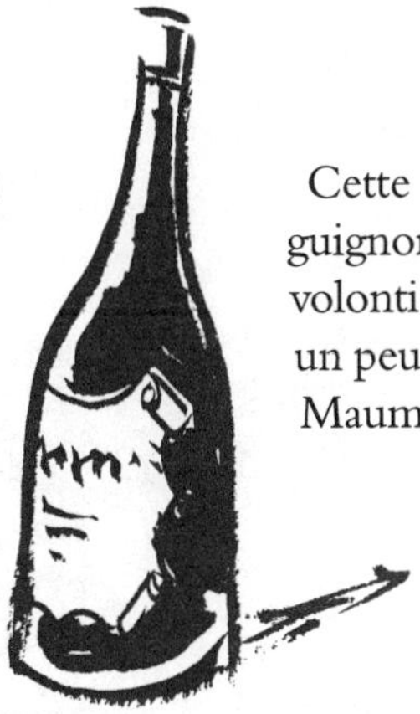

Dans une sauce grisâtre, des cubes de bœuf racornis, des champignons en conserve, comme des billes de gomme, des petits oignons ramollis, et du bacon écrasé en guise de lardons. Pour arroser le tout : du Ben Affnam, un tord-boyaux grande cuvée. Nous venions tous de découvrir la cuisine « française ». Escargots noyés au beurre d'ail en poudre. Soupe à l'oignon Lipton sur tranche de pain Maison Cousin, hollandaise en sachet… Le bourguignon, c'était la « spécialité » de Solange. « C'est vrai que je le fais bon ! » disait-elle sans fausse modestie. À l'époque, elle étudiait en crimino. Aujourd'hui, elle est gardienne de prison, toujours à s'occuper de durs à cuire. Ce qui s'appelle avoir de la suite dans les idées.

Cette première rencontre avec le bourguignon n'eut rien de rassurant et je serais volontiers resté sur ma faim si je n'avais pas un peu plus tard goûté au bourguignon de Maumau. Maumau, c'était Maurice, propriétaire et chef au restaurant *Le Paris.* Nous l'aimions bien, notre Maumau, et il nous le rendait mieux ! Aujourd'hui, Maurice est retraité. Son fils Guy assure la relève. Le bourguignon est toujours aussi bon. Le secret de la maison ? Pour tout dire, il n'y en a pas : « Un bourguignon, comme dit Guy, c'est un bourguignon ! » Ce qu'il faut ? « Choisir la coupe qui convient, des produits frais et du bon vin ! Il faut aussi prendre le temps qu'il faut : 3 heures au moins à doux frémissement. »

Dans *La Cuisine du marché* (Flammarion,

1976), Paul Bocuse recommande paternellement à la « ménagère » de choisir pour faire un bourguignon une pointe de culotte ou de tranche. On fera cuire la pièce entière sans en faire des cubes comme le veut la tradition. Mais d'abord, « la ménagère » larde la pièce de viande. Puis elle la fait mariner 3 heures.

Elle l'assèche bien et la fait rissoler au poêlon. Elle la réserve pour faire ensuite un roux qu'elle mouille de marinade. Elle ne manque pas d'ajouter du cognac et un bon bourgogne rouge. Dans ce bouillon, elle fera tout doucement cuire la pièce de viande, sans oublier, c'est essentiel, d'ajouter un pied de veau désossé, ébouillanté, ficelé, dont elle a brisé l'os menu. Après 4 heures de cuisson, Madame ajoutera une garniture de lardons de champignons et de petits oignons. Elle laissera cuire 1 heure de plus pour servir enfin la pièce de viande « dans un plat rond et creux » arrosé d'une sauce réduite à 6 dl au plus ! Vous voyez, c'est simple comme Bocuse !

Malheureusement, nous ne sommes pas tous experts dans l'art de transpercer à la lardière. Quant à notre boucher, il se fera un plaisir de nous envoyer paître avec le veau dont on voudrait le pied. Alors, ménager dépité, ménagère déconfite, que faire ? C'est tout simple : on remplacera tout simplement la tranche de Bocuse et son pied de veau par de belles tranches de jarret de bœuf. La chair du jarret, l'os et sa moelle, voilà bien ce qu'il faut pour une sauce onctueuse.

BOURGUIGNON DE LA MÉNAGÈRE

1,2 kg de jarret de bœuf en tranches bien épaisses
1 gros oignon ou 2 oignons moyens grossièrement hachés
1 ou 2 carottes en rouelles
1 blanc de poireau en tronçons
2 ou 3 branches de cœur de céleri en petits dés
2 t. d'un bon vin rouge bien charpenté
1 boîte de consommé de bœuf
2 ou 3 feuilles de laurier
1 branche de thym frais ou 1 pincée de thym sec
une vingtaine de grains de poivre noir
4 tranches de bacon maigre de 1 cm d'épaisseur

500 g de champignons de Paris
jus de citron
48 petits oignons

Pour chaque convive, il faut à peu près 300 g de jarret en tranches bien épaisses. Laissez-les reposer 1 heure au comptoir avant de procéder : une chair trop froide durcirait au poêlon. Farinez ensuite vos tranches et faites-les à feu moyen rissoler dans un mélange de beurre doux et d'huile. En farinant ainsi les tranches, vous n'aurez pas à faire de roux. Quand les tranches sont bien dorées en surface, réservez-les. Jetez le gras du poêlon.

Dans une casserole à fond épais, faites ensuite tomber à feu moyen dans 1 c. à soupe de beurre et autant d'huile d'olive l'oignon, les carottes et le poireau. Ajoutez peut-être 2 ou 3 branches de cœur de céleri en petits dés. Laissez à peine colorer avant d'ajouter 2 t. d'un bon vin rouge bien charpenté. Un bon bourgogne, bien sûr. Sinon un Santa Rita chilien, par exemple, qui là-dedans fait merveille.

Ajoutez le consommé, le laurier, le thym frais et les grains de poivre. Dans ce bouillon, faites ensuite tout doucement mijoter à couvert les tranches de jarret, jusqu'à ce que la chair se détache de l'os et cède à la fourchette : 3 heures au moins de doux frémissement sur la cuisinière, ou bien au four à 350 °F pendant aussi longtemps.

Pendant ce temps, préparez la garniture. D'abord les lardons. Coupez le bacon en bâtonnets gros comme des crayons. Pour des lardons particulièrement savoureux, mieux vaut blanchir avant de rissoler. Faites donc pocher pendant 1 ou 2 minutes vos lardons dans l'eau bouillante, égouttez-les, asséchez-les et faites-les rissoler à feu moyen dans une généreuse noix de beurre doux. Réservez les lardons bien dorés et jetez le gras.

Faites ensuite sauter au beurre, à feu moyen, les champignons, qu'on a choisis bien frais, le capuchon refermé sur la tige. S'ils sont petits, tant mieux : laissez-les entiers. S'ils sont gros, tranchez-les en quartiers. Pour empêcher l'oxydation, arrosez-les de quelques gouttes de jus de citron frais au moment de les cuire. Les champignons sont bien dorés ? Réservez-les.

On n'a plus alors qu'à s'affairer aux petits oignons : une tâche fastidieuse si on ne prend pas soin de les ébouillanter auparavant. Faites donc pocher les oignons 1 minute dans l'eau bouillante. Refroidissez-les au robinet. Prélevez au couteau quelques millimètres à la base et au sommet de chaque petit oignon. Pressez du bout des doigts : la peau s'enlève comme un charme. Vous verrez : en 2 ou 3 secondes, un oignon est pelé. Trois secondes par oignon pour 48 oignons, ça fait 2 minutes à peine !

Faites ensuite dorer les oignons au poêlon dans un peu d'huile et de beurre doux. Pour faciliter la caramélisation, j'ajoute parfois une pincée de sucre. Quand les oignons sont dorés, mouillez-les de vin et laissez frémir à découvert jusqu'à évaporation presque complète du liquide.

Quand les jarrets sont cuits, ajoutez à la casserole les lardons, les champignons et les petits oignons. Mélangez bien et laissez frémir une quinzaine de minutes avant de servir pour que les parfums se répondent.

En guise d'accompagnement des nouilles au beurre ou, mieux encore, des croûtes. De belles tranches de pain croûté qu'on fait dorer au poêlon dans l'huile d'olive, à feu moyen. Que c'est bon ! On dit que l'huile d'olive fait baisser le mauvais cholestérol et augmente le bon. Ça tombe bien !

Carbonade de bœuf à la flamande

1 noix de beurre
800 g de bœuf à braiser en cubes ou en tranches fines
4 gros oignons jaunes ou 6 blancs de poireaux finement hachés
1 c. à soupe de cassonade
2 petites bouteilles de bière blonde ou 2 petites bouteilles de stout

Pour 4 à 6 personnes, saisir à feu moyen dans une noix de beurre et 1 c. à soupe d'huile végétale 800 g de bœuf à braiser en cubes ou en tranches fines. (Pour cette préparation, une belle tranche de bœuf en palette, c'est l'idéal.) Réserver la viande et faire tomber dans le même poêlon quelques gros oignons ou 6 blancs de poireaux finement hachés. Quand l'oignon ou les poireaux sont tombés, ajouter 1 c. à soupe de cassonade pour faciliter la caramélisation. Bien mélanger et laisser blondir avant d'incorporer 2 c. à soupe de farine. Mouiller de 2 petites bouteilles de bière blonde ou mieux encore de *stout*. Bien mélanger à la spatule et laisser monter à ébullition avant d'ajouter le bœuf saisi. Recouvrir et laisser tout doucement mijoter le temps qu'il faut pour que la viande soit tendre à la fourchette. Délicieux avec des pommes persillées.

Rôti de bœuf et sa sauce moutarde aux câpres

Pour 4 à 6 convives, un petit rôti de bœuf à la française de 1 kg suffira. Une heure ou 2 avant de procéder, vous le laisserez reposer au comptoir pour que la chaleur véhémente du poêlon et du four ne vienne pas trop surprendre une chair trop froide. Dans un poêlon antiadhésif très chaud, saisissez-le et faites-le d'abord dorer sur tous ses côtés. L'opération n'a pas pour but, contrairement à la légende, de sceller la surface pour retenir les jus. L'opération n'a pas pour but non plus de cuire la viande, mais tout simplement de la caraméliser en surface pour lui donner du goût. Deux ou 3 minutes au poêlon suffiront.

Mettez aussitôt la viande à rôtir à four bien chaud : de 375 à 400 °F pendant 10 à 12 minutes par livre. Pour une viande saignante, comme elle devrait l'être, 140 °F au thermomètre. Retirez du four, et laissez reposer au comptoir, protégé d'une feuille de papier alu pendant une dizaine de minutes avant de servir, le temps qu'il faut pour que la chaleur et les jus se répartissent uniformément.

Pendant que le rôti cuit et se repose, vous aurez tout le temps nécessaire pour préparer cette sauce surprenante inspirée du tartare. Un délice assuré !

La sauce :

1 oignon
4 ou 5 gousses d'ail
1 boîte de consommé de bœuf
4 c. à soupe de câpres
sauce Worcestershire
Tabasco
2 ou 3 c. à soupe de moutarde de Dijon

Vous ferez d'abord tomber dans une casserole à fond épais un oignon moyen assez finement haché dans 1 c. à soupe d'huile d'olive. Quand l'oignon commence à colorer, ajoutez quatre ou cinq gousses d'ail pelées, dégermées et hachées. À feu moyen, laissez cuire encore 2 ou 3 minutes en brassant bien à la spatule ou à la cuiller de bois.

Versez dans la casserole une boîte de consommé de bœuf (eh oui !) et amenez à ébullition. Laissez réduire pendant une dizaine de minutes à découvert avant d'ajouter le reste des ingrédients : 3 ou 4 c. à soupe de câpres rincées à l'eau tiède et pressées dans la main pour éliminer le surplus de sel et de vinaigre, 1 ou 2 c. à thé de sauce Worcestershire, quelques gouttes de Tabasco, 2 ou 3 c. à soupe de moutarde de Dijon. Laissez réduire encore, tout en brassant 1 minute ou 2.

Grâce à la moutarde, la sauce a pris une belle onctuosité. La cuisson assagit la moutarde. Humez-moi ce parfum !

Ajoutez enfin quelques branches de persil plat finement haché et servez en saucière avec le rôti. En garniture, quelques petits légumes : des choux de Bruxelles à peine blanchis par exemple ou bien des haricots jaunes ou verts encore bien croquants en contrepoint, pour répondre à la tendreté de la viande.

CHIPS OU ALLUMETTES MAISON

1 pomme de terre « Russet » par personne
huile d'arachide ou de maïs

Si vous succombez une seule fois aux charmes des chips maison vous en serez ravi, elles sont si faciles à faire. On choisit des pommes de terre Russet, bien sûr, leur haute teneur en fécule convient parfaitement. On les pèle. On les tranche à la mandoline. On les immerge à mesure dans un grand bol d'eau froide pour éviter leur oxydation. Voyez-moi l'eau qui se brouille. C'est la fécule, justement. On les rince abondamment et puis on les dépose sur une grande serviette pour les assécher.

Pour la friture, on utilise de l'huile d'arachide ou bien de maïs. Qu'elle soit bien chaude : 360 °F au thermomètre. On plonge les chips en haute friture une seule fois. On les retire dorées et on les pose sur du papier. On les sale pendant qu'elles sont encore toutes chaudes : ainsi le sel fondra et imprégnera comme il faut les chips. Bien sûr, vos chips se conserveront tout comme les autres… et sans agents de conservation !

On prépare les pommes allumettes de la même façon.

Si vous avez une mandoline, vous pouvez les trancher en allumettes sans problème. Sinon, c'est quand même assez simple. Un peu de patience. On fait des tranches fines. On les tranche ensuite en allumettes, tout simplement.

Entrecôtes et beurres divers

Je vous propose ici la façon de faire de ma mère, un classique sur les tables québécoises. On se procure un steak de surlonge. On prélève un morceau du gras qui entoure la pièce de viande. Dans un poêlon extrêmement chaud, on fait fondre le gras pour bien enfumer la cuisine ! Dans le gras fondu, on fait sauter rapidement la pièce de viande. On sale et on poivre à la fin. On déglace le poêlon à l'eau. On poivre bien la bestiole avec du poivre en mignonnette.

Variations

On peut aussi préparer des beurres aromatisés. En voici quelques-uns qui ne nécessitent pas plus de 1/8 lb de beurre doux, ou 1 c. à soupe de beurre par personne (les quantités ici sont pour 4 convives).

Beurre aux anchois

On rince à l'eau tiède du robinet 6 filets d'anchois pour éliminer le surplus de sel et l'huile. On ajoute 1 c. à soupe de câpres. On passe au robot, mais on peut très bien se satisfaire de la fourchette, surtout si on en fait peu à la fois.

Beurre maltais

Un zeste d'orange, et quelques gouttes du jus de l'orange. On ajoute 1 c. à thé de concentré de tomates ou à défaut, pourquoi pas, 1 c. à soupe de ketchup. On écrase à la fourchette, c'est fort simple.

Beurre au citron

Encore plus simple : 1 c. à soupe de beurre, 1 c. à soupe de jus de citron et un zeste du fruit. Délicieux aussi sur les poissons.

Beurre à l'ail

Votre beurre sera bien meilleur si vous faites d'abord pocher les gousses. 5 belles gousses que vous blanchirez pendant 4 ou 5 minutes dans l'eau bouillante. Vous les écrasez à la fourchette dans le beurre, et cui-cui-cui, c'est fini !

Beurre maître d'hôtel ou à l'estragon ou à la sauge

On ajoute 1 c. à soupe de persil plat finement haché, quelques gouttes de jus de citron et le tour est joué. Si on préfère la sauge ou l'estragon, on en remplace le persil.

Beurre de paprika ou de moutarde ou à la sauce Worcestershire

Au paprika, 1 c. à soupe de paprika et 2 c. à soupe de ketchup. À la moutarde, 1 c. à soupe de beurre, 1 c. à soupe de moutarde de Dijon. À la sauce Worcestershire, on ajoute tout simplement 1 c. à soupe de sauce dans le beurre.

Pour faire un peu plus chic : cette vulgaire entrecôte aura des allures de grande dame si vous la servez avec l'une ou l'autre de ces préparations à la tomate, qui demandent un peu plus de temps.

Flan à la tomate

Dans un bol, mélangez au fouet 2 gros œufs, 1 jaune d'œuf et 1/2 t. de crème. Ajoutez 2 t. de sauce *marinara*. Versez dans des ramequins que vous déposerez dans un grand plat. En guise de bain-marie, versez de l'eau bouillante dans le grand plat à mi-hauteur des ramequins. Enfournez à 350 °F pendant une vingtaine de minutes. Laissez refroidir au comptoir sur une grille.

ŒUF À LA CRÈME EN TOMATE

Pour chaque convive, il faut une belle tomate de grosseur moyenne. À l'aide d'un couteau bien tranchant, on prélève une tranche d'à peu près 1 cm du côté tige du fruit. À la cuiller à tourner, épépinez le fruit pour enlever en même temps tout juste ce qu'il faut de pulpe pour y verser 1 œuf et 2 c. à soupe de crème à 35 %. Une feuille ou deux de basilic frais là-dedans feraient fort bien l'affaire. Sinon, quelques feuilles d'estragon ou bien, tout simplement, une pincée de persil plat ou de coriandre. Salez, poivrez et saupoudrez peut-être de parmesan frais râpé.

Déposez la tomate sur une plaque et enfournez à 400 °F. Une quinzaine de minutes devraient suffire pour que le blanc de l'œuf prenne et que le jaune reste coulant.

Pour que la tomate se tienne bien droite, on peut prélever à la base une tranche fine. Mieux encore, qu'on la dépose tout simplement dans un moule à muffins !

Comme un bonheur fragile, la pastilla

Pendant que Mohammed sirote un lait d'amande, je me laisse envahir par l'euphorie du vin gris. L'air tremble à la chaleur qui gicle des pavés. Le ciel absolument bleu. La blancheur stridente des murs badigeonnés de chaux. Des femmes passent : ombres grises, beiges ou noires. On devine leur âge à leurs mains, surprises du regard à la dérobée. Ici, le temps s'est à jamais arrêté. Des hommes passent, deux par deux, se tenant par la main.

Mohammed veut que je lui parle du Canada. Je lui parle de neige et de froid. Je lui dis même que le sucre là-bas coule des arbres. Je lui dis aussi que les pauvres chez moi ont souvent faim et froid. Je gâte son plaisir. Mohammed, inquiet, allume un joint de kif. Il fume en silence pour se perdre et se perd. Je reprends du vin gris. Je pense encore à *L'Étranger*. Puis je pense à lui, Albert, ce pauvre Albert, seul comme un enfant vieilli dans sa chambre d'hôtel à Prague, apeuré de grisaille et de froid. C'est là qu'il eut l'idée du *Malentendu*. Mais c'est sous un soleil de plomb qu'il fit vivre *La Peste*, pour nous dire qu'au fond, il faut prendre le bonheur à pleines dents et plonger au mensonge du soleil quand il passe.

Devant nous, ce qu'il reste de la pastilla. Dans une enveloppe toute croustillante de pâte feuilletée parfumée à l'amande grillée, à la fleur d'oranger et à la cannelle, de la chair de pigeon toute jaune de safran et parfumée de coriandre. Mohammed m'offre une dernière bouchée qu'il tient du bout des doigts : « Pour mon ami du Canada. » Je souris et me tais. Je pense à *Noces* et puis à Tipasa, résolu à m'étourdir dans la beauté des choses. « Tu m'écriras ? »

SUPRÊMES POCHÉS AU JUS D'ORANGE ET COUSCOUS SAFRANÉ

4 suprêmes désossés et sans peau
2 t. de jus d'orange frais
cannelle, poivre noir en grains
2 ou 3 échalotes grises finement hachées
1 pincée de safran en poudre ou en pistils
2 t. de couscous à grain moyen, précuit
1 t. de raisins secs
eau de rose ou fleur d'oranger

Cette pastilla est un peu mon Marrakech à moi, aussi vraie que le rêve et, partant, bien loin de la tradition. À défaut de pigeons d'élevage, des suprêmes de poulet que je ferai tout doucement pocher au jus d'orange. Mohammed me le pardonnera. À défaut de feuilles de wakra, de la pâte filo badigeonnée non pas de smen, ce beurre clarifié parfumé aux herbes, mais de beurre doux fondu, tout simplement. J'ajouterai là-dedans du couscous au safran, même si je sais que le couscous n'a rien à voir avec la pastilla. Mais pourquoi pas ? Les Russes farcissent bien le koulibiac de riz ou de sarrasin ! Les Italiens raffolent bien de cette tarte étonnante qu'ils font de *pasta frulla* farcie de ravioles !

Si les suprêmes pochés au jus d'orange et les œufs brouillés au citron dont je donne la recette ici peuvent être dégustés séparément, vous serez amplement récompensé de votre patience si vous les réservez pour en garnir votre pastilla.

Dans une casserole, recouvrez 4 beaux suprêmes du jus d'orange. Ajoutez 1 pincée ou, mieux encore, 1/2 bâton de cannelle, une dizaine de grains de poivre noir, les échalotes et le sel marin. Amenez à ébullition, puis laissez mijoter à peine, à couvert, pendant 4 ou 5 minutes, juste le temps qu'il faut pour que la chaleur traverse les chairs. À l'occasion, retournez le poulet pour que la chaleur se répartisse uniformément. Surtout, ne cuisez pas le poulet davantage : il cuira tantôt encore au four !

Réservez maintenant les suprêmes dans une assiette que vous recouvrirez d'une pellicule plastique pour éviter le dessèchement. Passez le jus d'orange au tamis pour éliminer les grains de poivre. Enlevez le bâton de cannelle. Amenez le bouillon filtré à ébullition en ajoutant le safran. Ajoutez 1 ou 2 généreuses noix de beurre et aussitôt, hors flamme, le couscous. À l'aide d'une fourchette, brassez de haut en bas pour vous assurer que les grains se gonfleront du jus d'orange, sans s'agglutiner. Ajoutez enfin les raisins secs, que vous aurez d'abord fait tremper pendant une dizaine de minutes dans l'eau chaude. Ainsi gonflés, ils n'assécheront pas le couscous. Si vous en avez sous la main, ajoutez aussi quelques gouttes d'eau de rose ou de fleur d'oranger.

On pourrait servir les suprêmes pochés sur ce lit de couscous, les garnir de coriandre hachée ou de feuilles de menthe fraîche. On ajouterait même quelques amandes en tranches qu'on aurait fait dorer au four à 350 °F pendant 6 ou 7 minutes pour en décupler les parfums. Voilà qui serait tout à fait exquis, somptueux si vous garnissez en plus de tranches de sanguine pelée à vif. Mais vous me suivrez, j'espère, plus avant pour préparer la pastilla !

Œufs brouillés au citron

Les Marocains garnissent souvent leur pastilla d'œufs durs en tranches ou bien hachés. Parfois, on fait brouiller les œufs dans un peu de bouillon de poulet. Je vous propose plutôt ici de les brouiller avec du jus de citron jaune ou vert. Vous ajouterez aussi du beurre doux. Vous obtiendrez ainsi des œufs brouillés d'une texture onctueuse qui vous rappellera la sauce hollandaise.

8 gros œufs
jus de citron, beurre doux

Dans un bol, fouettez d'abord à la fourchette ou au fouet, en omelette, les œufs et 4 c. à soupe de jus de citron. Ne fouettez pas trop ardemment, il s'agit tout simplement de mélanger les ingrédients : inutile de les monter en mousse. Dans un poêlon ou une casserole antiadhésive à fond épais, versez les œufs et faites-les cuire à feu doux en les brassant à la spatule ou à la cuiller de bois. Sitôt que les œufs auront tiédi, avant qu'ils ne soient chauds, ajoutez 4 c. à soupe de beurre doux. Continuez à brasser jusqu'à ce que le mélange épaississe. Évitez autant que possible l'ébullition. Mais si ça arrive, ce n'est pas grave : le citron empêchera les œufs de grainer. Quatre ou 5 minutes ont passé. Ça y est, c'est prêt ! Salez et poivrez au goût.

Pour un petit repas tout simple, vous pourriez servir ces œufs bien chauds sur des tranches de pain croûté grillé, mais de grâce, retenez-vous ! Réservez-les au comptoir pour garnir tantôt la pastilla !

Pastilla au poulet

1 recette de suprêmes pochés au jus d'orange et couscous safrané
1 recette d'œufs brouillés au citron
1 t. d'amandes, de pacanes ou de noix de Grenoble
1 botte de coriandre
1 botte de persil plat
menthe fraîche
7 ou 8 c. à soupe de beurre doux
6 feuilles de pâte filo, décongelées au frigo
sucre glace
cannelle
1 t. de jus d'orange
sel et poivre
beurre doux

Hachez grossièrement les noix au robot et réservez-les. Hachez ensuite la coriandre et le persil, et peut-être quelques feuilles de menthe fraîche si vous avez eu le bonheur d'en trouver au marché. Réservez.

Faites ensuite fondre le beurre doux dans une petite casserole. Vous n'avez plus qu'à procéder maintenant à l'assemblage de votre pastilla.

Gardez les feuilles de pâte filo à portée de main, les unes sur les autres. Procédez avec célérité. Sinon, recouvrez les feuilles de filo d'une feuille de papier ciré et d'un linge à peine humide pour éviter que la pâte ne se dessèche à l'air libre.

Beurrez d'abord un moule profond à fond amovible de 8 ou 9 po de diamètre. Au pinceau, badigeonnez de beurre fondu la première feuille de filo. Déposez-la au fond du moule en prenant soin de ne recouvrir que la moitié du fond. Recouvrez-en une partie de l'anneau, pour laisser dépasser ce qu'il reste en dehors du moule. Procédez de la même manière avec la deuxième feuille de filo, en prenant soin cette fois de recouvrir l'autre moitié du fond pour laisser dépasser ce qu'il reste de la feuille de l'autre côté du moule.

Par-dessus les deux feuilles, disposez le tiers de vos amandes broyées. Disposez ensuite deux autres feuilles de filo beurrées pour former une croix. Saupoudrez encore un tiers des amandes. Ajoutez enfin les deux feuilles de filo qui restent. Imaginez une marguerite ouverte à six pétales, que vous replierez tantôt sur la farce en bouton. Saupoudrez par-dessus ce qu'il reste de noix. Par-dessus, la moitié du couscous. Sur le couscous, les suprêmes de poulet, en fines tranches ou bien effilochés. Par-dessus, la coriandre et le persil. Par-dessus, vos œufs brouillés, puis le reste du couscous. Refermez un à un les pétales pour enfermer la farce. Posez le moule sur une plaque et faites dorer au four à 375 °F pendant 25 ou 30 minutes. Saupoudrez au tamis de sucre glace, puis de cannelle.

J'aime bien servir cette pastilla avec une émulsion chaude de jus d'orange et de beurre doux : on amène à ébullition le jus d'orange, on sale, on poivre et on monte au beurre en ajoutant au fouet, hors flamme, 1 ou 2 noix de beurre doux.

Citrons confits au sel à la marocaine

Les citrons à écorce mince qu'on emploie au Maroc pour préparer un condiment splendide sont d'une espèce qu'on trouve rarement ici. Malgré leur écorce beaucoup plus épaisse, les citrons jaunes qu'on nous propose au Québec font presque aussi bien l'affaire. Ce sont des citrons qu'on fait macérer dans un mélange de sel et de jus de citron. On peut les préparer de deux façons.

À l'aide d'un couteau dentelé, on pratique de haut en bas du citron deux incisions en croix qui partent du sommet pour se rendre presque jusqu'à la base. Le résultat : un citron qui s'ouvre comme une fleur en quatre quartiers retenus à la base. En écartant les quartiers, on ajoute une bonne cuiller à soupe de gros sel. On referme les quartiers pour former le citron en pressant assez. On le dépose dans un bocal.

On ajoute à ses côtés un autre citron traité de la même manière, puis un autre et puis un autre jusqu'à ce que le bocal soit rempli. On veille à bien tasser les citrons en réservant

CITRONS CONFITS VERSION RAPIDE

On peut en un tournemain préparer des citrons confits qui seront prêts dans 2 semaines. On a donc trouvé 2, 3 ou 4 « beaux » citrons qu'on prend soin de bien brosser sous l'eau froide du robinet. On les tranche ensuite de haut en bas en 6 ou 8 quartiers. Dans un bocal de verre on dépose amoureusement les citrons confits en voie de développement. On les recouvre d'un mélange de gros sel et de jus de citron. Disons 1 t. de jus de citron et 1/2 t. ou 2/3 t. de gros sel. On recouvre bien sûr. On laisse reposer au comptoir pendant deux semaines en prenant soin à l'occasion d'agiter le bocal. Au frigo, vos citrons confits pourront attendre votre bon vouloir pendant plusieurs mois…

entre eux aussi peu d'espace que possible. On verse par-dessus assez de jus de citron pour que les fruits soient complètement immergés. On ferme le bocal et on attend patiemment que le temps fasse son travail.

Dans 6 semaines à peu près, les citrons seront prêts. L'écorce plus foncée, presque translucide. Pour les consommer, on rince généreusement chaque citron à l'eau froide. On prélève à la cuiller la pulpe, qu'on jette. On rince l'écorce une fois de plus et on tranche en dés ou en lanières.

TAJINE AU POULET ET CITRON CONFIT

1 poulet
2 oignons moyens ou 1 oignon espagnol
2 ou 3 gousses d'ail pelées dégermées et hachées
cumin, poivre de Cayenne ou piments séchés broyés, pistils de safran ou safran en poudre

coriandre
une dizaine de tomates italiennes en boîte bien égouttées
vin blanc sec, bouillon de poulet, consommé de bœuf, jus de tomate ou eau
1 citron confit au sel ou, à défaut, 1 citron frais
1 boîte de pois chiches égouttés
2 t. de petits pois verts congelés

Pour 4 personnes, il faut un « beau » poulet, comme on dit dans les livres français. Débitez-le en morceaux : 2 cuisses, 2 suprêmes, 2 ailes et le dos en 2 pièces. Hachez assez grossièrement les oignons. Dans le saladier (le bol, comme on dit par ici), ajoutez l'ail. Parfumez d'épices : 1 ou 2 pincées de cumin en poudre, 1 ou 2 pincées de poivre de Cayenne ou de piments séchés broyés, une quinzaine de pistils de safran ou 1 ou 2 enveloppes de safran en poudre. « De la coriandre, peut-être ? » Vous avez bien raison. Une pincée de coriandre en poudre ou quelques graines. Mélangez bien. Ajoutez les morceaux de poulet, mélangez encore et recouvrez enfin le bol que vous réserverez au frigo pendant 6 heures au moins. Pendant toute la nuit, ce serait mieux.

À la casserole, à feu moyen, faites ensuite revenir les morceaux de poulet avec la marinade dans 4 c. à soupe d'huile d'olive. L'opération n'a pas pour but de cuire l'oignon mais de le colorer légèrement pour concentrer ses parfums. Idem pour le poulet, qu'on veut tout simplement caraméliser en surface. Aussi faut-il prendre bien soin de ne pas superposer les morceaux de poulet dans la casserole. Pour que la caramélisation se fasse, il faut que la vapeur s'échappe. Si la casserole est trop petite pour accueillir tous les morceaux à l'aise, procédez en deux temps.

Dans la casserole, tout le poulet et les oignons tombés. Ajoutez les tomates et ce qu'il faut de vin blanc sec, de bouillon de poulet, de consommé de bœuf, de jus de tomate ou d'eau pour qu'il y ait au fond de la casserole 1 cm à peu près de liquide. Ajoutez l'écorce de 1 citron confit au sel ou, à défaut, le zeste de 1 citron frais prélevé à l'économe. Couvrez et laissez frémir tout doucement sur le feu le temps qu'il faut pour que le poulet soit bien tendre : 30 minutes au moins, 45 minutes peut-être. C'est prêt quand la chair du poulet se détache de l'os. Pour faire de ce tajine un repas somptueux et complet, ajoutez les pois chiches et les petits pois congelés. Laissez frémir quelques minutes de plus pour que les saveurs s'amalgament.

En guise d'accompagnement, que diriez-vous d'une salade tiède ?

SALADE TIÈDE D'AUBERGINES ET DE COURGETTES

Quelle merveille que cette salade tiède proposée par Josée, faite tout simplement de tranches d'aubergines et de courgettes grillées. Un délice pour accompagner le labneh. Des tranches toutes fines, badigeonnées d'huile d'olive des deux côtés. On les met à

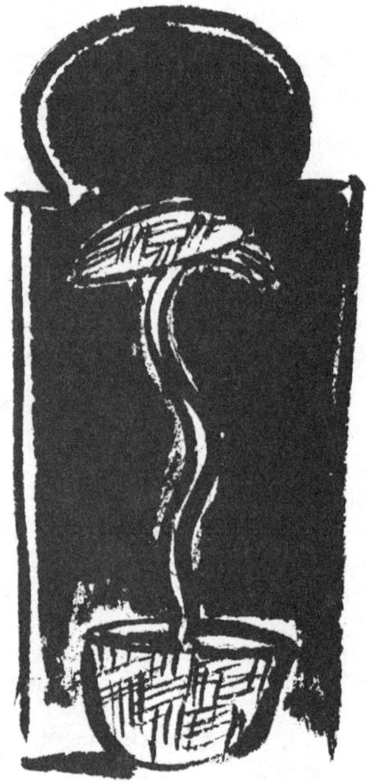

griller immédiatement sous le gril pendant quelques minutes à peine. On retourne les tranches pour les griller des deux côtés. On peut arroser les tranches (de préférence servies tièdes) de quelques gouttes de jus de citron ou de vinaigre balsamique.

Labneh maison

À la fromagerie du marché Atwater on trouve un labneh d'extraordinaire qualité, onctueux comme il n'est pas permis et ne comportant pourtant que 10 % de matière grasse. Un autre produit de la laiterie *Ferme Bord des rosiers,* de Saint-Aimé, les mêmes gens qui font le lait d'antan. Le labneh d'antan est fait de yaourt de lait de vache, alors que le labneh traditionnel est plutôt fait de yaourt de lait de chèvre ou de brebis. Rien de plus facile à faire que du labneh maison, qu'il soit fait de yaourt de vache ou de chèvre.

Versez tout simplement le yaourt dans une passoire recouverte de mousseline. Relevez le tissu et attachez-le au sommet, formant ainsi une poche d'égouttement qu'on suspend au-dessus du comptoir ou qu'on dépose dans une passoire au frigo. On peut saler le yaourt avant de l'égoutter. C'est ce qu'on recommande habituellement. Pour ma part, je sale toujours après, allez savoir pourquoi. Sans doute par entêtement. Si vous égouttez le yaourt au comptoir, il sera plus piquant que si vous l'égouttez au frigo. Votre labneh sera d'autant plus sec que vous l'égoutterez longtemps. Pour ma part, une douzaine d'heures suffisent amplement.

Traditionnellement, on ajoute au labneh de la menthe fraîche ou séchée et de l'ail pelé, dégermé et pressé. Josée Di Stasio propose de le servir en l'arrosant tout simplement d'un filet d'huile d'olive bien parfumée.

Brick tunisien à l'œuf

Dans son écrin de pâte toute chaude et croustillante, un œuf au blanc qui tient à peine, au jaune encore coulant. Une pure merveille dont je me suis inspiré pour vous proposer ici ma version en pâte filo, facile à faire et qui vous ravira.

pâte filo
beurre fondu ou huile d'olive
2 ou 3 c. à soupe de chèvre frais
1 œuf

Pour chaque convive, il faut une feuille de pâte filo. Un rectangle dont vous badigeonnez la moitié de beurre fondu ou d'huile d'olive. Vous repliez pour en faire un carré. Au centre, vous déposez le chèvre frais en couronne. Dans le lit ainsi fait, cassez l'œuf.

Sans plus attendre, repliez la pâte des quatre côtés. Repliez d'abord un côté, disons celui de gauche. La pâte recouvre l'œuf. Repliez ensuite le côté opposé, la pâte recouvrant la pâte. Badigeonnez de beurre fondu ou d'huile d'olive. Repliez ensuite le côté du haut et puis celui du bas. Badigeonnez encore de beurre fondu ou d'huile.

Déposez alors le brick sur une plaque huilée et enfournez aussitôt à 450 °F pendant 4 ou 5 minutes, tout juste le temps qu'il faut pour que la pâte ait le temps de dorer, pour que le blanc se tienne et que le jaune reste bien coulant.

Baluchon de pâte filo à l'agneau haché

On peut remplacer le fromage de chèvre du brick à l'œuf par de l'agneau haché, qu'on aura d'abord fait cuire à la poêle antiadhésive puis refroidir sur le comptoir. On peut aussi, comme le suggère Josée, le remplacer par des champignons en lamelles sautés à la poêle ou par des asperges en tout petits tronçons. En somme, faites ce que vous voulez, et vive la liberté !

Chaud lapin !

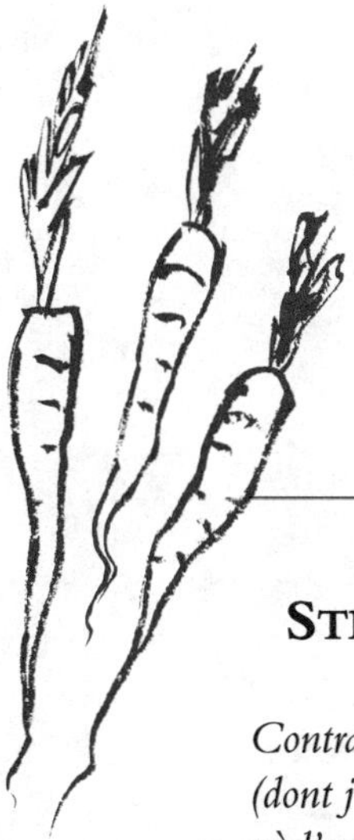

La cuisine méditerranéenne est à la fois généreuse et économique. À preuve, la recette de lapin toscan dont la sauce servie sur des pâtes fait un merveilleux repas. On mange le lapin le lendemain. Un seul lapin ainsi apprêté fera la joie d'une dizaine de convives !

Mais laissez-moi d'abord vous proposer deux recettes toutes simples. La stracciatella : un bouillon réconfortant et léger qui précéderait fort élégamment votre lapin, à table. Quant aux olives bachiques de Josée Di Stasio, dire qu'elles sont exquises serait faire preuve de trop de retenue. Ajoutées à la recette de lapin, elles feront de ce plat un véritable triomphe.

STRACCIATELLA ALLA ROMANA

Contrairement à la soupe avgolemono grecque (dont j'ai donné la recette dans les Pinardises*), où l'œuf, pour ainsi dire, disparaît, se dissout dans la soupe, le plaisir de la stracciatella romaine tient justement à la présence bien visible de l'œuf effiloché dans la soupe. On omet donc le jus de citron.*

1 l au moins de bouillon de poulet
3 ou 4 gros œufs
1/4 t. (à peu près) d'eau ou de bouillon froid
muscade

3 ou 4 c. à soupe de parmesan ou de pecorino frais râpé
1 c. à soupe de semoule de blé ou de maïs
1 œuf
brindilles de fines herbes hachées (persil plat, ciboulette, coriandre) ou oignon vert

Pour 4 convives, il faut encore ici 1 l au moins de bouillon de poulet, que vous amenez à ébullition et laissez ensuite tout juste frémir dans la casserole.

Dans un bol, mélangez au fouet ou à la fourchette les œufs avec l'eau ou le bouillon froid. Parfumez d'un soupçon de muscade si on en a une noix sous la main. Sinon, on oublie ça. Ajoutez le parmesan ou le pecorino. Pour épaissir un peu le bouillon, ajoutez la semoule de blé ou de maïs. Si vous n'en avez pas, ne vous morfondez pas. Mélangez bien et versez lentement dans le bouillon frémissant tout en brassant langoureusement jusqu'à ce que l'œuf forme, en coagulant, des voiles effilochés qui fondront tantôt voluptueusement en bouche, pour le plus grand plaisir des convives.

J'insiste : on brasse *langoureusement*. Si, au contraire, on s'agite, les œufs coagulent en particules microscopiques pour transformer le bouillon en brouet. Sitôt, donc, que les voiles sont formés, servez la soupe dans des assiettes creuses. Pour le coup d'œil et pour le goût, garnissez chaque assiette de quelques brindilles de fines herbes hachées ou tout simplement d'oignon vert. Voilà les convives ravis et on vous applaudit. On a raison, vous avez du talent.

Variation

On peut bien sûr remplacer le bouillon de poulet par du consommé de bœuf ou, mieux encore, par du bouillon de légumes bien parfumé.

Les olives bachiques de Josée Di Stasio

Ces olives que vous pourrez servir encore toutes chaudes vous séduiront, j'en suis certain. Parfumées d'herbes, toutes gorgées de vin, elles fondent en

bouche. On dirait en elles concentrée toute la Méditerranée. Suivant les conseils de Josée, vous trouverez d'abord au marché de belles olives de Kalamata, si appétissantes dans leur robe violacée. Combien d'olives ? Autant que vous voulez. Disons 2 t. pour 4 invités.

2 t. d'olives de Kalamata
vin rouge ou blanc
zeste d'agrume : orange, citron ou pamplemousse
laurier, thym, romarin ou herbes de Provence
1, 2 ou 3 gousses d'ail

Faites d'abord tremper les olives au comptoir dans l'eau tiède pendant 2 heures au moins, histoire de les dessaler. Dans un bol de pyrex, de porcelaine ou de céramique vernissée, mouillez vos olives à mi-hauteur de vin rouge ou blanc. Ajoutez un ruban de zeste d'agrume : orange, citron ou pamplemousse. Pour faire le ruban, l'économe convient mieux que le couteau d'office. Pour éviter l'amertume, prenez soin de gratter au couteau le ruban de zeste à l'endos afin d'éliminer toute trace d'écorce blanche. Ajoutez une feuille de laurier, une branche de thym ou de romarin, à moins que vous ne cédiez une fois de plus aux charmes indiscrets des herbes de Provence. Peut-être voudrez-vous ajouter quelques gousses d'ail. Inutile de les éplucher, contentez-vous de les écraser tout doucement de la paume ou du plat d'un couteau avant de les ajouter aux olives. Surtout, n'allez pas oublier d'ajouter en fin un filet d'huile d'olive extra-vierge bien parfumée. Sans recouvrir, enfournez les olives. À 300 °F, elles pocheront tout doucement pendant 1 heure dans le vin parfumé. Une fois ou deux, mélangez bien. La cuisine s'en trouve tout embaumée. Ces olives se conserveront fort bien au frigo pendant quelques jours. Exquises servies tièdes à l'heure de l'apéro.

LAPIN BRAISÉ À LA MODE TOSCANE

Choisissez un lapin bien en chair d'au moins 1,5 kg. Si votre boucher vous en propose un plus gros, n'hésitez pas. N'allez surtout pas prêter foi à ceux qui prétendent que les lapins les plus petits sont les plus tendres à la fourchette. Au contraire. Les plus gros sont souvent les plus tendres. Assurez-vous qu'on a laissé le foie et les rognons, essentiels à la sauce. Demandez en même temps au boucher d'ajouter trois tranches épaisses (1 cm) de bacon pour faire des lardons.

1 lapin bien en chair d'au moins 1,5 kg
3 tranches épaisses de bacon
3 ou 4 carottes moyennes en rondelles
2 ou 3 branches de cœur de céleri en petits dés
1 ou 2 oignons moyens grossièrement hachés
3 ou 4 gousses d'ail pelées
1/2 botte de persil plat haché
1/2 boîte de consommé de bœuf
1/2 t. de vin rouge bien corsé
une trentaine d'olives noires (de préférence, celles de Josée !)

Armé d'un couteau bien tranchant, tranchez le bacon en bâtonnets de 1 cm de largeur. Au poêlon, à chaleur moyenne, faites d'abord mousser 2 c. à soupe de beurre doux dans une même quantité d'huile d'olive. Faites-y dorer vos lardons. Dans le corps gras, la graisse du bacon fond mieux, vos lardons caramélisent uniformément. Sitôt les lardons bien croustillants et dorés, réservez-les pour surprendre votre lapin, entier ou en morceaux, dans le gras des lardons. L'opération n'a pas pour but de cuire le lapin au gras mais de le saisir rapidement pour le caraméliser en surface. Sitôt le lapin bien doré, réservez-le avec les lardons. Jetez la graisse et procédez.

Dans une grande casserole, faites ensuite tomber à feu moyen, dans 2 c. à soupe d'huile d'olive, les carottes, le céleri, l'oignon et l'ail. En brassant bien, laissez *insaporire* pendant 3 ou 4 minutes. Laissez à peine colorer avant d'ajouter le persil, le consommé de bœuf et le vin rouge. Amenez à ébullition, puis ajoutez les lardons et le lapin. Recouvrez et réduisez peut-être un peu la flamme pour braiser à doux frémissement jusqu'à ce que le lapin soit bien tendre. À l'occasion, mélangez pour assurer une répartition uniforme de la chaleur. Ajoutez en même temps, si nécessaire, un peu de vin rouge, de consommé ou d'eau.

En bon braiseur que vous êtes, vous savez bien qu'il ne s'agit pas de faire bouillir le lapin mais plutôt de le cuire tout doucement à la vapeur aromatique du bouillon. Le lapin, par conséquent, ne devra être mouillé qu'au quart de sa hauteur. Il faudra à peu près 1 heure de doux braisage : 1/2 heure de plus si le lapin est plus gros. Quand le lapin est tendre, réservez-le pour terminer la sauce.

Vous avez profité, j'espère, du temps de braisage pour dénoyauter et hacher grossièrement les olives. Des olives grecques de Kalamata ou des olives marocaines à l'huile toutes ridées d'avoir séché quelques jours au soleil. À défaut, des olives californiennes en conserve feront l'affaire. Elles sont moins goûteuses, c'est vrai, mais en revanche, vous n'aurez pas à les dénoyauter. Ajoutez enfin à la sauce le foie et les rognons du lapin, que vous aurez assez finement hachés à la planche ou en pulsant 2 ou 3 secondes au robot. Le foie et les rognons donnent à la sauce un capiteux parfum de venaison qui fait monter les larmes aux yeux. On dirait un civet.

Mais, comme dirait l'autre, « sèche tes pleurs, sèche tes pleurs », car voici venu le moment de décider si vous voulez servir la sauce avec des pâtes et réserver le lapin pour demain ou si vous allez plutôt, en toute goinfrerie, réchauffer le lapin dans la sauce pour le servir tout de go.

Si vous servez la sauce sans lapin sur des pâtes, choisissez-en de bien costaudes : des parpadelle, par exemple, ces grosses nouilles qui se tiendront sous la sauce, ou bien de grosses coquilles ou des penne. Surtout, n'allez pas oublier le parmesan !

Si vous choisissez plutôt de servir le lapin dans sa sauce, accompagnez-le peut-être d'un légume vert. Des haricots verts à la fois tendres et croquants feraient fort bien l'affaire.

Poulet braisé

On peut braiser plusieurs viandes à la mode toscane… Pour le poulet, on choisit un bon poulet de grain qu'on fait dorer en morceaux dans le gras des lardons. En fin de parcours, j'ajoute 2 ou 3 foies de volaille à celui du poulet. Affaire de goût, vous pouvez remplacer le vin rouge par un vin blanc sec.

Porc braisé

Pour le porc, un beau morceau d'épaule (2 kg) serait le bienvenu. Ne le désossez pas, il sera plus goûteux. Faites-le dorer entier et braiser de la même manière. Surtout, faites braiser à feu très doux, il n'en sera que plus tendre. Mais je vous suggère de remplacer le vin rouge par un vin blanc bien sec.

Rôti de veau braisé

Pour le veau, un petit rôti désossé, bardé et bien roulé, fera fort bien l'affaire. Ici aussi, je vous suggère de remplacer le vin rouge par un vin blanc bien sec.

Pommes de terre rissolées au romarin

Si vous avez choisi de réserver votre viande braisée « pour demain », vous pourrez alors la réchauffer tout simplement dans un soupçon de consommé et de vin rouge (ou blanc, selon la viande). En guise d'accompagnement, des pommes de terre rissolées bien parfumées de romarin.

grosses pommes de terre Russet
romarin

Lavez, pelez et détaillez les pommes de terre en petits dés ou, mieux encore, en petites boules, à la cuiller à tourner. Plongez-les à mesure dans l'eau froide pour prévenir l'oxydation et pour éliminer la fécule de surface qui autrement les ferait coller au poêlon. Égouttez-les ensuite, asséchez-les bien et faites-les dorer au poêlon à feu moyen dans 1 cm d'huile végétale. Parfumez l'huile d'une branche de romarin. Quand les dés ou les boules sont bien dorés, déposez-les sur des essuie-tout. Salez sans attendre pour que le sel fonde.

Lapin braisé à la bière aux deux moutardes et aux pruneaux

Rien ne me semble convenir mieux au braisage qu'un lapin bien dodu et bien gras. Ils sont trop

difficiles à trouver ? Alors contentez-vous d'un jeune : il fera malgré tout bien l'affaire. Si la chance vous sourit, vous mettrez la main sur un gros lapin bien en chair. Quoi qu'il en soit, demandez à votre boucher de dépecer la bête en 8 morceaux. N'allez surtout pas jeter le foie, le cœur ou les rognons, qui viendront de leur présence insistante parfumer votre plat.

1 gros lapin dépecé en 8 morceaux
et ses abats
3 gros oignons jaunes finement hachés
1 c. à soupe de vinaigre de vin rouge
1 jus de citron
2 bouteilles de bière de micro-brasserie
herbes de Provence
1 c. à soupe de moutarde de Dijon
1 c. à soupe de moutarde de Meaux
20 pruneaux bien dodus
1 c. à soupe de fécule de maïs

Les lardons :

3 tranches épaisses (1 cm) de bacon fumé

Une heure avant de procéder, retirez votre lapin du frigo et mettez-le en attente au comptoir. Ainsi, la chaleur de la flamme ne viendra pas surprendre votre lapin trop froid et endurcir ses chairs.

Fariner les morceaux de lapin en n'oubliant pas les abats. Les faire dorer en casserole à chaleur moyenne dans un mélange à parts égales de beurre et d'huile d'olive. On saisit ainsi les viandes avant de les braiser pour les caraméliser en surface. Des parfums se forment, trop complexes pour les décrire ici !

Réservez les morceaux bien dorés et faire tout de suite tomber à feu moyen dans la même casserole trois gros oignons jaunes finement hachés. Ajoutez une généreuse pincée de sucre pour contrer l'amertume de la bière que vous verserez tantôt et pour favoriser encore ici la caramélisation. Laissez blondir l'oignon. Sitôt qu'il a blondi, déglacez la casserole avec 1 c. à soupe de vinaigre de vin rouge. Ajoutez un jus de citron et deux petites bouteilles de bière bien parfumée : la Saint-Ambroise de la brasserie McAuslan par exemple. Comment décrire ici les subtils mélanges de houblons ? Ajoutez une généreuse pincée d'herbes de Provence. Amenez à ébullition puis ajoutez à la casserole vos morceaux de lapin bien dorés.

J'aime bien ajouter à mon lapin à la bière quelques lardons bien dorés. Pour ce faire, je demande à mon charmant boucher trois tranches épaisses de bacon fumé que je tranche à la maison en dés. Je les fais bien dorer à feu moyen dans une noix de beurre doux en poêlon. Pourquoi faire dorer ces lardons déjà gras dans du beurre ajouté ? Parce que le beurre doux favorise la fonte du gras salé. Paradoxalement donc, le beurre doux aide à dégraisser ! Sitôt que les lardons sont bien dorés, je les ajoute à la casserole avec le lapin. Je les laisse mijoter tout doucement à couvert le temps qu'il faut pour que la chair soit tendre à la fourchette. Une heure, plus ou moins.

Voici venu le temps de terminer la sauce. Retirez de la casserole les morceaux de lapin et ajoutez à la sauce une généreuse cuillerée à soupe de moutarde de Dijon et une autre (peut-être) de moutarde de Meaux. Ajoutez aussi une vingtaine de pruneaux bien dodus et laissez mijoter doucement 3 ou 4 minutes de plus. Pour conclure la sauce, ajoutez 1 c. à soupe de fécule de maïs d'abord délayée dans un peu d'eau fraîche. Réchauffez ensuite le lapin dans sa sauce et servez avec des pommes persillées ou mieux encore, sur un lit de nouilles *al dente* bien beurrées.

LAPIN CLASSIQUE AUX DEUX MOUTARDES

Pour un lapin classique aux deux moutardes, procédez comme pour le lapin à la bière. Ajoutez peut-être aux oignons quelques carottes en dés. Remplacez en outre la bière par une boîte de consommé de bœuf et 500 ml de vin blanc sec. Après avoir épaissi la sauce à la fécule de maïs, ajoutez de la crème à 35 %. Une demi-tasse au moins. Vous vous sentez coupable ? Oubliez le dessert !

Délices du Liban

Dans son délicieux livre *Le Mezzé libanais, l'art de la table festive* (Actes Sud, 1998), Rudolf El-Kareh souligne que rien ne ressemble moins à un hoummos qu'un autre hoummos, et pourtant, les ingrédients de base restent toujours les mêmes pour cette purée de pois chiches : des pois chiches, bien sûr, de l'ail, du jus de citron, de l'huile d'olive.

Ainsi, certains vous diront qu'il faut à tout prix peler les pois chiches avant de les écraser au pilon. D'autres vous diront qu'il faut au contraire laisser la peau, qui vient enrichir la texture, et que le secret serait plutôt de passer les pois chiches deux ou trois fois à la moulinette grille fine. Certains vous diront qu'il faut à peine parfumer la purée d'ail tandis que d'autres vous diront qu'au contraire, il faut que l'ail s'affirme. Idem pour l'ajout de crème de sésame ou de jus de citron, les uns se faisant parcimonieux et les autres prolixes.

Aussi, je vous propose ici ma version, que vous voudrez sans doute modifier à votre tour. Le moins que je puisse dire, c'est que la version que je propose ici fait bon nombre d'entorses à la tradition. Pas question pour moi, en tout cas, de faire cuire moi-même les pois chiches. En effet, on en trouve en boîte qui permettent de préparer l'hoummos en moins de temps qu'il ne m'en faut pour vous dire comment.

Hoummos à ma façon (purée de pois chiches)

1 boîte de pois chiches en conserve
2 ou 3 gousses d'ail pelées, dégermées, tranchées en deux sur le long et grossièrement hachées
le jus de 3 ou 4 citrons verts
3 à 6 c. à soupe de crème de sésame
persil plat haché
paprika
1/2 t. de noix de Grenoble hachées

Égouttez les pois chiches à la passoire et rincez-les bien à l'eau froide du robinet. Dans le bol du robot, les pois chiches et l'ail. Pulsez à quelques reprises (5 ou 6) pendant quelques secondes (5 ou 6) en prenant soin, à la spatule, d'assurer un mélange homogène. Ajoutez le jus de citron. Pulsez encore. Ajoutez la crème de sésame. Pulsez encore, 3 ou 4 secondes de plus. Si la purée est trop épaisse, ajoutez quelques gouttes d'eau : la purée devrait avoir la consistance d'une purée de pommes de terre assez légère.

Pour servir, étendez la purée de pois chiches dans une assiette plate. Garnissez de persil.

Arrosez d'un filet d'huile d'olive. Saupoudrez de paprika. Garnissez des noix de Grenoble. On peut bien sûr remplacer les noix de Grenoble par des noix de pacane ou des pignons rôtis. On sert bien sûr avec du pain pita. Un délice assuré.

Variation

Les carnivores voudront garnir l'hoummos avec de l'agneau haché qu'on fait dorer à feu moyen en poêle antiadhésive.

Fattoush

Le mot fattoush *vient du verbe* fatta, *qui, en arabe, signifie « désagréger » ou « effriter ».* Fatfata *veut dire « rompre en menus morceaux ». Le fattoush, c'est une salade de légumes croquants aromatisés au citron, à l'huile d'olive et aux fines herbes, qu'on garnit de croûtons de pain pita dorés au four puis effrités. Pour faire dorer le pain pita, on décolle d'abord les deux parties qu'on dépose sur une plaque. Au four, à 400 °F, le pain sera prêt en 3 ou 4 minutes. Le pain est prêt quand il est bien doré et qu'on peut le rompre avec un bruit sec. Vos croûtons de pita seront à leur meilleur si vous vaporisez le pain d'huile d'olive avant de l'enfourner.*

laitue romaine
tomates
1 ou 2 oignons moyens
3 ou 4 concombres libanais ou 1 concombre anglais

1 ou 2 poivrons en fines rondelles
ou bien en dés
1 botte de persil plat
1 botte de menthe fraîche
pain pita doré en assez gros morceaux

Vinaigrette :

1 ou 2 gousses d'ail pelées, dégermées et pressées
le jus de 2 citrons (jaunes ou verts)
1/2 t. d'huile d'olive extra-vierge

Pour 4 convives, il faut une belle laitue romaine, de préférence choisie pour son galbe et son croquant. Qu'elle soit bien verte et lourde, vous assurant un cœur croquant. Tranchez-la au couteau dentelé en lanières assez larges. Avec autant de soin, vous aurez choisi 3 ou 4 tomates bien parfumées, tranchées en demi-lunes.

Pelez les oignons, tranchez-les ensuite de haut en bas en lamelles fines. Pour qu'ils soient bien croquants, faites-les tremper dans l'eau glacée pendant une bonne demi-heure. Le trempage permet d'éliminer les composés soufrés et de rendre les légumes plus digestes. Au moment de dresser la salade, égouttez-les et asséchez-les dans un linge.

Si vous avez trouvé des concombres libanais, tranchez-les en gros dés sans vous donner la peine de les peler et de les épépiner. S'il s'agit d'un concombre anglais, pelez-le, tranchez-le en deux sur le long pour l'épépiner à la cuiller avant de le trancher en gros dés. Ajoutez le poivron, au goût. Lavez à grande eau le persil et la menthe. Asséchez à l'essoreuse ou tout simplement dans un linge. Effeuillez le persil et la menthe et hachez finement à la planche.

Pour la vinaigrette, faites émulsionner dans un bol à la fourchette ou, mieux encore, au mélangeur l'ail, le jus de citron et la 1/2 t. d'huile d'olive extra-vierge bien fruitée. Au moment de servir, mélangez les légumes et les herbes dans le saladier. Arrosez de vinaigrette, touillez bien, garnissez de pain pita. Voilà !

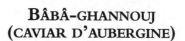

BÂBÂ-GHANNOUJ (CAVIAR D'AUBERGINE)

Le bâbâ-ghannouj (littéralement : papa câlin et capricieux) est un plat subtil et délicat qui vous comblera d'aise. Une simple trempette d'aubergine grillée, me direz-vous. Peut-être, mais parfaite !

Un plat, souligne El-Kareh, qui, par filiation, se retrouve être à la fois à la confluence de l'Inde, des plaines mongoles, de l'Espagne andalouse et de la Méditerranée. Ce qui ravit ? L'onctuosité du mélange, son parfum de fumée et sa douce amertume. Comme pour la purée de pois chiches qui précède, on sert la purée d'aubergine avec du pain pita.

3 ou 4 aubergines de grosseur moyenne (1,5 à 2 kg)
5 à 7 c. à soupe de crème de sésame
le jus de 2, 3 ou 4 citrons jaunes ou verts
1, 2 ou 3 gousses d'ail pelées, dégermées et pressées
1/2 botte de persil, haché
noix de Grenoble ou pacanes hachées

Piquez les aubergines à la fourchette ou à la pointe du couteau à 3 ou 4 endroits pour éviter qu'elles n'explosent au four. Sur une plaque, enfournez-les à 400 °F pendant le temps qu'il faut pour qu'elles s'effondrent : de 45 minutes à 1 heure. Laissez tiédir au comptoir. Du couteau, tranchez-les en deux sur le long.

À la cuiller, prélevez la chair et jetez la peau. À la passoire, laissez égoutter quelques minutes. Puis, au robot, faites une purée à laquelle vous ajoutez la crème de sésame, le jus de citron et l'ail. Salez et poivrez au goût et mettez à refroidir au frigo.

Au moment de servir, nappez une assiette de purée, garnissez de persil, arrosez d'un filet d'huile d'olive et saupoudrez de noix de Grenoble ou de pacanes hachées.

Falafels (beignets de pois chiches)

Grâce aux pois chiches qu'on trouve en boîte déjà cuits, on peut préparer en un tournemain ces croquettes d'origine israélienne qu'on consomme dans tout le Moyen-Orient. Des beignets savoureux qui remplacent fort agréablement les boulettes de viande hachée.

1/2 t. (75 g) de boulghour fin
1 boîte de pois chiches en conserve
1 petit oignon haché
3 gousses d'ail pelées et dégermées
1 t. de mie de pain fraîche
le jus de 1 citron
1/3 t. de coriandre fraîche ou de persil ciselé
1 ou 2 pincées de cumin en poudre

Faites d'abord tremper le boulghour dans l'eau tiède pendant une bonne quinzaine de minutes. Égouttez-le, pressez-le dans un linge pour éliminer le surplus d'eau et réservez.

Dans une passoire, égouttez les pois chiches. Rincez bien à l'eau froide. Au robot, mixez avec l'oignon et l'ail.

Ajoutez la mie de pain fraîche et le jus de citron. Mixez encore pour obtenir une pâte homogène. Dans un saladier, ajoutez de la coriandre ou du persil. Salez, poivrez, ajoutez le cumin. Ajoutez le boulghour. Mélangez bien à la spatule.

À la main, façonnez en boulettes grosses comme une noix de Grenoble que vous laisserez refroidir au frigo pendant au moins 1/2 heure. Ces boulettes, vous les ferez ensuite cuire en haute friture pendant 4 ou 5 minutes, le temps qu'il faut pour qu'elles soient bien dorées. Pour accompagner ces boulettes, que diriez-vous d'une sauce au concombre et au yaourt ?

SAUCE AU CONCOMBRE ET AU YAOURT

1 concombre
yaourt
1 ou 2 gousses d'ail pelées, dégermées et pressées
menthe fraîche, coriandre ciselée ou persil plat haché

Pelez le concombre, tranchez-le en deux, épépinez-le et râpez-le ensuite du gros côté de la râpe. Dans un bol, ajoutez au concombre 2 bonnes pincées de sel. Faites-le ensuite égoutter à la passoire pendant une bonne quinzaine de minutes. Pressez ensuite le concombre râpé entre les paumes pour éliminer le surplus d'eau.

Dans le bol, ajoutez au concombre 1 ou 2 fois son volume de yaourt et l'ail. Salez, poivrez, ajoutez un peu de menthe fraîche, de coriandre ciselée ou de persil plat haché, quelques gouttes d'huile d'olive, et le tour est joué.

SAUCE TAHINI

Pour faire la sauce tahini, rien de plus simple. Dans un bol, 1/2 t. de crème de sésame. Ajoutez le jus de 1 citron jaune ou vert. Mélangez bien à la fourchette. Ajoutez enfin tout juste ce qu'il faut d'eau pour diluer jusqu'à consistance désirée. La sauce tahini doit être assez coulante.

SUCRE

Des jeux d'enfant

Pour souligner la fête de la Confédération avec tous les égards que ce pays mérite, Kraft Canada nous propose de déguster en famille ses « carrés de célébration », un somptueux dessert. On trouve la recette dans *La Magie de Jell-O — Cent recettes nouvelles et favorites pour célébrer 100 ans de plaisir avec Jell-O* (MGR Publishing & Promotions Inc., 1997). Pour illustrer les « carrés de célébration », les stylistes des cuisines Jell-O se sont franchement dépassés. Sur un drapeau canadien qui paraît battre au vent, si léger qu'on dirait qu'il s'envole. Dans son plat de pyrex de 13 po sur 9 (33 cm sur 22), on peut apprécier la savante stratification de l'entremets. Au fond du plat, une croûte à la blondeur de blé recouverte d'une nappe de mousse d'une blancheur immaculée. Par-dessus, une couche translucide qu'on dirait de rubis, recouverte à son tour d'un frisson blanc qui tient à la fois de l'écume de la mer, des nimbus qui fuient et de la neige éternelle du Nord. Mais surtout, merveille des merveilles, garnissant le dessert, des feuilles d'érable faites d'une gelée rouge et transparente paraissent avoir été déposées par le vent. Au centre de l'ouvrage, une grande feuille symbolise le tout plus grand que les parties tandis que gravitent autour d'elle de plus petites feuilles d'érable timides et fragiles comme autant de provinces. Que c'est beau ! Que c'est beau ! Et c'est facile à faire !

Carrés de célébration

1 t. de chapelure Graham
1/4 t. de beurre fondu
250 g de fromage Philadelphia ramolli
1/4 t. de sucre granulé
2 t. (500 ml) de garniture fouettée Cool Whip
4 paquets de 85 g de poudre pour gelée Jell-O à la cerise ou à la fraise (ou 2 paquets de 170 g)
1 boîte de 398 ml d'ananas broyés et égouttés

Pour faire la croûte, mélangez la chapelure Graham et le beurre. Recouvrez-en le fond du plat. Tassez bien. Réfrigérez. En quelques minutes, le beurre refroidi fige et la croûte se tient. Quoi de plus canadien que de se servir du froid à ses fins !

Pendant ce temps, fouettez à la mixette le fromage Philadelphia et le sucre. Quand le mélange est bien lisse, incorporez à la spatule la « garniture fouettée » Cool Whip décongelée. Les amateurs savent bien sûr qu'on trouve le Cool Whip au supermarché dans le rayon des produits congelés. Comment ? Vous ne savez rien du Cool Whip ? Malheureux ! Eh bien, sachez que cette « garniture » importée est une imitation de crème fouettée. Quoi de plus canadien que l'ersatz ? Être canadien, c'est être d'Amérique sans être américain. Merci, Kraft, de nous le rappeler à l'occasion de la Confédération ! Mais consolons-nous, il y a des ersatz de qualité. Le Cool Whip en est un merveilleux exemple. Goûtez-y, vous verrez. « C'est pas si mauvais que ça », me direz-vous, presque enchanté. C'est que la lecture des éléments qui composent la « garniture fouettée » n'a rien de rassurant : « Eau, 23 % d'huiles de noix de coco et de palmiste partiellement hydrogénées et modifiées. Peut aussi contenir de l'huile de palme ou du citrate monoglycérique, sucre, du sirop de maïs, caséinate de sodium, gomme guar, du polysorbate 60, monostéarate de sorbitan, gomme xantane, arômes

artificiel et naturel et colorant. » Que c'est bon ! Que c'est bon ! Ça doit même être bon pour la santé puisqu'on peut lire sur l'étiquette que c'est une « valeur de choix de l'Association canadienne du diabète ». « On n'est pas sortis du bois », comme vous dites. Fin de la parenthèse.

Vous avez donc, à la spatule, incorporé le fromage à la crème au Cool Whip. Sur la croûte figée, étendez une couche uniforme de la préparation. Préparez ensuite la couche suivante de ces « carrés de célébration » :
2 paquets de poudre pour gelée Jell-O à la cerise ou à la fraise que vous préparez suivant la méthode de prise en 30 minutes indiquée sur l'emballage. Incorporez immédiatement à la gelée les ananas. Recouvrez la mousse de fromage à la crème de la préparation et réfrigérez pendant une trentaine de minutes. Ça y est, la gelée est prise. Vous n'avez plus qu'à la recouvrir de 2 t. de Cool Whip décongelé et à garnir de « rigolos » en feuilles d'érable.

Mais, me dites-vous, il n'y a rien de canadien là-dedans. Rien, justement. Quoi de plus canadien ? Pire encore, vous ne savez rien des « rigolos ». Eh bien, sachez qu'on procède comme pour faire du Jell-O. Il suffit de réduire la quantité d'eau. Le résultat : une gelée plus ferme qu'on peut tailler à l'emporte-pièce. Il faut donc 2 paquets de poudre pour gelée Jell-O de 170 g chacun ou 4 paquets de 85 g chacun. Dans un bol, on dissout la poudre dans 2 1/2 t. (625 ml) d'eau bouillante. On verse dans un plat. On réfrigère. Quand la gelée est prise, on trempe le moule dans l'eau tiède 15 secondes. On démoule et on taille.

Les souverainistes qui m'ont lu jusqu'ici en retenant leur rage seront ravis d'apprendre que les poudres pour gelée Jell-O sont, à l'instar de nos politiciens, perversement polymorphes. Les poudres pour gelée Jell-O sont prêtes à tout. Ainsi, j'ai trouvé, dans *La Magie de Jell-O,* une recette d'igloo bleu glacé dont je me suis inspiré pour vous proposer mon dessert façon Gilles Vigneault. Dans un cul-de-poule, du Jell-O bleu fruité. On démoule. On recouvre l'hémisphère de garniture fouettée Cool Whip. On garnit de « rigolos » de gelée bleue en forme de fleurs de lis. Piqué sur le sommet, un petit drapeau du Québec. Mon pays, ce n'est pas un pays, c'est Jell-O.

Les pâtes de fruits

Gâterie traditionnelle des mioches français, les pâtes de fruits n'étaient à l'origine que de la confiture trop cuite. Si tellement cuite, comme dirait VLB, qu'il suffisait de la laisser refroidir pour qu'elle forme une sorte de gomme dont on faisait de petits cubes que l'on enrobait de sucre. C'était justement si tant cuit que le parfum des fruits n'était plus que souvenir vague. Fraise ou framboise ? Il fallait demander !
Grâce à la pectine liquide, on peut aujourd'hui préparer des pâtes de fruits beaucoup plus savoureuses que celles de jadis puisqu'on peut réduire au minimum le temps de cuisson. Voilà qui permet de conserver tous les parfums des fruits. Voilà aussi qui donne aux bonbons une texture beaucoup plus agréable. Les pâtes de fruits d'aujourd'hui sont moins des pâtes que des gelées.
Grâce au Larousse gastronomique, *vous n'êtes pas sans savoir que la pectine est une « substance*

gélifiante naturelle, constituée de glucides, courante dans le règne végétal, en particulier dans le jus de certains fruits (mûres, pommes, coings, groseilles, oranges et citrons notamment). La pectine est aussi extraite industriellement du marc de pommes desséchées ». En Amérique du Nord, on trouve de la pectine sous forme liquide ou en cristaux. Pour nos pâtes ou gelées de fruits, je vous recommande la pectine liquide de marque Certo. On en trouve partout.

Pour exercer son pouvoir gélifiant, la pectine doit être mise en présence de sucre et d'acide. Tous les fruits contiennent de la pectine, du sucre et de

l'acide, mais en diverses proportions. Voilà pourquoi les auteurs « sérieux » de recettes de pâtes de fruits vous proposent pour chaque fruit un temps de cuisson particulier, une quantité de sucre et de pectine qui varie. Gaston Lenôtre par exemple, dans Ice Cream and Candies, *propose des dizaines de variations toutes plus précises les unes que les autres. Ce sont là, me semble-t-il, précisions inutiles puisque chaque fruit varie lui-même à l'infini. Ainsi, une fraise peut être plus ou moins riche en pectine, plus ou moins acide, plus ou moins sucrée. Aussi, m'inspirant de Lenôtre, je vous propose une recette de base qui convient à tous les fruits, frais, en conserve ou congelés. En voici trois applications, en commençant par la plus simple.*

GELÉE AU JUS DE RAISIN WELCH

2 t. de jus de raisin Welch
le jus de 1 gros citron
3 t. de sucre
1 c. à soupe de beurre doux
2 enveloppes de pectine liquide

Dans une casserole moyenne à fond épais, versez 2 t. de jus de raisin Welch et le jus de 1 gros citron. Ajoutez 3 t. de sucre. Amenez à grande ébullition puis laissez bouillir 4 minutes avant d'ajouter 1 c. à soupe de beurre doux. Laissez bouillir encore à gros bouillons 4 ou 5 minutes. Retirez du feu et ajoutez immédiatement deux enveloppes de pectine liquide. Mélangez bien à la spatule et versez dans un moule à gâteau carré de 8 ou 9 po de côté, chemisé de papier antiadhésif. Laissez refroidir et prendre au comptoir. Vous n'avez plus qu'à démouler et à trancher en cubes. Enrobez ensuite les cubes de sucre, de préférence à gros cristaux. Ça se conserve fort longtemps au frigo.

Gelée d'ananas

2 t. d'ananas en conserve
le jus de 1 gros citron
3 t. de sucre
1 c. à soupe de beurre doux
2 enveloppes de pectine liquide

Il nous faut 2 t. d'ananas en conserve, on les choisit en morceaux. On passe au robot en prenant soin de ne pas faire une purée trop fine. C'est meilleur si on laisse des petits morceaux. Pour le reste, on procède exactement comme il est dit plus haut, dans la gelée de raisin Welch. N'oubliez surtout pas le jus de citron. N'oubliez pas non plus le beurre doux qui rend la préparation onctueuse et l'empêche de coller…

Gelée à l'orange

On choisit une orange navel de grosseur moyenne, sans pépins. On l'ébouillante dix secondes. On la rafraîchit au robinet. On la tranche en quartiers. On élimine s'il y a lieu les pépins. On passe le tout, pulpe et écorce, au robot. On verse dans une tasse à mesurer. On ajoute ce qu'il faut de jus d'orange pour obtenir 2 t. et on procède comme il est dit plus haut…

Note : Le livre de Gaston Lenôtre est formidable. Je vous le recommande dans sa version traduite, publiée chez Barron's, parce qu'elle est adaptée à l'Amérique du Nord. « Que voulez-vous ? », comme dirait l'autre !

Petit pudding Môman magique

Les mélanges en poudre pour pudding instantané au chocolat et les puddings déjà prêts à manger en petits contenants de matière plastique doivent obte-

nir un succès fou si on en juge par l'espace qu'ils occupent au supermarché. Tant mieux pour les fabricants, mais tant pis pour ceux qui s'en contentent. Je le sais, j'ai goûté. Oser parler de chocolat pour décrire le « parfum » chimifié de telles concoctions, c'est s'affubler comme le geai de la fable des plumes du paon.

Voilà pourquoi je vous propose ici un pudding au chocolat maison qui a sur ceux du commerce l'avantage de la limpidité. Au moins, on sait ce que l'on mange parce qu'on l'a mis dedans. Je sais bien que le pudding au chocolat, même bon, n'a rien qui vous enchante. Vous préférez, bien sûr, la mousse au chocolat du Café de Paris *ou bien les petits pots de crème. Mais les enfants pour leur part apprécieront mes petits puddings « môman magique », d'autant plus qu'ils prendront plaisir à les faire eux-mêmes.*

1/2 t. de sucre
1/4 t. de fécule de maïs
6 à 8 c. à soupe de cacao
2 1/2 t. de lait
un bouchon de vanille

Dans une casserole à fond épais, mélangez bien le sucre, la fécule de maïs et le cacao. Ajoutez le lait. À feu doux, amenez tout doucement à ébullition en brassant doucement mais inlassablement à la spatule ou à la cuiller de bois. La fécule épaissit bien avant que le mélange atteigne le point d'ébullition. Puis, de grosses bulles se forment qui viennent éclater sur la cuisinière. On aurait dû penser à choisir une casserole haute ! On laisse à peine frémir 1 ou 2 minutes pour cuire la fécule. Si des grumeaux se sont formés, on fait tout simplement appel au fouet ou, mieux encore, au pied mélangeur. On n'a plus, en fin de parcours, qu'à ajouter, hors flamme, la vanille pour parfumer. Laissez tiédir un peu avant de verser dans les coupes de baccarat héritées des ancêtres. Laissez refroidir au frigo : dans 1 heure les puddings seront prêts à manger. Pour éviter que ne se forme une peau en surface, recouvrez les coupes de pellicule plastique, mais attendez pour ce faire que les puddings soient bien refroidis afin d'éviter que des gouttelettes d'eau de condensation ne se forment sur le plastique et ne viennent tomber sur le pudding, abîmant malencontreusement le chef-d'œuvre.

PETITS POTS DE CRÈME AU CHOCOLAT

Grâce au robot culinaire, vous pourrez préparer en quelques minutes à peine ce sublime dessert qui ravira vos invités.

Pour 6 à 8 convives, hachez d'abord grossièrement à la planche de 200 à 250 g de chocolat de qualité. Le Valrhona bien sûr est tout à fait sublime. Si vous vous contentez de Baker's, choisissez de préférence le mi-amer en enveloppe mauve. Au robot, pulvérisez ensuite le chocolat auquel vous aurez ajouté de 3 à 6 c. à soupe de sucre. Ajoutez ensuite 6 jaunes d'œufs et pulsez 1 minute ou 2 jusqu'à obtention d'une pâte homogène. Pendant que le robot tourne à vitesse moyenne, versez ensuite par le goulot 1 1/2 t. de lait et 1 t. de crème à 35 % que vous aurez d'abord amenées à ébullition. Laissez tourner 1 minute de plus. Ajoutez enfin 1 c. à thé ou deux de vanille ou une même quantité de Triple Sec, de Drambuie, de curaçao ou de Brandy ! Ça y est : vous avez obtenu une crème homogène. Ne reste plus qu'à la verser dans des ramequins ou dans des tasses fines. Mettez au frigo : dans 2 heures vos petits pots sont prêts. Vous verrez, c'est sublime !

Note : 200 g de chocolat suffisent amplement ! 250 g de chocolat produiront une ganache dont vous pourrez faire mille merveilles. Par exemple, en farcir des pêches ou des poires pochées au sirop vanillé que vous servirez avec une crème anglaise ou, mieux encore, sur un coulis de fraises ou de framboises.

CHOCOLAT CHAUD

80 g de chocolat fin haché
1 t. de lait
1/3 t. de crème à fouetter
cannelle ou essence de vanille ou d'amande

Comme son nom l'indique, le Quick de Nestlé ne vaut pas plus qu'une p'tite vite. Que diriez-vous plutôt d'un vrai chocolat chaud ? Un tel plaisir vaut bien qu'on y consacre le temps qu'il faut !

Dans un cul-de-poule, 80 g de chocolat fin haché finement à la planche ou, mieux encore, au robot. Dans une casserole à fond épais, amenez presque à ébullition 1 t. de lait enrichi de 1/3 t. de crème à fouetter. Versez le mélange sur le chocolat. Au fouet ou bien à la mixette, faites mousser.

Certains voudront, à l'espagnole, ajouter une pincée de cannelle. D'autres parfumeront de 1 ou 2 gouttes d'essence de vanille ou d'amande. D'autres, enfin, ajouteront 1 ou 2 pincées de café soluble pour en faire un moka.

Note : À défaut de chocolat fin, 3 carrés de mi-amer de Baker's font presque aussi bien l'affaire.

GÂTEAU CÉVENOL

Rien de plus facile à faire que ce « gâteau » sans cuisson qui n'est en somme qu'un mélange de chocolat fondu, de crème de marrons vanillée et de beurre doux.

250 g de chocolat
1/3 lb de beurre doux
1000 g de crème de marrons vanillée
chocolat râpé
crème Chantilly ou glace à la vanille

Au micro-ondes, au bain-marie ou tout simplement dans un cul-de-poule déposé sur une casserole d'eau à peine frémissante, faites d'abord fondre le chocolat. À la spatule ou bien à la mixette, incorporez ensuite le beurre doux, ramolli au comptoir. Ajoutez enfin la crème de marrons vanillée. Versez dans un moule à charnière et laissez refroidir au frigo une bonne douzaine d'heures avant de démouler.

Pour le coup d'œil, recouvrez le gâteau de chocolat râpé. Servez en toutes petites pointes avec de la crème Chantilly ou une glace vanille. Ce gâteau est si riche qu'il pourra facilement faire le bonheur d'une quinzaine d'invités. Aussi choisira-t-on peut-être de réduire la recette de moitié.

Quelques précisions s'imposent. Les fins gourmets vous diront qu'il est impératif de choisir un chocolat européen de qualité. D'autres, dont je suis, vous diront qu'on peut fort bien se contenter de l'humble chocolat Baker's, une boîte de 225 g de chocolat mi-amer. Un peu plus cher, c'est vrai, mais tellement plus parfumé.

ÉCORCES DE PAMPLEMOUSSE ROSE « SEMI-CONFITES »

Dans Food *(Simon and Shuster, 1980), le réputé gastronome américain Waverly Root proteste. « Le pamplemousse rose est une aberration gastronomique qu'on a conçue pour satisfaire l'infantilisme des Américains et leur passion pour les couleurs primaires. » Pour ce faire, ajoute-t-il, « on a sacrifié le parfum subtil des pamplemousses ordinaires : les roses sont moins bons… » En fait, ajoute-t-il, péremptoire, « le pamplemousse rose est comme le champagne de la même couleur. Les viticulteurs français qui en font en cachette pour le marché américain se voileraient de honte si ça se savait ». Il faut dire que Root écrivait ces lignes il y a presque 20 ans… S'il goûtait aujourd'hui aux pamplemousses roses de Floride, il se verrait obligé de faire amende honorable : ce sont des fruits juteux et parfumés comme il n'est pas permis, roses non pas de honte mais de plaisir. Pour ce qui est des vertus du champagne rose, je laisse aux œnophiles le plaisir d'en décider…*

Non seulement le pamplemousse rose est-il savoureux au possible, comme dirait Josée Blanchette, mais son écorce confite est un cadeau des dieux. Mieux encore, au pochage dans le sirop, les pigments roses tout aussi présents dans l'écorce que dans la chair du fruit se manifestent. L'essentiel, comme le dirait Saint-Ex, devient visible aux yeux.

Toutes les écorces d'agrumes conviennent à la préparation qui suit, à condition qu'elles soient bien épaisses. Ainsi, on peut confire l'écorce du citron jaune, mais on ne peut confire celle, trop mince, du citron vert. L'écorce des oranges navel convient parfaitement tandis que celle des « oranges à jus » est trop mince. Les pamplemousses à la chair jaune ou blanche conviennent aussi, il va sans dire, à la condition encore ici de choisir des agrumes à l'écorce bien épaisse. Trêve de préambules, procédons !

3 pamplemousses roses
3 t. de sucre
quelques agrumes : oranges, pamplemousses et citrons
feuilles de menthe fraîche

On a choisi 3 pamplemousses roses de grosseur moyenne, bien lourds et bien juteux. À l'aide d'un couteau dentelé, on tranche chaque fruit de haut en bas en 8 quartiers. Du pouce, on frotte doucement l'intérieur des morceaux d'écorce pour éliminer les fils blancs de membrane qui d'aventure y seraient collés. La membrane qui recouvre la pulpe est source d'amertume.

On fait ensuite pocher les quartiers d'écorce dans une généreuse quantité d'eau frémissante. On égoutte bien. On remet en casserole. On recouvre d'un mélange d'eau et de sucre : 4 quantités d'eau pour 3 de sucre. Disons donc 3 t. de sucre pour 4 t. d'eau. On amène à ébullition puis on réduit la flamme pour laisser tout doucement frémir à découvert pendant 1 heure au moins, peut-être 1 1/2 heure, le temps qu'il faut pour que les quartiers d'écorce se gorgent de sirop, rosissent et deviennent translucides. Le sirop a épaissi : le voilà à son tour parfumé et d'une belle couleur rose ambrée. On laisse refroidir

dans la casserole. On n'a plus ensuite qu'à réserver au frigo les écorces semi-confites dans leur sirop.

Pour un dessert sublime, on pèle à vif quelques agrumes : oranges, pamplemousses et citrons. À l'aide d'un couteau d'office, on libère la chair des membranes pour servir en quartiers, ou bien plus simplement on fait des tranches fines des fruits. On garnit d'écorces semi-confites, on arrose du sirop de pochage, on décore de quelques feuilles de menthe fraîche : on est au septième ciel. Meilleur encore si on saupoudre de praline.

Pralin minute

Pour faire un pralin classique, on fait d'abord un caramel bien ambré. On ajoute des amandes mondées. On verse sur une plaque ou sur le marbre. On laisse refroidir. On casse en morceaux, on pulvérise ensuite. Voilà qui exige, dirait La Fontaine, patience et longueur de temps. Vous en manquez ? Sans faire appel pour autant à la force ni à la rage, vous pourrez en quelques minutes préparer un pralin exquis, faisant appel au « tant pour tant ». Le « tant pour tant », c'est tout simplement un mélange à parts égales d'amandes pulvérisées et de sucre glace. Mieux vaut, je crois, pulvériser soi-même les amandes au robot, mais on peut fort bien se contenter de poudre d'amandes et de 1 t. de sucre glace. On répand sur une tôle ou une plaque à biscuits. On enfourne à 375 °F. On reste aux aguets. Pendant 5 minutes à peu près, il ne se passe rien. Puis, tout à coup, le « tant pour tant » commence à colorer. Vite ! N'attendez pas ! À la spatule, mélangez bien pour assurer une caramélisation uniforme. Remettez au four pour 2 ou 3 minutes encore. Mélangez une fois de plus. Remettez une dernière fois au four. À la chaleur, le bonbon s'est formé. Le résultat : une sorte d'agglomérat qui ne vous dit rien qui vaille. De grâce, ne paniquez pas. C'est prêt. Vous n'avez plus qu'à laisser refroidir au comptoir. Pulvérisez ensuite au robot. Humez-moi ce parfum sublime et surtout goûtez-y ! Vous avez réussi ! Dans un bocal hermétique, le pralin se conserve des mois. Un pralin qui fera merveille sur vos crêpes fourrées à la mousse de Nutella.

Écorces d'agrumes pralinées

On peut aussi enrober de ce pralin les écorces confites pour en faire de sublimes bonbons. Il suffit pour ce faire d'égoutter les écorces, de les déposer sur une grille posée sur une plaque et de les laisser sécher à l'air libre pendant une douzaine d'heures, le temps qu'il faut pour que le sirop glace en surface. On enrobe ensuite les écorces confites de pralin en poudre. Le parfum d'amandes grillées se marie si bien à la douce amertume des écorces de fruits qu'on exulte, sinon plus !

Écorces d'agrumes pralinées au chocolat fondu

Pour des bonbons encore plus cochons, on trempera les écorces pralinées dans le chocolat fondu. Du chocolat de qualité qu'on a fait fondre tout doucement en bain-marie sur de l'eau à peine chaude. Rappelez-vous, le chocolat fond à la température du corps. Ne le chauffez pas plus ! On trempe donc les écorces à mi-corps. On les pose sur une assiette. On fait figer au frigo. C'est prêt en moins de temps qu'il ne faut pour me lire.

Un bain pour Joséphine ?

Pour une peau fraîche et satinée, ajoutez à l'eau du bain 10 kg de fraises écrasées... Voilà en tout cas le conseil que donnait Mme Tallien, célèbre courtisane, à son amie Joséphine de Beauharnais. La belle créole se garda bien d'obtempérer pour ne pas déplaire à Bonaparte, son ami de cœur. Napoléon, on le sait, avait horreur de la baignoire. Ainsi, les mauvaises langues racontent à qui mieux mieux que l'Empereur, parti faire la guerre loin de sa belle créole, lui fit parvenir par messager, quelques jours avant de rentrer, la supplique suivante : « Madame, je rentre dans quelques jours, surtout n'allez pas vous laver ! »

SOUPE DE FRAISES

Pour faire une soupe de fraises à la façon de Mme Tallien, écrasez des fruits frais à la fourchette, ou mieux encore, passez-les au robot. Ajoutez là-dedans, si le cœur vous en dit, quelques gouttes de Grand Marnier, de Triple Sec ou bien de curaçao. Du jus d'orange ou un bon blanc mousseau feraient tout aussi bien l'affaire. Dans ce coulis tout parfumé, ajoutez des fraises entières. À moins

que vous ne préfériez ajouter des framboises, ou des bleuets, ou pourquoi pas des tranches de nectarines ou de pêches, ou tout simplement des boules de cantaloup ou de melon de miel ?

FOOL AUX FRAISES

À la belle saison, les gourmands de Québec cèdent au plaisir. Au marché du Vieux-Port, des fraises cramoisies de soleil et juteuses à souhait les attendent. Cueillies le matin même à l'île d'Orléans et à Château-Richer, les belles, fouettées par le soleil de mai, sont au rendez-vous. À Montréal, les fraises de chez nous font au même moment leur entrée. Au marché Atwater, chez Dauphinais, *je trouve des fraises de Sainte-Anne-des-Plaines, toutes petites, au fragile parfum d'ananas. Comment y résister ? Je passe à la fromagerie du marché chercher de la crème d'habitant. Un* must *avec des fraises. Et puis je vais chez* Bélanger *pour ses jarrets d'agneau. Et puis aux* Douceurs du Marché *pour des lentilles noires, et puis à la* SAQ *pour du Pétale de Rose, un fin rosé. À la maison, déballant mes fraises, je les trouve toutes écrasées dans leur sac de plastique. Je les ai trop trimballées. Devant ces fraises déjà presque en purée, plutôt que de céder à la déprime, je me suis dit :* « Why make a fool of yourself when you can make a fool for yourself? » *Avec des fraises écrasées, quoi de mieux en effet que de faire un fool ? Un fool, c'est un dessert anglais fait de purée de fruits et de crème fouettée. Facile à faire et d'autant plus sublime.*

1 t. de purée de fraises
sucre au goût
Grand Marnier
1 t. de crème

Pour 4 personnes, écrasez à la fourchette assez de fraises pour faire 1 t. de purée. Sucrez au goût. Ajoutez peut-être 1 ou 2 gouttes de Grand Marnier. Fouettez la crème. À la spatule, mélangez le tout. Servez sans plus attendre. *« Smashing ! »* dirait l'Anglo, qui s'empresserait sans doute de souligner qu'on peut remplacer les fraises du fool par des framboises, des mûres ou des bleuets, sans oublier les pêches, les ananas ou les mangues.

SOUFFLÉ AUX FRUITS SANS FARINE

Les soufflés traditionnels, qu'ils soient sucrés ou salés, comportent toujours de la farine. Pas de soufflé sans elle, nous a-t-on toujours dit. Sans farine, nous assure-t-on, le soufflé tomberait en moins de temps qu'il n'en faut pour passer du four à la table : c'est elle qui donne du corps à la préparation.

Ainsi, pour les soufflés salés, on doit préparer d'abord une béchamel, à laquelle on ajoute le ou les ingrédients de son choix : fromage râpé, fruits de mer ou légumes en purée, etc. On incorpore ensuite à la béchamel des blancs montés en neige, on verse l'appareil dans le moule, on enfourne, et voilà !

Pour des soufflés sucrés, on procède à peu près de la même manière. On fait une béchamel sucrée, en somme une crème pâtissière, qu'on parfume ensuite au choix, par exemple à la vanille, au café ou bien au chocolat. On peut aussi y ajouter des fruits en purée ou en jus. On incorpore ensuite à la crème parfumée une meringue faite de blancs montés en neige et puis sucrés. On verse dans un moule beurré et sucré. On enfourne le temps qu'il faut, et voilà !

Comme disait ma grand-mère, tous ces soufflés, aussi bien salés que sucrés, sont autant d'arias. Les soufflés sont-ils tous aussi compliqués ? Eh bien non ! On peut, sans farine, faire des soufflés à la purée de fruits qui n'ont vraiment rien à envier aux soufflés traditionnels, si compliqués. Vous dire comme c'est facile !

1 t. de purée de fruits
4 blancs d'œufs en neige
1/3 t. de sucre

D'abord, il faut 1 t. (250 ml) de purée de fruits. Des fraises, par exemple, de l'ananas, des mangues ou bien des papayes qu'on mélange au robot. On pourrait tout aussi bien faire une purée de framboises, à condition de la passer ensuite au tamis, sans quoi les graines des fruits risqueraient d'abîmer votre prothèse. On pourrait aussi préparer 1 t. de purée de bananes. On doit prendre soin, cependant, d'y ajouter le jus de 1 citron pour éviter l'oxydation. Si on choisit de faire une purée de bleuets, il faut d'abord les cuire. Idem pour les pommes et les poires, dont on fera d'abord une compote.

Vous avez donc préparé 1 t. de purée de fruits, disons de fraises. Dans un cul-de-poule, vous montez les blancs en neige. Sitôt qu'ils forment des pics lustrés, vous ajoutez le sucre. Vous fouettez encore une trentaine de secondes. À la spatule, vous incorporez la purée de fruits à la meringue. Vous versez le tout dans un moule de 6 t. beurré et vous enfournez à 375 ou 400 °F pendant une vingtaine de minutes, et voilà ! Vous voyez, ce n'est pas compliqué !

Variations

On peut bien sûr remplacer les fraises par d'autres petits fruits. Des bleuets, par exemple, ou bien des framboises ou des mûres. Pour les framboises ou les mûres, mieux vaut éliminer les pépins. On passe les fruits à la grille fine du moulin à légumes, ou bien on les passe d'abord au robot puis au tamis fin.

Le shortcake de chez Murray's

Quel plaisir c'était à l'époque d'aller chez Murray's *où des serveuses aux cheveux gris portant résille et semelles de gomme nous proposaient la* pumpkin pie *à l'automne, la* mincemeat pie *à la Noël, et le* shortcake *aux fraises quand arrivait enfin le printemps. Ah ! ce* shortcake *qui n'avait rien à voir avec ce gâteau fadasse qu'on garnit aujourd'hui de Dream Whip ! C'était comme un biscuit, mais aérien ! À peine sucré : heureux contraste avec la crème fouettée dont on le garnissait. En voici ma version, qu'on peut servir en plat salé aussi bien qu'en dessert.*

Shortcake à l'anglaise

2 t. de farine tout usage
1 pincée de sel
1 pincée de sucre
3 c. à thé de poudre à pâte
1 bonne pincée de bicarbonate de soude
1/4 lb de beurre doux bien froid en dés (gros comme des morceaux de sucre)

le zeste de 1 citron ou de 1 orange
(ou un mélange des deux)
3/4 t. de babeurre

Dans le bac du robot, versez la farine, le sel, le sucre, la poudre à pâte et le bicarbonate de soude. Pulsez 1 seconde à 3 ou 4 reprises pour bien mélanger les ingrédients. Enlevez le couvercle du robot et répartissez sur la farine les dés de beurre. Ajoutez le zeste. Remettez le couvercle et pulsez pendant 2 secondes à 5 ou 6 reprises, pour que la lame hache grossièrement le beurre et l'incorpore à la farine. Par le goulot, ajoutez le babeurre et pulsez à nouveau 1 ou 2 secondes 3 ou 4 fois. Le résultat ? Non pas une pâte homogène qui forme boule, mais plutôt un mélange friable qui ne tient pas. Sur un plan de travail fariné, formez tant bien que mal une boule. Au rouleau, faites une abaisse de 1 cm ou 2 d'épaisseur. Certains préfèrent des *shortcakes* assez plats, « en biscuits ». D'autres, comme moi, les préfèrent plus épais, « en gâteau ».

À l'aide d'un emporte-pièce ou tout simplement armé d'un verre renversé, formez des cercles de 3 po de diamètre. Vous pourrez constater que la pâte a déjà commencé à lever grâce au bicarbonate de soude. Sur une tôle beurrée, faites dorer à four bien chaud (400 °F) pendant 15 à 18 minutes, suivant l'épaisseur de la pâte.

Les bermudas de Michel-Ange

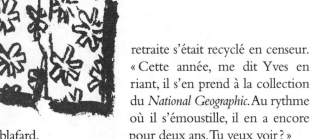

Tapi derrière un rempart de livres, le bon père passait toutes ses journées à la bibliothèque, s'acharnant à la tâche. Je le revois encore, soutane élimée de jésuite, teint blafard, regard inquiet de taupe. On l'entendait de loin marmonner, tournant lentement les pages d'un livre. Soudain, il s'arrêtait. Armé d'une loupe, il scrutait alors longuement ce qu'il avait trouvé, puis, retenant son souffle, il plongeait sa plume dans l'encrier et se mettait fébrilement à griffonner. Puis il soufflait bruyamment pour sécher l'encre et repartait en chasse…

Pendant des mois, je l'observai de loin. Sitôt que je tentais de me rapprocher, le tâcheron me foudroyait du regard, m'obligeant à battre en retraite. Je désespérais de savoir ce qu'il griffonnait jusqu'au jour où mon ami Taschereau m'expliqua que le missionnaire à la retraite s'était recyclé en censeur. « Cette année, me dit Yves en riant, il s'en prend à la collection du *National Geographic.* Au rythme où il s'émoustille, il en a encore pour deux ans. Tu veux voir ? »

Grand amoureux des livres, mon ami Yves travaillait quelques heures par semaine à la bibliothèque du collège Brébeuf. Un poste de choix qui lui donnait libre accès à l'« Enfer », où l'on gardait à l'abri des regards indiscrets les livres interdits. C'est ainsi que j'ai découvert avec ravissement Baudelaire et Colette, Stendhal et Sartre. Taschereau, donc, savait où trouver les œuvres du censeur.

En guise d'apéritif, il me présenta d'abord un exemplaire du *National Geographic* consacré aux îles de Gauguin. En page couverture, une photo splendide. En arrière-plan, quelques cocotiers frissonnent au vent chaud. En avant-plan, une Tahitienne au sourire de nacre tient un plateau de fruits et de fleurs. On avait « retrouvé » la femme aux seins nus, mais le censeur s'était empressé de l'habiller à l'encre de Chine d'un maillot conforme à la morale. J'en fus estomaqué. « Tu n'as encore rien vu ! » Taschereau me tend alors un livre consacré aux chefs-d'œuvre du Vatican.

Dans la chapelle Sixtine, l'enlumineur s'était surpassé. Pas un angelot qui n'ait échappé à sa plume pudique. Fesses dodues et sexes en virgule se cachent sous les caleçons. Je revois encore cet Adam ridicule en maillot sous le regard incrédule de Dieu. Prophètes aux regards courroucés et sibylles sans grâce perdirent toute Espérance entourés d'ignudi en bermudas, tandis que des putti rendus pornographiques en culottes d'encre soutenaient en atlantes les pilastres en trompe-l'œil. Étrange paradoxe : en voilant les corps nus, le censeur avait tué le sacré et presque à jamais pour nous étouffé Michel-Ange.

Des ravioles exubérantes

Dans Classic Techniques of Italian Cooking *(Simon and Shuster, 1982), Giuliano Bugialli propose une recette sublime de tortelli di Michelangelo trouvée dans les carnets du maître. Ces ravioles exubérantes sont farcies d'un mélange baroque de veau et de poulet haché, de cervelle d'agneau, de mortadelle, de pancetta et de prosciutto. On les parfume à la muscade, on lie au jaune d'œuf, on ajoute du parmigiano et on arrose de beurre fondu aromatisé à la sauge. Il s'agit d'une recette fort complexe dont je vous présente une version simplifiée que vous préparerez en un rien de temps grâce aux pâtes à wonton qu'on trouve au supermarché. Comme les pâtes maison dont je vous chantais les mérites, les pâtes à wonton sont faites de farine de blé et d'œufs entiers. Elles sont tout aussi savoureuses que celles qu'on fait à la maison. Mieux encore : elles coûtent moins que rien. Autant en profiter. Vos pâtes seront plus savoureuses si vous les faites décongeler au frigo pendant une dizaine d'heures plutôt que de les brusquer une heure au comptoir.*

environ 100 g de jambon fin
2 beaux suprêmes de poulet sans peau (à peu près 500 g)
3 jaunes d'œufs extra-gros
1/2 t. de parmesan fraîchement râpé
muscade
pâtes à wonton

Pour 4 gourmands, comptez une belle tranche de jambon fin : une centaine de grammes. Au couteau sur la planche ou, mieux encore, en pulsant au robot, hachez d'abord assez finement le jambon et réservez dans un bol. Hachez grossièrement le poulet en dés. Au poêlon, à chaleur moyenne, faites ensuite mousser 3 belles noix de beurre doux. Ajoutez le poulet en dés et faites sauter pendant à peu près 5 minutes, tout juste le temps qu'il faut pour que la chair cuite se tienne. Au robot ou à la planche, hachez ensuite finement le poulet. Mélangez le poulet au jambon et laissez refroidir au comptoir avant d'ajouter les jaunes d'œufs et le parmesan. Poivrez et ajoutez un soupçon de muscade. Ça y est : la garniture est prête.

On n'a plus alors qu'à farcir les pâtes à wonton pour faire ses ravioles. On trouve sur le marché des pâtes à wonton rondes ou carrées. Les deux formats font tout aussi bien l'affaire. On peut faire ses ravioles d'une ou deux feuilles de pâte. Si on farcit une seule feuille carrée, on fera des triangles. Si on farcit une seule feuille ronde, on fera plutôt des demi-lunes.

Au centre de chaque feuille de pâte, déposez gros comme une olive de farce. Au pinceau ou tout simplement du bout des doigts, mouillez d'un peu d'eau le rebord de la feuille. Repliez en prenant soin d'éliminer les poches d'air. Pressez bien du bout des doigts pour sceller la pâte, et le tour est joué.

Si on choisit, comme je vous le recommande de faire, de grosses ravioles, on déposera au centre d'une feuille de pâte 1 c. à soupe de garniture. On mouillera d'eau du bout des doigts ou au pinceau le bord de la pâte et on déposera par dessus une autre feuille de pâte en prenant soin encore ici d'éliminer les poches d'air. On presse bien pour sceller. On n'a plus alors qu'à cuire les ravioles.

On peut les cuire à grande eau bouillante salée. Pour éviter d'encombrer la casserole, faites-en bouillir quelques-unes à la fois. Les ravioles d'abord tombent au fond, puis elles remontent à la surface. Quand elles remontent, elles sont presque prêtes. Laissez-les mijoter une trentaine de secondes avant de les égoutter. On peut aussi faire cuire ses ravioles à la vapeur. Badigeonnez alors la marguerite d'un peu d'huile végétale pour empêcher les ravioles de coller. Recouvrez et laissez cuire à peu près 5 minutes. Les ravioles sont cuites quand elles sont translucides.

Pour la sauce, rien de plus simple. Dans une petite casserole, on fait fondre 1/4 lb de beurre doux. On en arrose les ravioles. On saupoudre de parmigiano. On poivre et on garnit de feuilles de sauge fraîche. À défaut de sauge, la menthe, le basilic ou le persil plat feraient fort bien l'affaire.

SAUCE ALFREDO

On peut aussi napper ses ravioles d'une sauce Alfredo. On fait réduire du quart 1 1/2 t. de crème à 35 % à feu doux. On ajoute 1/2 t. de parmigiano. On brasse bien pour faire fondre le fromage. On ajoute une petite noix de beurre doux. On sale peut-être un peu. On poivre au goût.

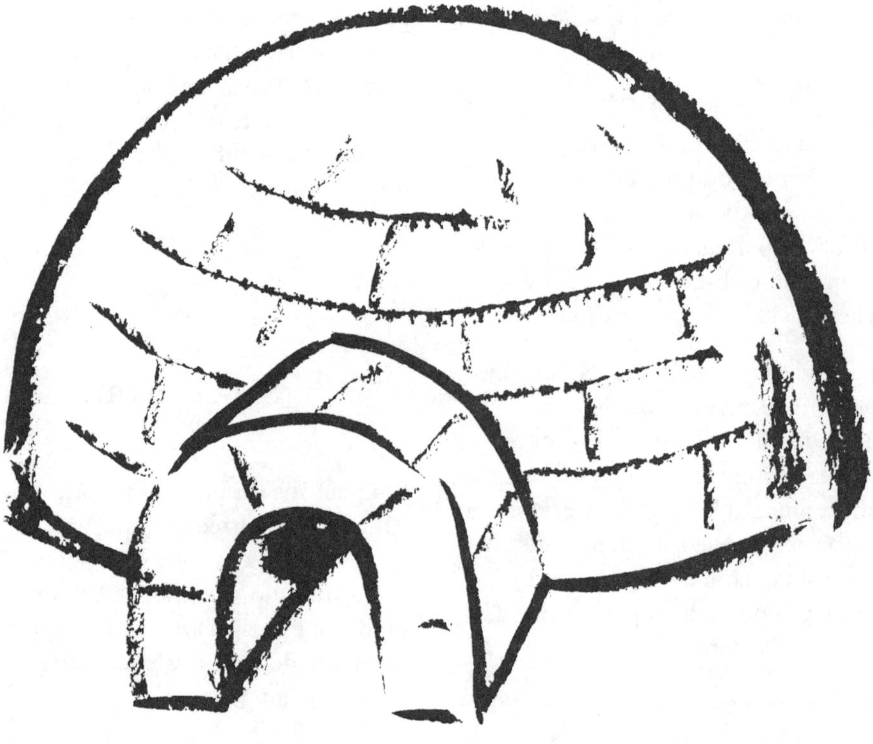

Sorbets maison avec ou sans sorbetière

Encore des sorbets ? Eh oui, pourquoi pas ? C'est si facile et si bon… maintenant que vous savez comment faire. Une chose qui n'a pas changé ! Ma façon de faire les sorbets, la même que dans les *Pinardises*.

Sorbet aux fraises fraîches

2 t. de fraises en purée
le jus de 1 citron
1 t. de sucre à fruits
1 t. d'eau
1 blanc d'œuf

Faites d'abord, au robot, 2 t. de purée de fraises. Dans un bol, ajoutez à la purée le jus de citron, le sucre et l'eau. Pour un sorbet plus riche en fruits, préparez plutôt 3 t. de purée de fraises et n'ajoutez pas d'eau.

Mélangez bien à la spatule et laissez quelques minutes au comptoir, le temps qu'il faut pour que le sucre fonde. Si vous avez une sorbetière, refroidissez le mélange au frigo pour turbiner ensuite. Sinon, versez le mélange dans un grand plat de pyrex et congelez.

Pour faire ensuite le sorbet, cassez le mélange en morceaux de 2 ou 3 cm, que vous déposez dans le bac du robot. Ajoutez le blanc d'œuf. Pulsez quelques secondes, puis laissez tourner 2 ou 3 minutes. Votre sorbet est prêt !

Si vous turbinez, n'ajoutez le blanc d'œuf qu'une fois le sorbet déjà pris, disons 2 ou 3 minutes avant la fin.

Sorbet aux fraises congelées

fraises congelées dans le sirop
le jus de 1 citron

Avec des fraises congelées dans le sirop, on peut faire au robot un sorbet onctueux, léger comme une mousse. Déballez les fraises. Armé d'un gros couteau, tranchez le bloc en cubes de 2 ou 3 cm. Au robot, ajoutez le jus de citron et pulsez une dizaine de fois 2 ou 3 secondes. Le résultat : une purée de fraises congelées en assez gros cristaux que vous pourriez servir telle quelle en granité.

Pour transformer ce granité en sorbet, il suffit d'ajouter un blanc d'œuf et de laisser tourner la lame 1 ou 2 minutes. Grâce à l'ajout du blanc d'œuf, les gros cristaux de glace fondent, mais le mélange est encore si froid que des cristaux microscopiques apparaissent aussitôt. Ça y est, le granité devient sorbet.

Sorbet aux framboises

On peut de la même manière préparer un sorbet aux framboises avec des fruits frais ou congelés dans le sirop. Mais attention : si vous faites un sorbet aux framboises avec des fruits congelés, il faut d'abord décongeler les fruits et les passer avec le sirop au tamis. Ajoutez ensuite le jus de 1 citron à la purée de fruits. Refroidissez et turbinez à la sorbetière. Ou alors, faites congeler de nouveau pour procéder ensuite comme il est dit dans le sorbet aux fraises fraîches.

Pour faire un sorbet aux framboises ou aux mûres avec des fruits frais, faites d'abord, au robot, 3 t. de purée de fruits. Dans un bol, ajoutez le jus de 1 citron et 1 t. de sucre fin. À la spatule, mélangez bien et laissez au comptoir une dizaine de minutes, le temps qu'il faut pour que le sucre fonde. Passez ensuite au tamis fin. Congelez ensuite, puis procédez comme pour le sorbet aux fraises.

Sorbet au pamplemousse

Facile à faire et tout à fait délicieux, le sorbet au pamplemousse se prépare en un tournemain. Choisissez de préférence des pamplemousses roses, tellement plus parfumés. Pressez-les pour extraire 3 t. de jus. Passez au tamis fin. Ajoutez 1 t. de sucre et brassez bien. Congelez pour procéder ensuite comme il est dit plus haut.

Sorbets aux fruits frais en ribambelle — mangue, ananas, kiwis, papaye, pêche, nectarine, cantaloup, banane

Pour faire un sorbet à la mangue, à l'ananas, aux kiwis, à la papaye, à la pêche ou à la nectarine, faites d'abord une purée de fruits au robot. On peut mélanger pêches et nectarines sans les peler, à condition qu'il s'agisse de fruits bio. Sinon, de grâce, éliminez la peau, gorgée d'insecticides. Dans un bol, ajoutez à 2 t. de purée de fruits le jus de 1 citron, 1 t. de sucre fin et 1 t. d'eau. Encore ici, on peut remplacer l'eau par 1 t. de purée de plus. On congèle pour passer ensuite au robot en n'oubliant pas le blanc d'œuf.

Pour un sorbet au melon, seuls le cantaloup ou le melon de Cavaillon conviennent. On n'ajoute pas d'eau. Il faut donc 3 t. de purée, le jus de 1 citron et 1 t. de sucre fin.

Pour un sorbet exquis à la banane, il faut 2 t. de purée de fruit, le jus de 2 ou 3 citrons, 1 t. d'eau ou de jus d'orange et 1 t. de sucre fin.

Sorbets aux fruits en conserve — abricots, litchis, poires, griottes

Avec des fruits en conserve, on peut faire d'excellents sorbets, meilleurs dans certains cas qu'avec des fruits frais. Ainsi, votre sorbet à l'abricot sera bien meilleur si vous le faites avec des abricots en conserve. Les abricots frais qu'on trouve ici sont dénués d'intérêt. Cueillis trop tôt, ils sont pâteux et sans parfum, tandis que les abricots en conserve sont fort bons. Choisissez des abricots conservés dans le sirop léger. Égouttez-les et réservez 1 t. de sirop. Au robot, mélangez les fruits. Dans un bol, ajoutez le jus de 1 citron, le sirop et 3/4 t. de sucre fin. Congelez, mélangez et n'oubliez pas le blanc d'œuf.

Pour faire un sorbet aux litchis, procédez de la même manière. Idem pour un sorbet à la pêche, à la poire ou à l'ananas.

Pour faire un sorbet de griottes au sirop, égouttez les fruits et réservez 1 t. de sirop. Il faut 2 t. de fruits égouttés que vous mélangez avec la tasse de sirop. Passez au tamis, ajoutez le jus de 1 citron et 3/4 t. de sucre. Si vous avez une sorbetière, turbinez tout de go. Sinon, congelez d'abord pour mélanger ensuite au robot, sans oublier le blanc d'œuf.

SORBET À LA POMME

Purée de pommes :

5 ou 6 belles MacIntosh
1/2 t. d'eau

On peut faire un sorbet à la pomme avec des fruits crus, mais votre dessert sera bien meilleur si vous le préparez plutôt avec un coulis de pommes cuites. À la cuisson, le parfum de fruit prend de l'ampleur, de telle sorte qu'il résistera mieux à la congélation. Pour faire le coulis, choisissez d'emblée la MacIntosh. Contrairement à la Cortland ou à la Spartan, la MacIntosh s'effondre à la moindre cuisson. Il faut 5 ou 6 pommes que vous trancherez en deux de haut en bas sans les peler. À l'aide d'une cuiller parisienne, éliminez le cœur. Enlevez aussi la tige et le pédoncule. Tranchez ensuite en quartiers.

Dans la casserole antiadhésive ou en inox, ajoutez aux pommes un peu d'eau, 1/2 t., disons. Recouvrez. Amenez à ébullition, puis diminuez la flamme pour laisser à peine frémir à couvert pendant quelques minutes : le temps qu'il faut pour que les pommes s'effondrent.

2 t. de purée de pommes
1 t. d'eau
1 t. de sucre fin
le jus de 1 citron
1 blanc d'œuf

Au robot, mélangez ensuite pour faire une purée toute rose de plaisir. Dans un bol, ajoutez la purée, l'eau, le sucre et le jus de citron. Si vous avez une sorbetière, laissez d'abord refroidir le mélange au frigo avant de turbiner. Quand le sorbet est presque pris, ajoutez un blanc d'œuf battu à la fourchette. Si vous n'avez pas de sorbetière, faites congeler pour procéder ensuite comme il est dit plus haut. Grâce au blanc d'œuf, votre sorbet sera aérien, léger comme une mousse.

SORBET À L'AVOCAT

Purée d'avocats :

3 ou 4 avocats
le jus de 2 ou 3 citrons

Un délice qui vous surprendra. Préparez d'abord une purée froide d'avocats : au robot, passez 3 ou 4 fruits que vous aurez tranchés en deux en faisant le tour du noyau que vous jetterez, bien sûr. Videz ensuite les coquilles à la cuiller. Dans le bac du robot, ajoutez aux fruits le jus de 2 ou 3 citrons. Mélangez.

2 t. de purée d'avocats
1 t. de sucre
1 t. de jus d'orange

Et ensuite, le sorbet : dans un bol, ajoutez à la purée d'avocats le sucre et le jus d'orange. Si vous avez une sorbetière, turbinez tout de go. Sinon, congelez et procédez comme il est dit plus haut.

PIÑA COLADA EN SORBET

Vous connaissez bien sûr la piña colada. Quoi de meilleur assis sur un coussin gonflable au centre de votre piscine Trévi ! La recette ? Du jus d'ananas, autant de lait de coco, quelques gouttes de jus de citron et du rhum brun des îles. Dire qu'on appelle ça avoir les facultés affaiblies ! Et les papilles gustatives, elles ? Inspiré par ce délice, un must chez les Tabarnacos, je vous ai concocté un sorbet dont je vous dis en toute humilité qu'il s'apparente à l'élixir des dieux. On peut le turbiner en sorbetière, mais il sera tout aussi onctueux si vous le faites d'abord congeler pour le passer ensuite au robot, comme je vous le recommande d'habitude.

1 boîte de lait de coco
1 t. de sucre
le jus de 2 citrons
jus d'ananas
1 ou 2 blancs d'œufs
1 ou 2 c. à soupe de rhum

Évitez à tout prix ces mélanges abominables de piña colada préparée, prenez une boîte de lait de coco ordinaire. Ajoutez-y le sucre, le jus de citron et ce qu'il faut de jus d'ananas pour obtenir 4 t. Faites congeler dans un grand contenant plat. Cassez ensuite la glace en morceaux. Turbinez au robot, avec 1 ou 2 blancs d'œufs. Si le cœur vous en dit, ajoutez aussi quelques gouttes de rhum des îles, disons 1 ou 2 c. à soupe. Dire que c'est bon serait mentir. Ce n'est pas bon, c'est sublime !

Variations

Quelques conseils en guise de conclusion. Vous pourriez diminuer de moitié la quantité de sucre recommandée, mais la texture de votre sorbet en pâtirait. Le sucre assure en effet une fine cristallisation. Mieux vaut plutôt réduire les portions en préparant des demi-recettes (assez pour 4 généreuses portions). Pour une demi-recette, ajoutez quand même tout un blanc d'œuf : votre sorbet n'en sera que plus onctueux.
Dernier conseil : Si vous éprouvez pour le sorbet une passion sans bornes, achetez une sorbetière. Pour une centaine de dollars, la sorbetière Cuisinart est à vous. Dix fois moins chère que la Gelataio de Simac et tout aussi efficace.

Saveurs du Québec

Ces bouchées de crêpes parfumées à la ciboulette et farcies de saumon fumé que nous a proposées un jour Philippe Laloux à la télé font bien plaisir à voir. On les prépare d'avance et on les garde au frigo, mais on prend soin, avant de les offrir, de les laisser une bonne demi-heure au comptoir. Servies tièdes, elles sont à leur meilleur. La pâte toute légère fond dans la bouche, le parfum de saumon prend toute son ampleur.

Crêpes parfumées à la ciboulette, farcies de saumon fumé

1 t. de farine tout usage
1 t. de lait (ou de bière blonde)
3 ou 4 œufs
1/2 t. de beurre doux

Pour faire la pâte, mélangez dans un bol la farine tout usage, le lait (ou la bière blonde), les œufs, une pincée de sel et une bonne 1/2 t., au moins, de beurre doux fondu. On peut préparer la pâte au mélangeur ou au robot, à condition cependant de ne pas trop mixer. Aussi vaut-il mieux mélanger à la mixette ou au fouet : une pâte qu'on « travaille » trop s'alourdit. Pour parfumer la pâte, on peut ajouter de la ciboulette hachée. Combien ? Une cuillerée à soupe, ou deux, ou trois... En somme, autant que vous voulez. À la ciboulette, vous préférez l'aneth ? Faites comme chez vous : après tout, vous y êtes ! Mais cette fois, faites preuve de modération. Quelques brins d'aneth suffiront. Vous pourriez tout aussi bien parfumer votre pâte d'épices. Quelques tours de moulin à poivre, tout simplement, ou quelques baies de poivre rose en mignonnette. Mieux encore peut-être, ajoutez à la pâte une pincée de cari. Cari et saumon s'entendent comme larrons en foire. La quantité de beurre fondu vous étonne ? Ne vous affolez pas, vous pourrez tantôt faire vos crêpes sans avoir à beurrer la poêle.

Prenez le temps de laisser reposer la pâte au comptoir pendant 1 heure au moins. En langage culinaire, la pâte qui repose ainsi se détend.

À l'occasion du tournage de cette émission, Philippe Laloux m'avait fait découvrir les mérites de la poêle antiadhésive cannelée et carrée. Une petite merveille qui permet de rouler des cylindres parfaits. Une poêle parfaite pour faire ses grillades. À défaut de poêle carrée, faites vos crêpes dans une poêle ronde. On n'y verra que du feu. Quoi qu'il en soit, prenez bien soin de ne verser dans la poêle que ce qu'il faut de pâte pour recouvrir le fond. Faites vos crêpes à feu moyen et amusez-vous.

Voilà vos crêpes faites ? À la spatule, recouvrez-les d'une mince couche de fromage à la crème (du Philadelphia de Kraft ou, beaucoup mieux, le fromage à la crème Liberté, sans gomme ajoutée). Recouvrir ensuite la crêpe de tranches de saumon fumé. Philippe a bien raison : le saumon fumé de la Fée des Grèves, quel bonheur !

Vous n'avez plus qu'à rouler chaque crêpe en cylindre. Au couteau dentelé, tranchez ensuite en tronçons de 1,5 cm.

Et voilà !

Quelques conseils d'appoint. Pour que le fromage soit plus léger et plus facilement « tartinable », comme on dit à l'Université Laval, mélangez-le au robot avec un peu de crème à 35 %. Disons 250 g de fromage et 1/2 t. de crème.

MINI-FEUILLETÉS AUX POIREAUX

2 ou 3 blancs de poireaux
crème à 35 %
pâte feuilletée
chèvre

Préparons d'abord la garniture : deux ou trois blancs de poireaux moyens, assez finement hachés. Un peu de vert pour la couleur, mais pas trop, pour éviter l'amertume. À la poêle, à feu moyen, faire fondre 2 ou 3 c. à soupe de beurre doux. Ajoutez les poireaux et faites-les, comme on dit, suer, c'est-à-dire rendre leur eau. Une fois l'eau disparue, on entend grésiller le beurre. C'est le moment d'ajouter de la crème à 35 %, disons 1/2 t. On laisse réduire quelques minutes, le temps qu'il faut pour que les poireaux « se tiennent » en compote et qu'il ne reste plus de crème liquide au fond. Au comptoir, on laisser refroidir les poireaux.

Sur un plan fariné, on abaisse de la pâte feuilletée (de préférence au beurre). Pour une vingtaine de mini-feuilletés, il en faut 200 à 250 g. Que la pâte soit aussi mince que possible sans se déchirer. À l'emporte-pièce ou tout simplement armé d'un verre renversé, détaillez en cercles de 2 po (5 cm) de diamètre. Déposez les cercles sur une plaque à biscuits. Piquer les cercles à la fourchette pour éviter qu'au four la pâte ne monte trop. Garnissez les cercles de compote de poireaux. Sur la compote, ajoutez gros comme un dé à coudre de fromage frais de chèvre. Enfournez à 400 °F pendant une quinzaine de minutes, le temps qu'il faut, en tout cas, pour que la pâte soit bien dorée aux rebords…

Conseils supplémentaires : Ne graissez pas la plaque ; pour la pâte feuilletée, c'est contre-indiqué. Si vous recouvrez la plaque de papier antiadhésif, vous ferez d'une pierre deux coups : la pâte cuira mieux et vous n'aurez pas à nettoyer la plaque…

Les filets de rouget d'Armand Forcherio

Sur un filet de rouget sans peau et débarrassé de toutes ses fines arêtes, Armand étend une couche assez généreuse de tapenade d'olives noires. Par-dessus, il dépose l'autre filet du poisson. Il presse un peu de la main pour s'assurer que le tout se tienne bien. À la poêle, dans un peu d'huile d'olive, il fait dorer d'un côté puis de l'autre. Pour terminer la cuisson, il enfourne quelques minutes à 350 °F. Le poisson est prêt, je vous le rappelle, sitôt que la chaleur l'a traversé.

À défaut de filets de rouget, des filets de dorade feront bien sûr l'affaire. Sinon, des filets de truite, voire de saumon.

Arrosé de sa vinaigrette aux fines herbes, ce plat est savoureux. On dirait toute la Provence à chaque bouchée.

Reprenons en commençant, si vous le voulez bien, par la vinaigrette.

Vinaigrette aux fines herbes

Disons 1 ou 2 c. à soupe de vinaigre de vin, rouge ou blanc, c'est au goût. Du vinaigre balsamique ou de xérès si on préfère. On ajoute trois fois plus d'huile d'olive : qu'elle soit extra-vierge bien sûr et toute parfumée. Une pincée de sel, du poivre du moulin et des fines herbes hachées en bonne quantité. Disons 1 ou 2 c. à soupe de persil, autant de basilic. Du cerfeuil si vous en avez. De l'aneth aussi ? Pourquoi pas ? Une fois de plus : à vous de jouer.

Tapenade d'olives noires

2 t. d'olives noires dénoyautées
thym sec ou frais
1 boîte d'anchois égouttés et rincés à l'eau tiède du robinet
2 à 3 c. à soupe de câpres
rhum brun

Pour faire la tapenade, aux olives noires ajoutez 1 ou 2 pincées de thym sec ou frais, les anchois, et les câpres. Si le cœur vous en dit, ajoutez quelques gouttes de rhum brun, comme on fait à Marseille. Au robot, pulsez tout juste ce qu'il faut. Surtout, n'allez pas réduire en purée. Pour le plaisir du geste, comme le dit Josée Di Stasio, faites plutôt votre tapenade à la planche. Humez-moi ces parfums.

Les rouelles de saumon de Jacques Robert

Voici les rouelles de saumon au vermicelle chinois et à la sauce soja ainsi que les rouleaux de pomme de terre à la fondue de poireaux de Jacques Robert.

Pour 4 convives, il faut un filet de saumon bien frais, sans arêtes et sans peau, pesant de 800 g à 1 kg. À l'aide d'un couteau bien tranchant, détaillez-le sur le long en lanières de 1 cm de largeur. Enroulez chaque lanière pour faire un cercle. Commencez par la partie la plus épaisse du poisson. Jacques Robert nous a proposé de déposer chaque rouelle sur une feuille de papier alu qu'on enferme en enveloppe et qu'on met à cuire au four à 375 ou 400 °F pendant quelques minutes (4 ou 5, disons). Pour ma part, je préfère enfourner tout simplement sur une plaque, sans autre forme de procès… On pourrait tout aussi bien pocher le poisson à l'eau froide, comme vous savez si bien le faire, ou le faire cuire à la vapeur. On pourrait même le faire griller à la poêle antiadhésive, sans addition de corps gras.

Jacques Robert propose de servir chaque nouvelle rouelle couronnée de vermicelle chinois. Du vermicelle qu'on a bien sûr fait cuire d'avance en le plongeant dans l'eau bouillante quelques secondes pour l'attendrir. On l'a ensuite rincé à l'eau froide au robinet. Au moment de servir, on le réchauffe en le plongeant dans l'eau bouillante…

Vous arrosez ensuite votre rouelle garnie d'une vinaigrette toute simple, faite à parts égales de sauce soja, de vinaigre et d'huile de noix. Tout autour, garnissez l'assiette de ciboulette ciselée et de noisettes grossièrement hachées (3 ou 4 par assiette).

En guise d'accompagnement, des rouleaux de pomme de terre aux poireaux, tout aussi bons que beaux.

ROULEAUX DE POMME DE TERRE AUX POIREAUX

Pour 4 convives, il faut sans doute 2 grosses pommes de terre qu'on pèle d'abord et qu'on tranche ensuite à la mandoline. Que les tranches soient si minces que vous pourrez les enrouler sans qu'elles se brisent. Pour éliminer la fécule de surface, il vaudrait mieux plonger les tranches dans l'eau froide pour ensuite les éponger avec soin. On roule chaque tranche autour de poireaux cuits à l'eau, tranchés en lanières et épongés pour éliminer l'excès d'eau. On fait ensuite dorer à la poêle, à feu moyen, dans un peu de beurre doux ou, mieux encore, dans de l'huile d'olive extra-vierge.

COMPOTE POÊLÉE DE POMMES OU DE POIRES D'ANDRÉ BESSON

Avec toute la générosité qui le caractérise, André Besson nous proposait à la télé, en quelques minutes à peine, cinq ou six desserts qu'on compose à partir de trois recettes de base que voici.

Commençons si vous le voulez bien (d'ailleurs, auriez-vous vraiment le choix ?) par faire une compote poêlée de pommes ou de poires. Pour 4 personnes, il faudra 4 beaux fruits bien choisis.

Si vous avez choisi les pommes, évitez la Macintosh, qui fond à la cuisson. Choisissez plutôt des Spartan ou, mieux encore, des Cortland. Cette dernière, vous le savez, sait se tenir sans oxyder ! Vraiment, quelle pomme ! À défaut des pommes Red Delicious peut-être, à moins que vous ne préfériez les Granny Smith. Ces pommes, vous les pelez, les « écœurez », les tranchez en petits dés que vous faites ensuite dorer à la poêle dans 1 ou 2 noix de beurre doux. Pour faciliter la caramélisation, saupoudrez d'un peu de sucre, sans toutefois exagérer. En fin de parcours, quelques gouttes de rhum ou de calvados pour parfumer… Peut-être aussi, à la toute fin, hors flamme, quelques gouttes d'essence pure de vanille.

Vous pourriez aussi parfumer votre compote d'une pincée de cannelle et d'un soupçon de clous. Si vous choisissez plutôt de faire une compote de poires, prenez bien soin de les choisir encore bien fermes, à peine mûres, sans quoi elles fondront dans la poêle. Pour parfumer, à la toute fin, quelques gouttes de pastis feraient l'affaire. Ou bien, pourquoi pas, de l'alcool de poire. Tant mieux si vous en avez les moyens…

Pour un dessert tout simple, servez votre compote avec une boule de glace à la vanille ou au caramel. Pour la recette de glace au caramel d'André Besson, consultez *Saveurs du Québec* (Stromboli). Vous y trouverez aussi sa recette de croustillant de poires, beurre de rhum et vanille.

Tuiles au sirop d'érable d'André Besson

100 g de farine tout usage
100 g de beurre doux
100 g de cassonade
100 g de sirop d'érable

Pour faire les tuiles au sirop d'érable d'André Besson, mélangez dans un bol, à la mixette, la farine, le beurre doux, la cassonade et le sirop d'érable. Le résultat : une pâte assez lourde qui se tient fort bien. Faites-en de petites boules grosses comme des œufs de caille. Déposez-les sur une plaque recouverte de papier antiadhésif. Du bout de l'index, appuyez un peu sur chaque boule, en formant un cratère au centre. Ces boules, vous les avez placées à bonne distance l'une de l'autre, sans quoi vos tuiles se chevaucheront. Quelle distance ? Disons 7 ou 8 cm, au moins. Au four, faites dorer à 400 °F pendant 8 ou 10 minutes, tout juste le temps qu'il faut pour qu'elles soient bien dorées. une tuile blanche n'est pas assez cuite. Une tuile noire l'est trop ! Au comptoir, attendez une dizaine de minutes avant de décoller les tuiles du papier. Les voilà comme de la dentelle.

Index alphabétique des recettes

Index thématique

Les italiques indiquent que l'ingrédient est utilisé comme variation de la recette principale.

Table des matières

Homard, où est ta victoire ?

Parfums de thé

Café corsé

Le maïs, cru, bouilli ou grillé

Vive la polenta libre !

Mamma minute

Canards, compotes et confits

De toutes les couleurs

Le poulet du petit Daniel

Un gourmand chez Gandhi

Plein soleil à Cordoue

Vaches maigres et veau gras

Choses crues

De trèfle et de foin

Les flapjacks de Dimitri

La lotte de mon cousin Pierre

La mer à pleine louche

Au doux pays du cassoulet

Champignons de Paris et agneau de Charlevoix

Nos dimanches Ben Affnam

Comme un bonheur fragile, la pastilla

Chaud lapin !

MISE EN PAGES ET TYPOGRAPHIE :
LES ÉDITIONS DU BORÉAL

ACHEVÉ D'IMPRIMER EN OCTOBRE 2000
SUR LES PRESSES DE TRANSCONTINENTAL IMPRESSION
IMPRIMERIE GAGNÉ, À LOUISEVILLE (QUÉBEC).